象棋布局轻松学

——炮类

刘锦祺　编著

辽宁科学技术出版社

沈　阳

图书在版编目（CIP）数据

象棋布局轻松学. 炮类 / 刘锦祺编著. —沈阳：辽宁科学技术出版社，2023.11

ISBN 978-7-5591-3155-3

Ⅰ. ①象…　Ⅱ. ①刘…　Ⅲ. ①中国象棋–布局（棋类运动）　Ⅳ. ①G891.2

中国国家版本馆CIP数据核字（2023）第153749号

出版发行：辽宁科学技术出版社
（地址：沈阳市和平区十一纬路25号　邮编：110003）
印 刷 者：辽宁新华印务有限公司
经 销 者：各地新华书店
幅面尺寸：170mm × 240mm
印　　张：14.5
字　　数：350千字
印　　数：1 ~ 3000
出版时间：2023 年 11 月第 1 版
印刷时间：2023 年 11 月第 1 次印刷
责任编辑：于天文
封面设计：潘国文
责任校对：徐　跃

书　　号：ISBN 978-7-5591-3155-3
定　　价：48.00元

联系电话：024-23284740
邮购热线：024-23284502
E-mail:mozi4888@126.com
http://www.lnkj.com.cn

前 言

象棋全盘战术的整体是由布局、中局和残局三部分组成。布局作为象棋全局的开始阶段，占有尤为重要的位置。

近年来，讲解布局的棋书和视频有很多，有的是综合性讲解，有的是分类讲解，但是无论哪种讲解，对于初、中级爱好者来说学习起来的难度都很大，实战应用的效果都有欠缺。究其原因，是学习内容广而不精。

如何克服这个学习上的弱点，仁者见仁，智者见智。以笔者多年教学经验认为，只要把握好四步，就可以在布局上小有成就。

一是能记住定式；二是掌握布局定式的要点；三是能够在实战中运用类比的方法，迅速找到实战布局与定式布局的区别，并拟定计划；四是对于所学的布局能够在三四个关键节点熟练地处理。

本书就是按以上的思路来编写的，每章作为一个布局大类，每节作为布局下面的分支，第几局是分支下的主要变例。这样编写的好处在于，有助于初、中级爱好者迅速地掌握布局脉络，就是专业棋手讲的“布局树”。

每局分为6个板块：“记一记”是必背的布局定式，以及布局定式的基本图。记住布局基本图有助于棋手迅速做出局面对比，而不再一步一步把这个局面摆出来，这是棋手成长必备的基本功之一。“讲一讲”是对布局要点的讲解，本书的讲解范围是着重一个常见的布局主变进行讲解。“练一练”以图的形式对布局讲解的内容进行提点和回忆，当你仅看图就能回忆起布局讲解内容时，相信你的布局功力已有所提升。当然，随着你布局水平的提高，借助的图也会越来越少。本书考虑到初、中级爱好者的计算和记忆水平，统一采用四图制。“想一想”是对上述三个环节的深化，培养读者针对不同的典型布局找区别、找要点的能力，有助于读者在实战中快速分析，快速对比，快速拟定计划。“打打谱”这一部分依据布局定式选择一些实战对局的棋谱，虽然有些实战分出胜负，但是失利的一方在布局阶段并不一定是不可取的。选谱过程中，我也有意选择一些与前面讲解的布局定式有一些小的出入的棋谱，主要是帮助读者开阔眼界，加深对布局的认识。最后一个板块是“试一试”，这部分内容主要是把布局中常见的典型局面以问答和分析的形式呈现出来，帮助读者加深对布局的理解，提升实战能力。

本书的内容虽然不多，但是读者可以通过学习本书，达到举一反三的目的，在训练中培养创造能力和自学能力。这也是作者编写本书的初衷。

全书分两册，上册《象棋布局轻松学——炮类》重点介绍顺炮直车对横车、顺炮直车对缓开车、顺炮横车对直车、中炮过河车对屏风马平炮兑车、中炮过河车对屏风马左马盘河以及五九炮过河车对屏风马平炮兑车等六类布局体系。下册《象棋布局轻松学——相、马、兵类》重点介绍五七炮对屏风马布局、五六炮对屏风马布局、五六炮对反宫马布局、五七炮对反宫马布局、飞相对中炮、飞相对士角炮、飞相对过宫炮及进兵局等。

最后，给广大的初、中级爱好者在学习布局方面一些建议，希望能够对大家有所帮助。

一、布局套路不是死记硬背的，在掌握最基本的定式基础上要学习布局的原理，掌握阵形、子力协调的要点。

二、学习布局重点学习那些先手和后手都可以下的，不要选择先手立场和后手立场都十分明确的。先手立场和后手立场明确、结论肯定的布局，对于初、中级爱好者来说，了解即可，实战中应尽量避开这个布局轨道。

三、布局学得再好，也要勤于实战。把布局理论与实战经验相结合，才能提升自己的实力。重理论轻实战的“书房棋”是经不住考验的，同样，重实战轻理论的“野棋”同样提高得不快。两者务必相结合，才能迅速提高布局实力。

最后，希望读者看完本书后能对布局有新的认识，并且能够建成具有自己风格的布局武器库，这正是我所愿。

刘锦祺

2021年9月于锦州

目 录

第1章　顺炮直车对横车

第1节　红正马进三兵型

第1局　黑挺3卒式

记一记

定式基础：

1. 炮二平五　　炮8平5
2. 马二进三　　马8进7
3. 车一平二　　车9进1
4. 马八进七　　车9平4
5. 兵三进一　　卒3进1

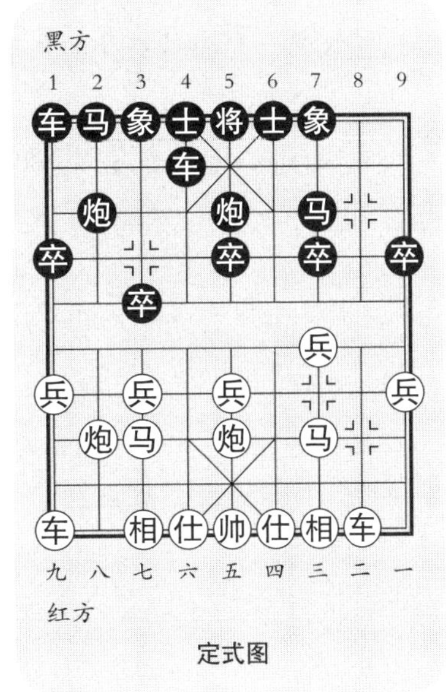

定式图

讲一讲

1. 炮二平五　　炮8平5

双方在同一侧互架中炮称为“顺炮”布局。

2. 马二进三　　马8进7

双方各上一步马保护中兵（卒）的同时，为开动己车作准备。

3. 车一平二　　车9进1

红方出直车，黑方出横车形成典型的顺炮直车对横车的阵形。

4. 马八进七　　……

红方左马正起，有利于加强对中心区域的控制，是对马八进九、车二进六等老式着法的突破性改进。

4. ……　　　车9平4　　　5. 兵三进一　　……

当前阵形中红方左马相对较弱，黑方车9平4以后威胁车4进5再车4平3来攻击红方左马。此时红方进三兵的作用就是与左右遥相呼应可使相对薄弱的左马在布局阶段似危实安。

5. …… 卒3进1

对应三兵进3卒，有助于通己马制彼马。

6. 车二进五 ……

红方进车捉卒，着法有力，准备扫卒移左。

6. …… 炮5退1（图1-1-1）

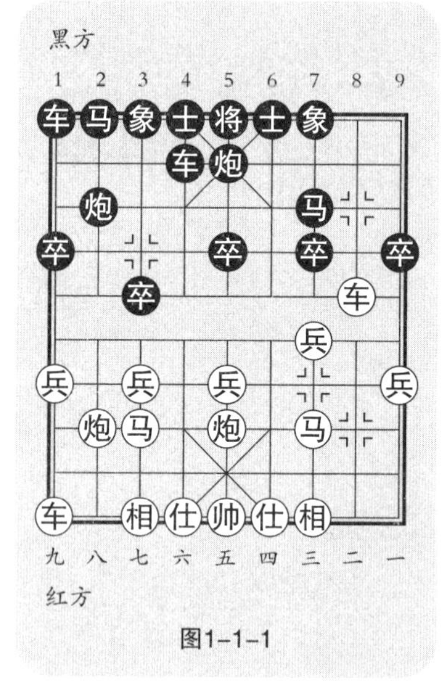

图1-1-1

黑方退炮，内线运子，是针对红车吃卒而采取的防守反击战术。

7. 车二平七 车4进1

车高一步准备上象捉车，是黑方退归心炮的连接续着，富有反弹力。

8. 马三进四 ……

右马盘河，意在伺机骑河反击抢攻，正着。此时红方不可车七进四贸然吃象，否则炮2平3，马七退五，象7进5，车七退一，马2进4，黑方大优。

8. …… 马2进3

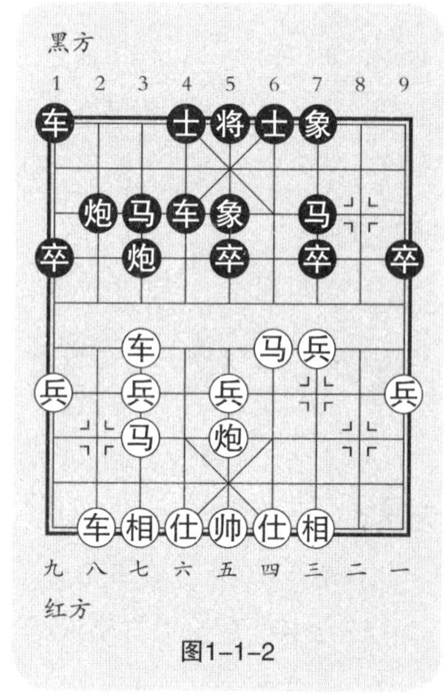

图1-1-2

如象3进5，则车七平六，马2进3，车六进二，炮2平4，车九平八，红方满意。

9. 炮八进四 ……

左炮过河，旨在平炮压马，组织新攻势。如径走马四进五，则马7进5，炮五进四，象3进5，演变下去，各有千秋。

9. …… 炮5平3

平炮打车，次序井然。如径走象3进5，则炮八平三！炮5平3，车七平四，车1平2，炮五平三，黑方左翼受攻。

10. 炮八平七 象3进5

11. 车七退一 炮3进2

12. 车九平八 ……（图1-1-2）

先平车捉炮，是重要的次序。如车七进二，炮2退1，车九平八，炮2平3，车七平八，马3进4，马四进六，车4进2，前车平七，炮3平8，黑炮得以调往左翼，虽少一卒，大局不差。

12. …… 炮2退2 13. 车七进二 炮2平3

14. 车七平八 马3进4

强行交换，简化局面。

15. 马四进六 车4进2

双方大体均势。

练一练

根据参考图提示，写出布局演变的过程及主要变着。

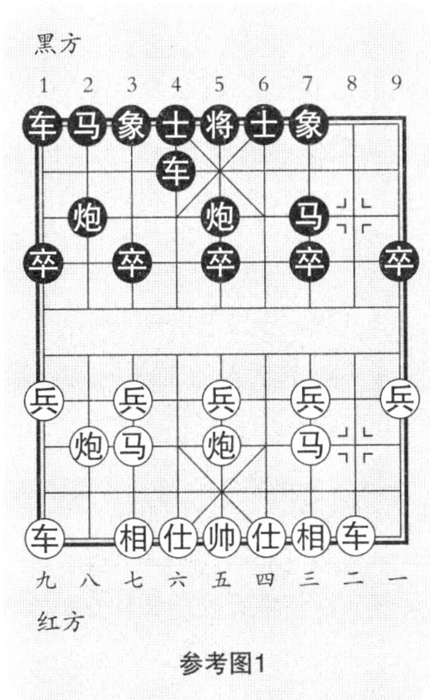

参考图1

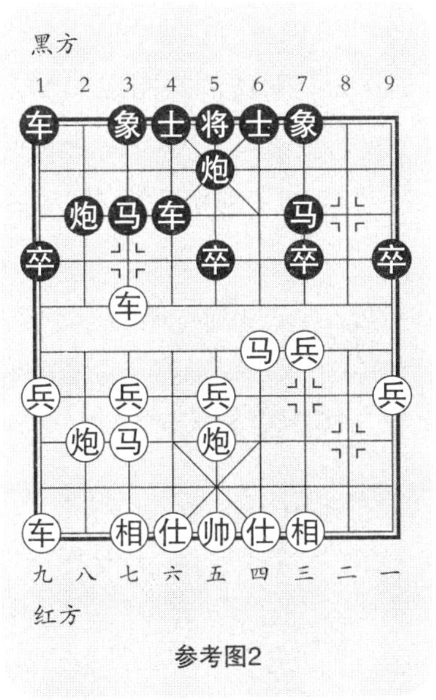

参考图2

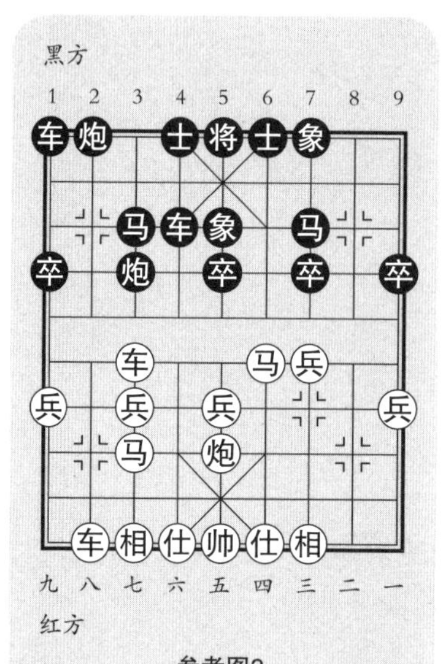

参考图3

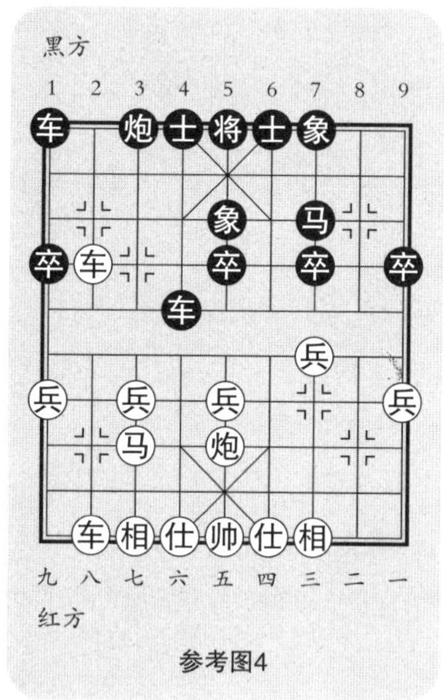

参考图4

想一想

根据基本图和对比图两图之中子力位置的不同之处，分析并写出产生棋形差异的原因。（布局提示：双方以顺炮直车进三兵对横车，红正马进三兵黑进 3 卒变例布局，第 10 回合的结果图。）

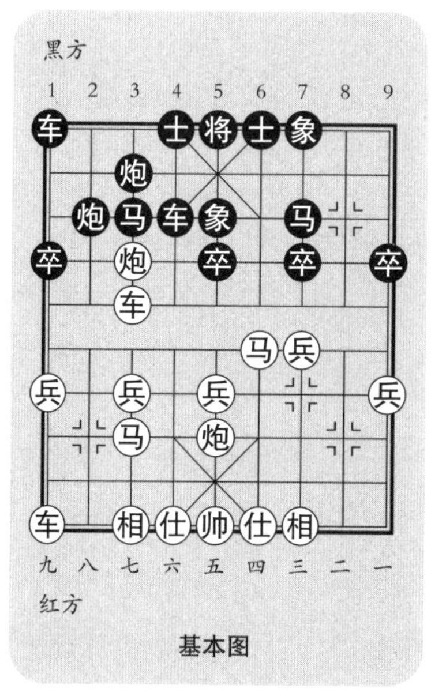

基本图

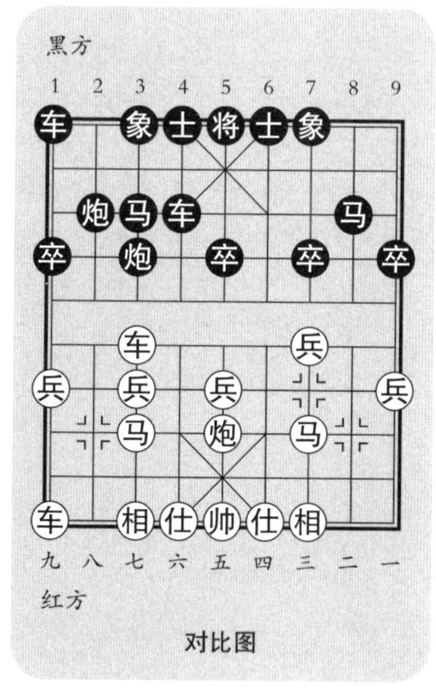

对比图

基本图的布局演变过程：

1. 炮二平五　炮8平5　2. 马二进三　车9进1
3. 车一平二　马8进7　4. 马八进七　车9平4
5. 兵三进一　卒3进1　6. 车二进五　炮5退1
7. 车二平七　车4进1　8. 马三进四　马2进3
9. 炮八进四　炮5平3　10. 炮八平七　象3进5

产生差异的原因：

对比图第8回合时，红方没有走马三进四，而是直接选择车七退一，经过以下演变形成对比图结果。

8. 车七退一　马2进3　9. 炮八进四　炮5平3
10. 炮八平七　炮3进2

打打谱

请同学们把下面两则实战对局的棋谱用棋盘摆出来，在打谱的过程中找一找与定式里讲的棋谱有哪些不同，不同之处在棋谱上标记出来。（注："！"表示好棋，"？"表示疑问手。）

第1局　河北 苗利明　负　黑龙江 陶汉明

2019年第七届"财神杯"视频象棋快棋赛

1. 炮二平五　炮8平5　2. 马二进三　马8进7
3. 车一平二　车9进1　4. 马八进七　车9平4
5. 兵三进一　卒3进1　6. 车二进五　炮5退1
7. 车二平七　车4进1　8. 兵七进一　象3进5！
9. 车七进一　马2进3　10. 炮五平四？炮5平3
11. 车七平八　马3进4　12. 兵七进一　炮2进5
13. 车八退四　炮3进6　14. 炮四退一　炮3退1

双方大体均势。

第2局　上海 赵玮　胜　广东 黎德志

2018年中国碛口"宝宝杯"象棋大师公开邀请赛

1. 炮二平五　炮8平5　2. 马二进三　马8进7
3. 车一平二　车9进1　4. 马八进七　车9平4
5. 兵三进一　卒3进1　6. 车二进五　炮5退1

7. 车二平七	车 4 进 1	8. 马三进四	马 2 进 3
9. 炮八进四	象 3 进 5	10. 车七进一	炮 5 平 3
11. 炮八平五	士 4 进 5	12. 车七平八	马 7 进 5
13. 炮五进四	马 3 进 4？	14. 马四进六	车 4 进 2
15. 车八进一	炮 3 进 6	16. 车八退一！	炮 3 平 8

红优。

试一试

第1题　右图轮到红方行棋，红方最佳应法是：

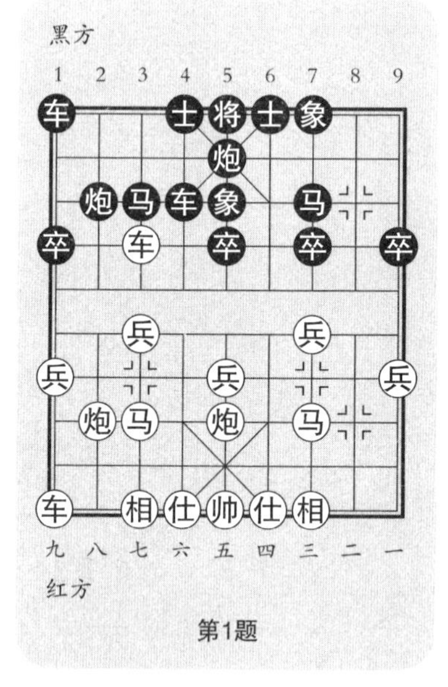

第1题

红方先行

1. 仕六进五　……

补仕是当前局面下最佳应着。红方通过补仕削弱黑方炮 5 平 3 的攻击效率的同时为以后子力配合留出位置。如炮五平四则白白损失一步棋，黑方炮 5 平 3 以后有马 3 进 4 连续的反击手段。

1. ……　炮 5 平 3
2. 车七平八　马 3 进 4
3. 兵七进一　……

进兵保持纠缠，正确。

3. ……　炮 2 进 5　4. 兵七平六　炮 2 平 5

简化局面。

5. 相七进五　车 4 进 2　6. 车九平六　……

出贴帅车实际上仍然是第 10 回合仕六进五的后续手段。

6. ……　车 4 平 3　7. 马七进六

红方稍好。

第 2 题　下图局面中轮到黑方行棋，黑方最佳应法是什么?

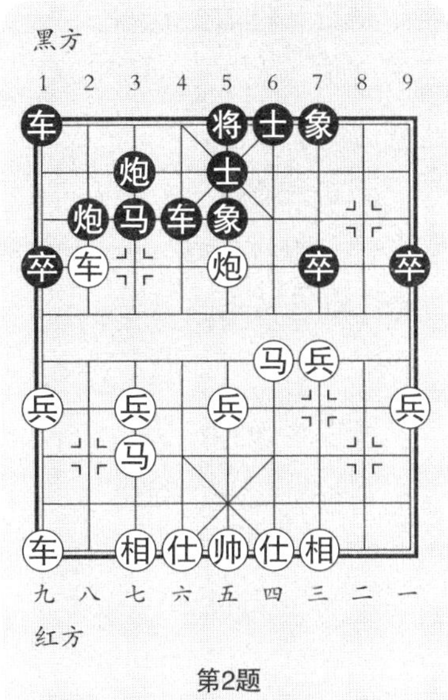

第2题

黑方先行

1. ……　　　车 4 进 5

进车捉马的同时闪击中炮，削弱红方的进攻力量。

2. 车八进一　　马 3 进 5
3. 马四进五　　车 4 平 3
4. 车八平七　　车 1 平 3

炮后藏车以后有炮 3 进 5 交换的机会。

5. 仕六进五　　炮 3 进 5
6. 车七进二　　象 5 退 3
7. 兵一进一　　炮 3 退 4

以后炮 3 平 5 牵制红方中路，黑方足可抗衡。

第 2 局　黑右马屯边式

记一记

定式基础:

1. 炮二平五　　炮 8 平 5
2. 马二进三　　马 8 进 7
3. 车一平二　　车 9 进 1
4. 兵三进一　　车 9 平 4
5. 马八进七　　马 2 进 1

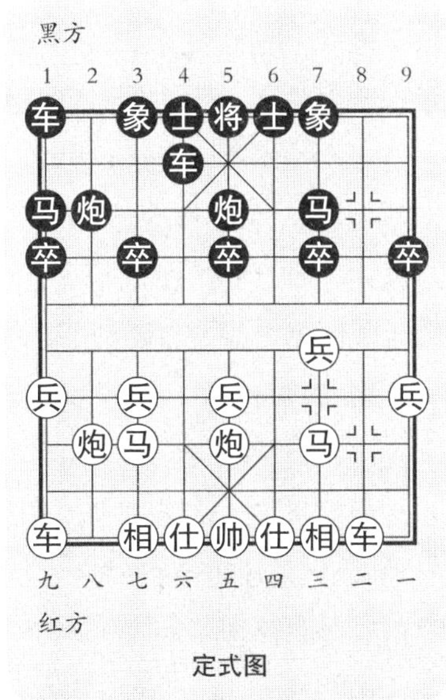

定式图

讲一讲

1. 炮二平五　　炮 8 平 5
2. 马二进三　　马 8 进 7
3. 车一平二　　车 9 进 1
4. 兵三进一　　车 9 平 4
5. 马八进七　　马 2 进 1

黑右马屯边，比跳正马稍显灵活，优点是将来可炮2平3牵制红方左马，不利之处是中路相对薄弱。

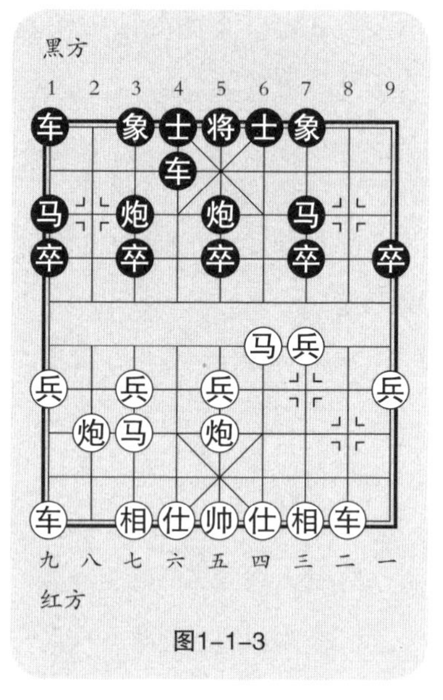

图1-1-3

6. 马三进四　……

针对黑跳边马，红即跃盘河马威胁中卒，这是一种急攻型的走法。

6. ……　　炮2平3（图1-1-3）

黑方平炮是跳边马的后续着法，准备亮出右车与红方对抗。如车4进4，马四进五，马7进5，炮五进四，士4进5，相七进五，黑方如车4进1，则车二进五，红方主动。

7. 车二进五　……

先走车二进五加强对局面的控制。如果先走车九平八，则车1平2，红方就要改走炮八进四封车，而不宜再车二进五进行控制。

7. ……　　车1平2　　8. 车九平八　车2进6

进车必然，不能让红方同时占据车二进五和炮八进四两处要点。基于这样考虑，黑方车2进6的效率明显高于车4进4的效率。如车4进4，则马四进五，马7进5，炮五进四，士4进5，炮八进四，红方子力灵活，且占据空间优势，黑方不利。

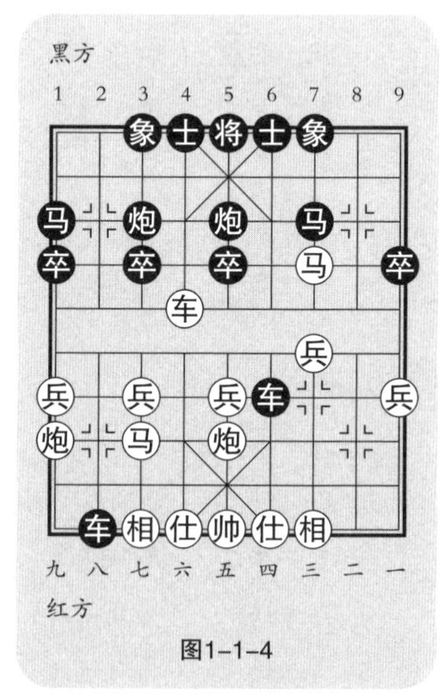

图1-1-4

9. 车二平六　车4平6

黑避兑是正确的选择。如车4进3，则马四进六，炮3进4，炮五平三，红方拆开中炮以后既可攻击黑方7路线，又可飞相巩固阵形。

10. 马四进三　……

进马踏卒是红方布局的要点。如马四进五，马7进5，炮五进四，士6进5，黑方阵形厚实，红方还要解决七路马面临受攻的问题，节奏明显慢了一拍。

10. ……　　车6进5

11. 炮八平九　车2进3（图1-1-4）

如改走车 2 平 3，则马二进五，象 7 进 5，车八进七，车 3 进 1，车八平七，红方以后还有车六进三的先手，黑方受攻，红方优势。

12. 马七退八　士 6 进 5　　　13. 马八进七　车 6 平 7

14. 相三进一　卒 3 进 1

双方对峙。

练一练

根据参考图提示，写出布局演变的过程及主要变着。

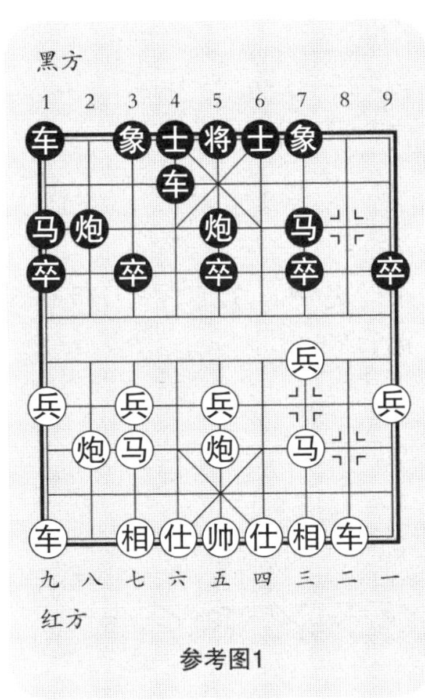

参考图1

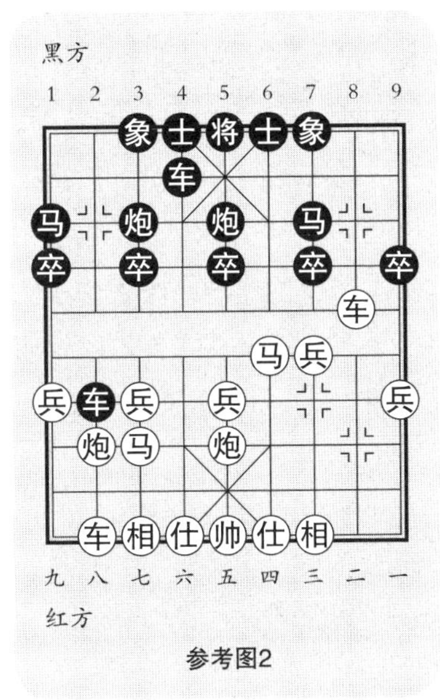

参考图2

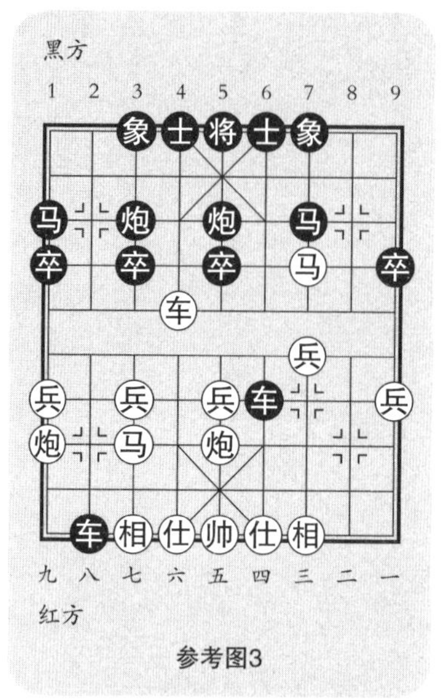

参考图3

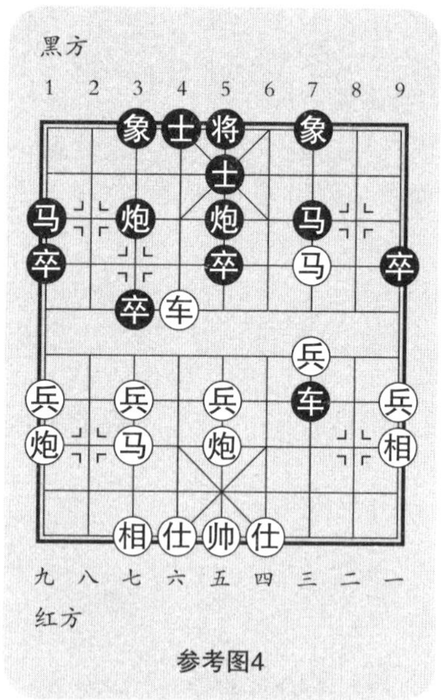

参考图4

想一想

根据基本图和对比图两图之中子力位置的不同之处，分析并写出产生棋形差异的原因。（布局提示：双方以顺炮直车进三兵对横车，红正马进三兵黑进边马变例布局，第 11 回合的结果图。）

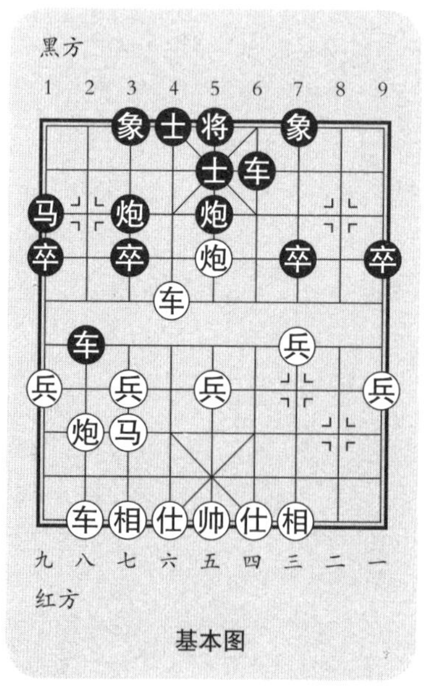

基本图

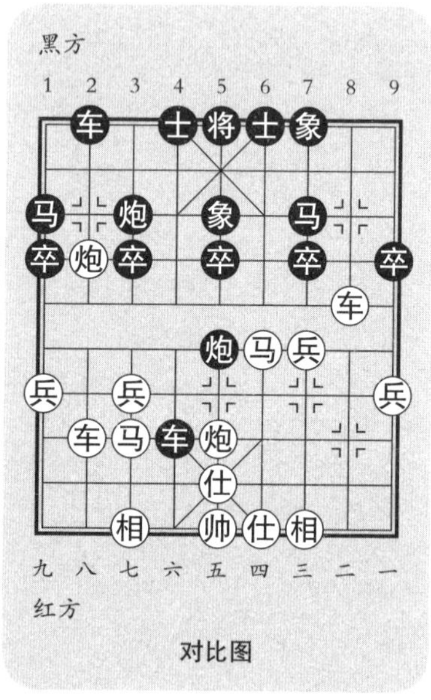

对比图

基本图的布局演变过程：

1. 炮二平五　炮8平5　　2. 马二进三　马8进7
3. 兵三进一　车9进1　　4. 马八进七　马2进1
5. 车一平二　炮2平3　　6. 车九平八　车9平4
7. 马三进四　车1平2　　8. 车二进五　车2进5
9. 车二平六　车4平6　　10. 马四进五　马7进5
11. 炮五进四　士6进5

产生差异的原因：

第8回合红方没有选择车二进五，而是选择炮八进四，经过以下演变，形成对比图结果。

8. 炮八进四　车4进6　　9. 车八进二　炮5进4
10. 仕六进五　炮5退1　　11. 车二进五　象3进5

打打谱

请同学们把下面两则实战对局的棋谱用棋盘摆出来，在打谱的过程中找一找与定式里讲的棋谱有哪些不同，不同之处在棋谱上标记出来。（注："！"表示好棋，"？"表示缓手。）

第1局　江苏棋院 董毓男　负　上海金外滩队 王铿

2016年全国象棋个人赛

1. 炮二平五　炮8平5　　2. 马二进三　马8进7
3. 车一平二　车9进1　　4. 马八进七　车9平4
5. 兵三进一　马2进1　　6. 马三进四　炮2平3
7. 车二进五　车1平2　　8. 车二平六　车4平6
9. 车六退一　车2进6　　10. 炮五平四　车6平3
11. 车九平八？卒3进1！　　12. 相七进五　炮3进4

红方稍好。

第2局　贵州省队 陈柳刚　胜　青岛市队 孙继浩

2015年全国象棋个人赛

1. 炮二平五　炮8平5　　2. 马二进三　车9进1
3. 车一平二　马8进7　　4. 马八进七　车9平4
5. 兵三进一　马2进1　　6. 车二进五　炮2平3

7. 车九平八　车 1 平 2　8. 炮八进四　车 4 进 6
9. 车八进二　士 4 进 5　10. 车二平八　卒 1 进 1？
11. 前车退一　车 4 退 1！　12. 兵七进一　车 4 平 1？
13. 炮八进一！车 1 平 3

红方稍好。

试一试

第 1 题　下图轮到红方行棋，红方最佳应法是：

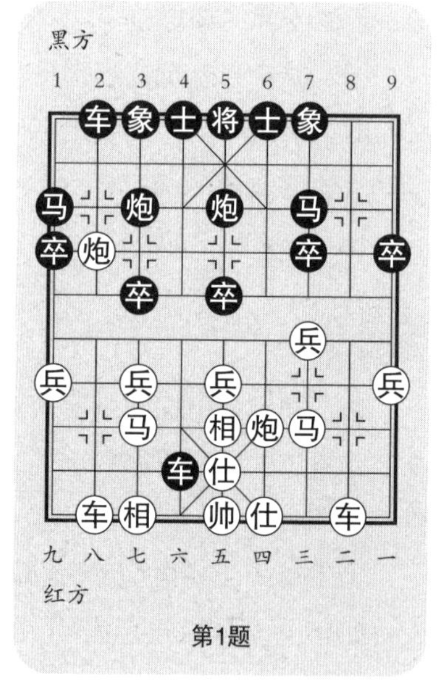

第1题

红方先行

1. 车二进六　……

应对黑方的中路突破，红方可以采用从两翼钳制的策略。

1. ……　卒 5 进 1
2. 炮四退一　……

退炮打车一是恢复双相的联络，巩固中防；二是加强屏风马的中路保护作用。

2. ……　车 4 退 5

改走车 4 退 2 更为顽强一些。

3. 炮八平三　象 7 进 9
4. 车八进九　马 1 退 2
5. 兵五进一　……

红方两翼子力的调运，化解黑方中路突破的计划。

5. ……　车 4 平 5
6. 兵三进一　车 5 进 2

如改走炮 5 进 3，则炮四进二，士 4 进 5，炮四平五，车 5 平 2，车二退二，红方先手。

7. 炮三平七

红优。

第 2 题　下图局面中轮到黑方行棋，黑方最佳应法是什么？

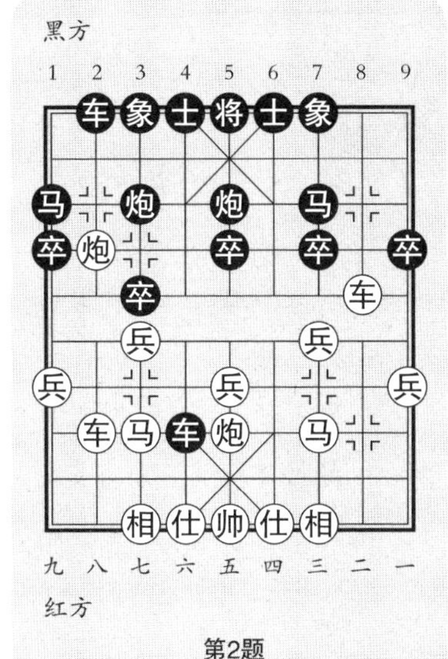

第2题

黑方先行

1. ……　　　卒 5 进 1

黑方应对红方的两翼围攻，可以选择中路突破的方法。

2. 车二平五　……

红方不能走炮五进三，否则士 4 进 5，相三进五，卒 3 进 1，红方要失子。

2. ……　　　马 1 进 3

继续两翼向中路发起围攻。

3. 车五平四　卒 3 进 1

4. 仕六进五　车 4 退 4

退车卒林线是黑方布局的精华，也是常见的盲点。

5. 马三进四　……

红方如改走炮八平六，则炮 5 进 5，相三进五，车 2 进 7，红方七路马受攻，黑方优势。

5. ……　　　卒 3 进 1　　6. 炮八平六　炮 5 进 5

7. 相三进五　车 2 进 7　　8. 马七退六　象 7 进 5

黑方伏有马 3 进 4 的手段，布局满意。

第 2 节　红两头蛇对黑双横车型

第 1 局　红补左仕式

记一记

定式基础：

1. 炮二平五　炮 8 平 5　　2. 马二进三　马 8 进 7

3. 车一平二　车 9 进 1　　4. 兵三进一　车 9 平 4

5. 马八进七　马 2 进 3　　6. 兵七进一　车 1 进 1

7. 仕六进五

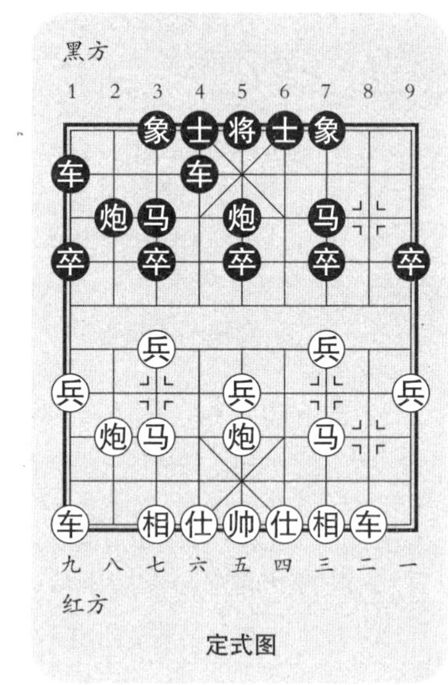

定式图

讲一讲

1. 炮二平五　　炮 8 平 5
2. 马二进三　　马 8 进 7
3. 车一平二　　车 9 进 1
4. 兵三进一　　车 9 平 4
5. 马八进七　　马 2 进 3
6. 兵七进一　　……

布局至此已经形成顺炮直车对横车的阵形。红方进三七兵俗称“两头蛇”，这类上正马的变化相当激烈复杂，实战证实对攻性强，是棋手喜用的流行布局。

6. ……　　　　车 1 进 1

双方形成顺炮直车两头蛇对双横车的经典阵形。

7. 仕六进五　　……（图1–2–1）

补左仕，巩固阵地，预通左车蓄势待发。此时同样补仕，如走仕四进五则显得非常不协调。因为补右仕，对左弱马无补，还影响左车出击。两者在攻防守最简明的区别就在于，仕六进五，车 4 进 7，相七进九，以后红方可以抢到车九平六的棋。则仕四进五，车 4 进 7，红方只好炮五平四被动调整，红方先手效率发挥不充分，黑方满意。

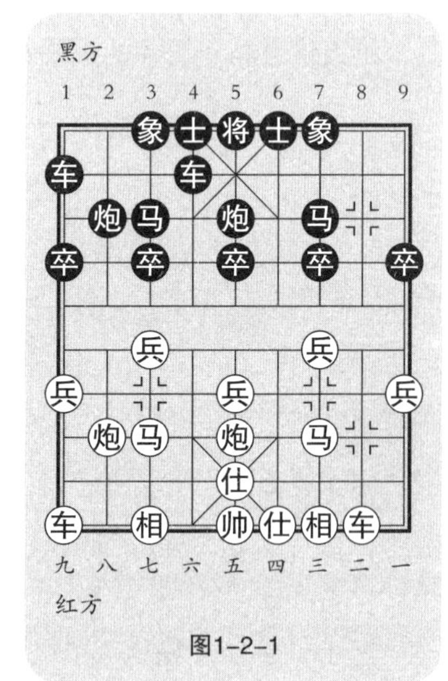

图1–2–1

7. ……　　　　车 1 平 3

车藏马后的目的是要通过弃 3 卒，再马 3 进 4 或马 3 退 5 让车露头，实施反击。

8. 车二进五　　……

进车骑河是控制局势的紧要之着。

8. ……　　　　卒 7 进 1

冲 7 卒是卒 5 进 1 的改进下法，通过弃 7 卒把局面导向复杂，实现与红方战斗的目的，使黑方的反击更具活力。

9. 车二平三　　炮 5 退 1

弃 7 卒的后续手段，准备炮 5 平 7 反攻红方三路线。

10. 车三平八　炮 2 进 5

11. 车八退三　……

退车吃炮，让红车离开险地，正着。

11. ……　　　　炮 5 平 7

12. 炮五平六　……（图1-2-2）

平炮解决红方三路线的弱点，稳健。

12. ……　　　　炮 7 进 4

13. 相三进五　炮 7 进 1

14. 车九平八　象 7 进 5

黑方以后车 4 进 5 逐步调整阵形，黑方满意。

图1-2-2

练一练

根据参考图提示，写出布局演变的过程及主要变着。

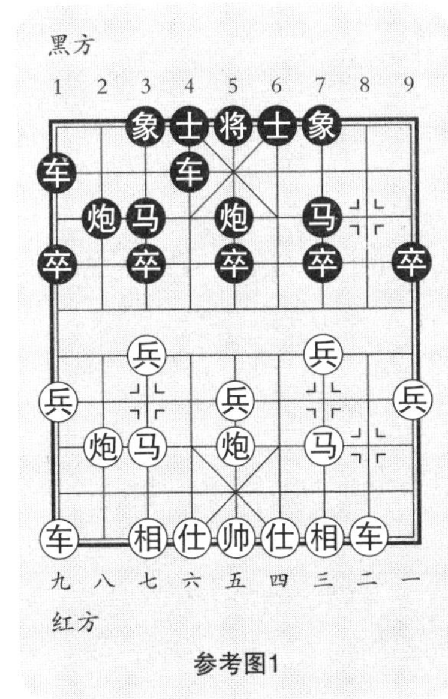

参考图1

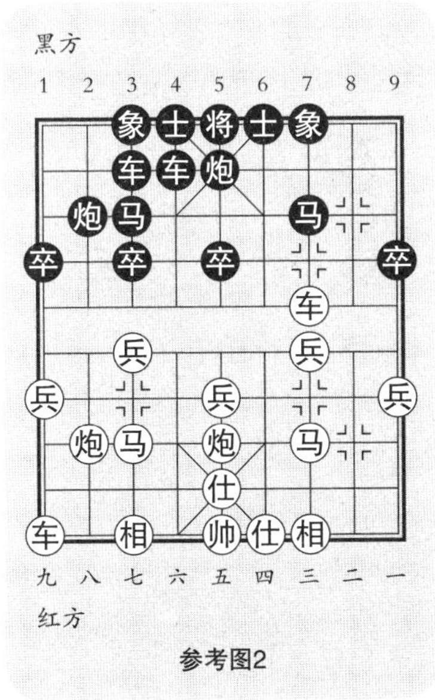

参考图2

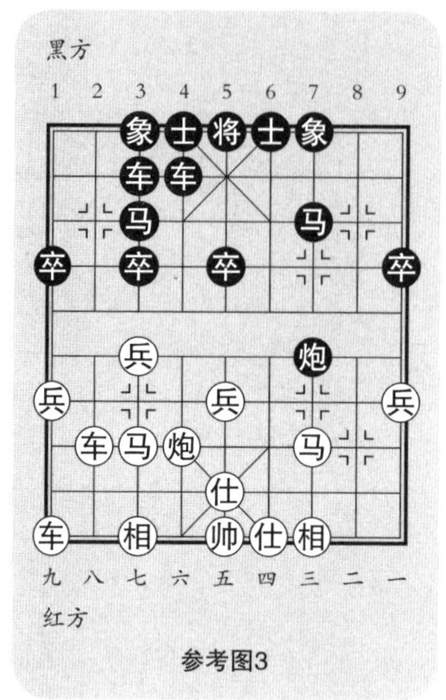

参考图3

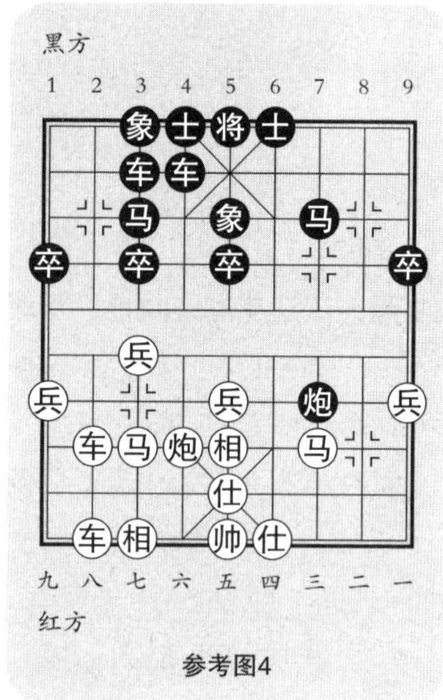

参考图4

想一想

根据基本图和对比图两图之中子力位置的不同之处，分析并写出产生棋形差异的原因。（布局提示：双方以顺炮直车两头蛇对双横车，红补左仕变例布局，第 9 回合的结果图。）

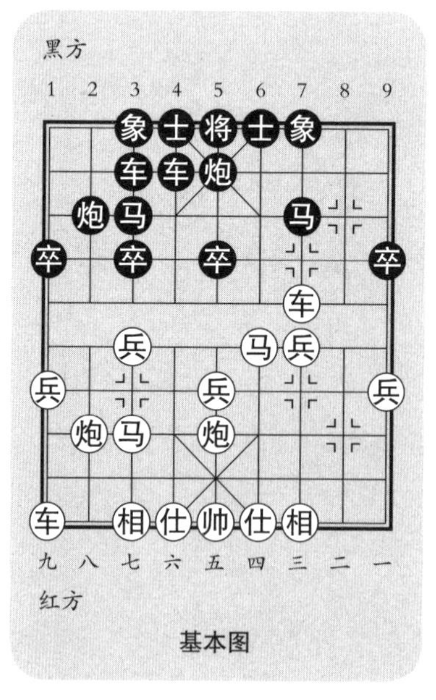

基本图

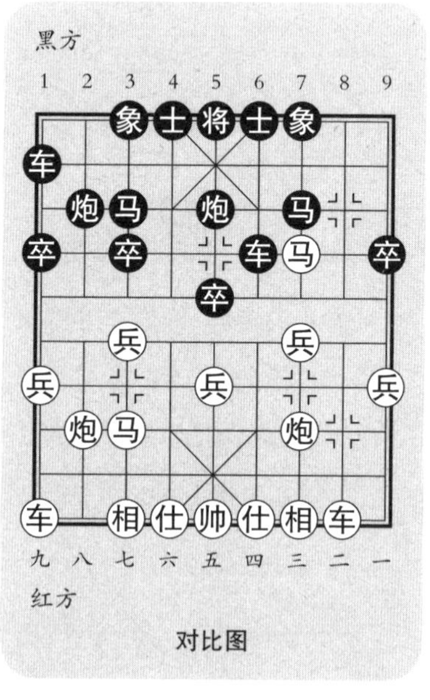

对比图

基本图的布局演变过程：

1. 炮二平五　炮 8 平 5　　2. 马二进三　车 9 进 1
3. 车一平二　马 8 进 7　　4. 兵三进一　马 2 进 3
5. 兵七进一　车 9 平 4　　6. 马八进七　车 1 进 1
7. 马三进四　车 1 平 3　　8. 车二进五　卒 7 进 1
9. 车二平三　炮 5 退 1

产生差异的原因：

第 7 回合黑方没有选择车 1 平 3，而是选择车 4 平 6，经过以下演变，形成对比图结果。

7. ……　车 4 平 6　　8. 马四进三　车 6 进 2
9. 炮五平三　卒 5 进 1

打打谱

请同学们把下面两则实战对局的棋谱用棋盘摆出来，在打谱的过程中找一找与定式里讲的棋谱有哪些不同，不同之处在棋谱上标记出来。（注："！"表示好棋，"？"表示缓手。）

第 1 局　杭州 王天一　和　内蒙古 洪智

2018 年首届棋牌职业大师赛象棋比赛

1. 炮二平五　炮 8 平 5　　2. 马二进三　马 8 进 7
3. 兵三进一　车 9 进 1　　4. 马八进七　车 9 平 4
5. 车一平二　马 2 进 3　　6. 兵七进一　车 1 进 1
7. 仕六进五　车 4 进 5　　8. 炮五平四　卒 5 进 1
9. 相七进五　卒 3 进 1　　10. 兵七进一　马 3 进 5
11. 兵七平六？车 4 退 2？　12. 马七进八　车 4 进 1
13. 炮八进五　车 4 平 2　　14. 炮八平三　马 5 退 7

双方大体均势。

第 2 局　湖北 李雪松　和　天津 赵金成

2012 年全国象棋个人赛

1. 炮二平五　炮 8 平 5　　2. 马二进三　马 8 进 7
3. 车一平二　马 2 进 3　　4. 马八进七　车 9 进 1
5. 兵七进一　车 9 平 4　　6. 兵三进一　车 1 进 1

7. 仕六进五	车1平3	8. 马三进四	卒3进1
9. 兵七进一	马3退5	10. 车二进五	卒7进1
11. 车二平三	象7进9	12. 车三平六	车4进3
13. 马四进六	车3进3	14. 马六进五!	象3进5

双方大体均势。

试一试

第1题 下图轮到红方行棋，红方最佳应法是：

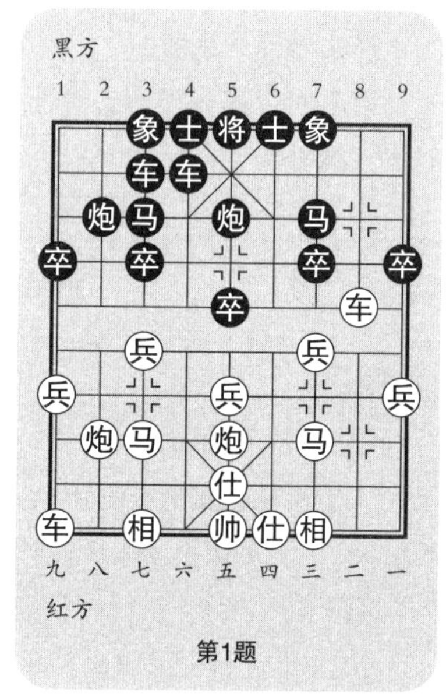

第1题

红方先行

1. 炮五进三　马3进5
2. 兵五进一　……

中兵好棋，不给黑方子力展开的机会。如改走炮五进二，则卒7进1，车二退一，象7进5，兵五进一，车4进3，黑方足可抗衡。

2. ……　卒7进1
3. 车二退一　卒7进1
4. 车二平三　卒3进1

黑方连续兑掉7卒、3卒为盘头马腾挪路线。

5. 炮五进二　象7进5
6. 兵五进一　马5进7
7. 马七进五

黑方子力仍然无法有效展开，红方以后炮八平五，稳持先手。

第2题 下图局面中轮到黑方行棋，黑方最佳应法是什么？

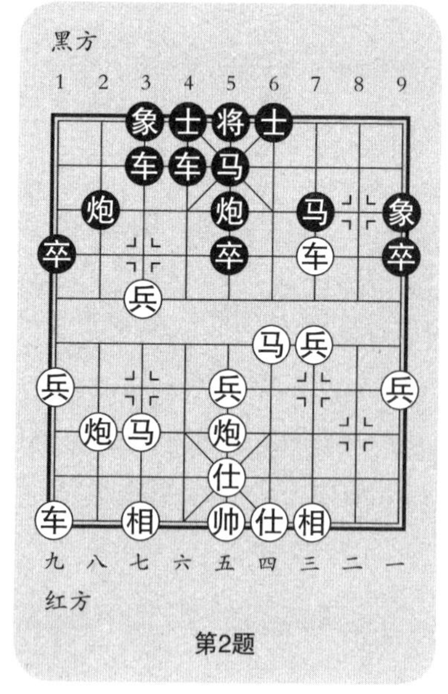

第2题

黑方先行

1. ……　炮2进1

进炮打车反击好棋。

2. 兵七进一　车3进2

3. 马七进八　车3进2　　4. 炮八进四　车3平2

5. 炮五进四　马7进5

交换是必走之着，如车2退2，则车三进一，车2平5，马四进五，马5进7，马五进三，车4进2，红方多兵，稍优。

6. 车三平五　炮5平7　　7. 马四进三　车4进2

由于红方九路车晚出，黑方强行兑车，利用大子出动速度快的优势弥补少卒的劣势。

8. 车五平六　马5进4　　9. 炮八平七　车2平3

10. 炮七平八　马4退6

伏有车3退2捉双的手段，黑方足可抗衡。

第2局　红飞右边相式

记一记

定式基础：

1. 炮二平五　炮8平5
2. 马二进三　马8进7
3. 车一平二　车9进1
4. 兵三进一　车9平4
5. 马八进七　马2进3
6. 兵七进一　车1进1
7. 相七进九　卒1进1

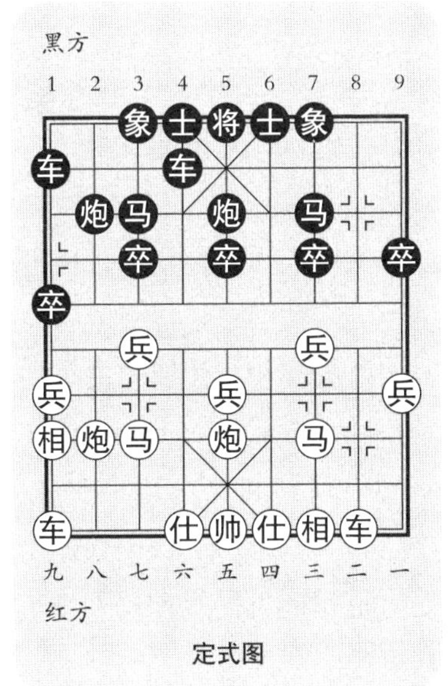

定式图

讲一讲

1. 炮二平五　炮8平5

2. 马二进三　马8进7

3. 车一平二　车9进1　　4. 兵三进一　车9平4

5. 马八进七　马2进3　　6. 兵七进一　车1进1

7. 相七进九　……

红飞边相，一来预先防范黑攻红七路线，二来可通左车，红方近年流行的下法。

7. ……　　　　卒1进1（图1-2-3）

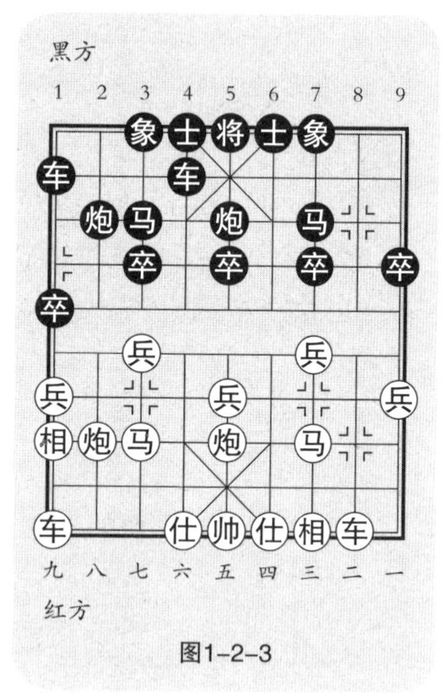

图1-2-3

进边卒，首见于1985年第五届“五羊杯”赛，河北李来群阻击广东吕钦之战。黑方利用进边卒的节奏虽然不快，但是针对性很强，利用红方边相的特点，通过兑卒进行牵制。

8. 仕六进五　　……

红方补仕是缓步进取的选择。

8. ……　　　　卒1进1

9. 兵九进一　　车1进4

10. 车二进五　　……

红方右车骑河，助长两头蛇的威力。

10. ……　　　　炮2平1

平边炮，继续贯彻牵制红方左翼边线的战术。

11. 炮八退一　　……

退炮保相并酝酿反击。

11. ……　　　　车4平1

集中火力从边线进行反击。

12. 车九平六　　……

红方弃相吊住黑方边车，好棋。

12. ……　　　　炮1进5

13. 炮八平九　　炮1平5

14. 相三进五　　前车退1（图1-2-4）

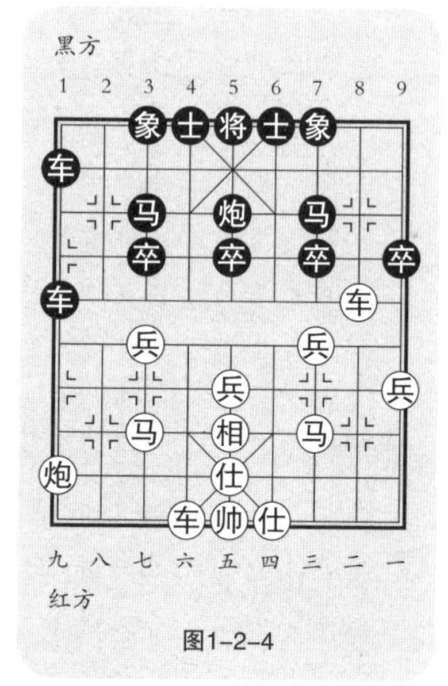

图1-2-4

退车邀兑是当前局面下黑方保持局面均势的好棋。

15. 车二进一　　……

进车保持变化。如车二平九，则车1进3，炮九平七，炮5平6，黑方调整阵形后，足可抗衡。

15. ……　　　　前车平2

黑方平前车是近年兴起走法，是对后车平2和后车平6的改进。布局至此，黑方足可抗衡。

练一练

根据参考图提示，写出布局演变的过程及主要变着。

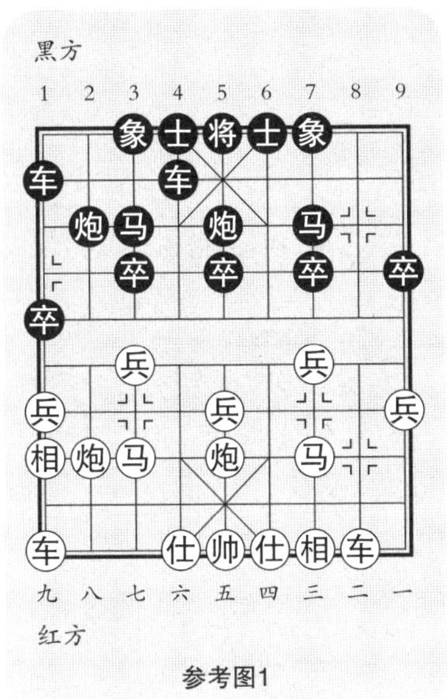

参考图1

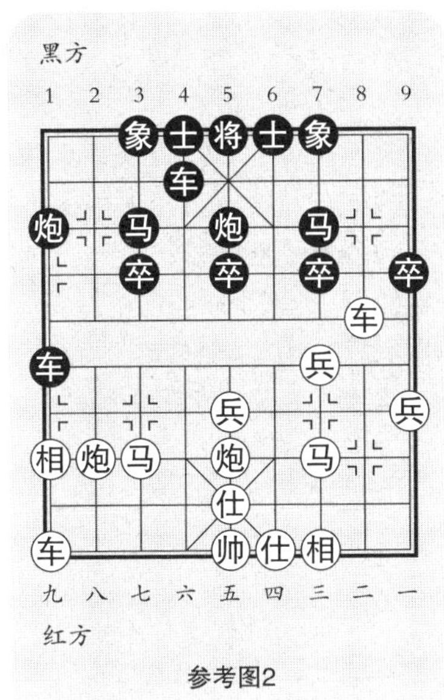

参考图2

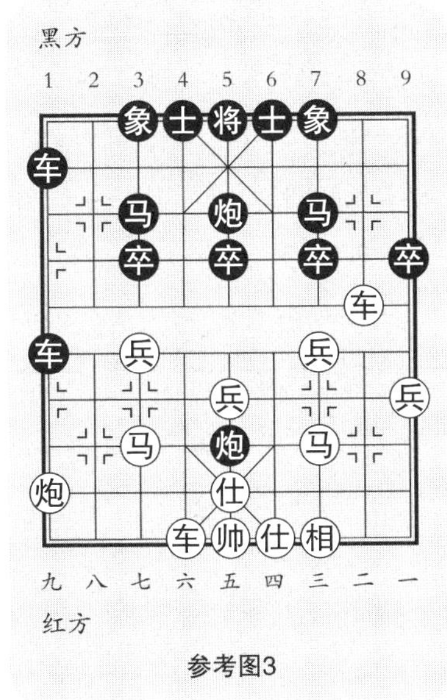

参考图3

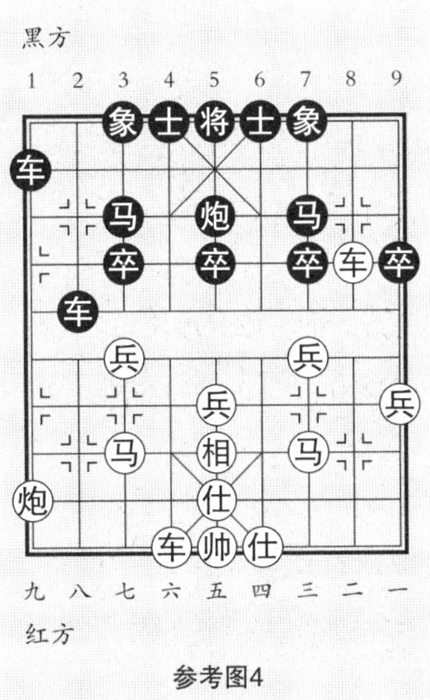

参考图4

想一想

根据基本图和对比图两图之中子力位置的不同之处，分析并写出产生棋形差异的原因。（布局提示：双方以顺炮直车两头蛇对双横车，红飞边相变例布局，第12回合的结果图。）

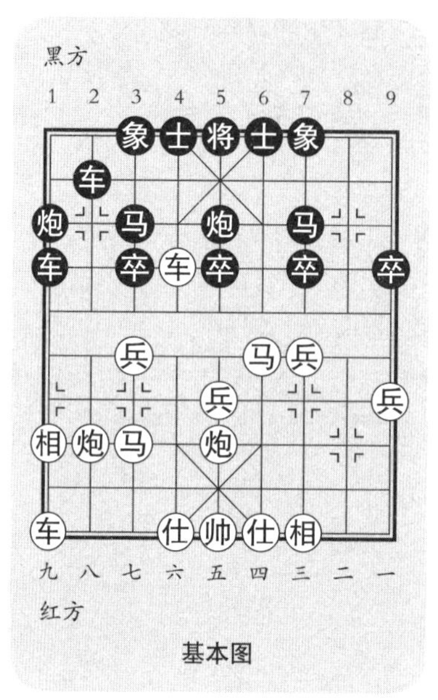

基本图

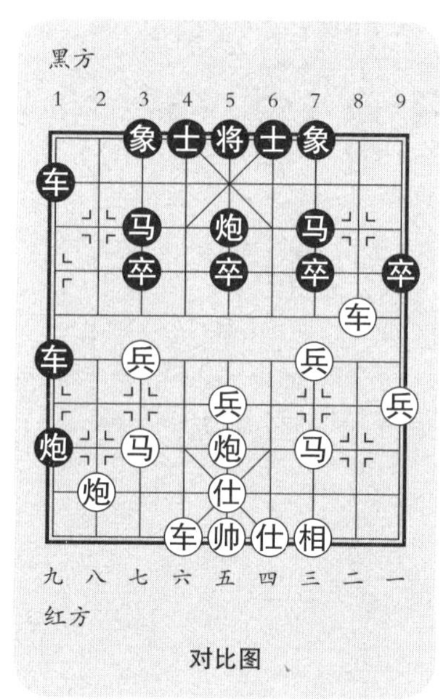

对比图

基本图的布局演变过程：

1. 炮二平五　炮8平5　　2. 马二进三　马8进7
3. 车一平二　车9进1　　4. 马八进七　车9平4
5. 兵三进一　马2进3　　6. 兵七进一　车1进1
7. 相七进九　卒1进1　　8. 车二进五　卒1进1
9. 兵九进一　车1进4　　10. 马三进四　炮2平1
11. 车二平六　车4平2　　12. 车六进一　车1退2

产生差异的原因：

红方第8回合没有选择车二进五，而是仕六进五，经过以下演变，形成对比图结果。

8. 仕六进五　卒1进1　　9. 兵九进一　车1进4
10. 车二进五　炮2平1　　11. 炮八退一　车4平1

12. 车九平六　炮 1 进 5

打打谱

请同学们把下面两则实战对局的棋谱用棋盘摆出来，在打谱的过程中找一找与定式里讲的棋谱有哪些不同，不同之处在棋谱上标记出来。（注 :“！”表示好棋，“？”表示缓手。）

第 1 局　四川 梁妍婷　和　江苏 张国凤

2015 年全国象棋团体赛

1. 炮二平五　炮 8 平 5　　2. 马二进三　马 8 进 7
3. 车一平二　车 9 进 1　　4. 马八进七　马 2 进 3
5. 兵七进一　车 9 平 4　　6. 兵三进一　车 1 进 1
7. 相七进九　卒 1 进 1　　8. 仕六进五　卒 1 进 1
9. 兵九进一　车 1 进 4　　10. 炮八退一　炮 2 进 4
11. 炮八平七　车 4 进 7　　12. 炮七退一　马 3 退 5

红方主动。

第 2 局　江苏 程鸣　和　杭州 赵金成

2017 年全国象棋甲级联赛

1. 炮二平五　炮 8 平 5　　2. 马二进三　马 8 进 7
3. 车一平二　车 9 进 1　　4. 马八进七　车 9 平 4
5. 兵三进一　马 2 进 3　　6. 兵七进一　车 1 进 1
7. 相七进九　卒 1 进 1　　8. 仕六进五　卒 1 进 1
9. 兵九进一　车 1 进 4　　10. 车二进五　炮 2 平 1
11. 炮八退一　车 4 平 1　　12. 车九平六　炮 1 进 5
13. 炮八平九　炮 1 平 5　　14. 相三进五　后车平 2

红方主动。

试一试

第1题　下图轮到红方行棋，红方最佳应法是：

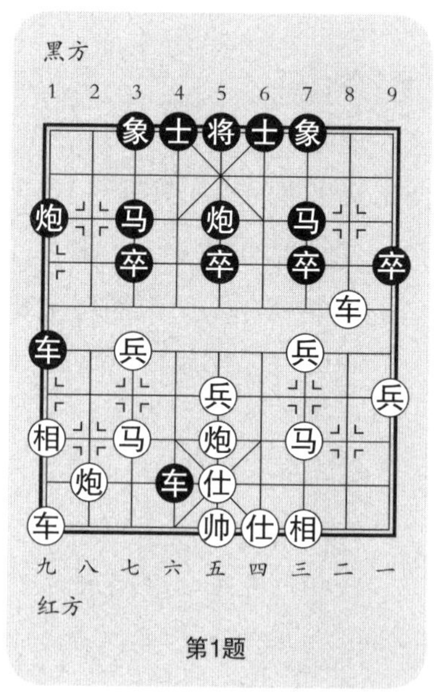

第1题

红方先行

1. 炮八平九　　……

平炮打车是红方正确的攻击路线。

1. ……　　　车1平3
2. 炮九进六　　车3进2
3. 炮九平五　　象7进5

如改走象3进5，则车二进二，马7退5，红方可以马三进二，再马二进三，黑方局势更差。

4. 车二进二　　马7退5
5. 马三进四　　车4退3

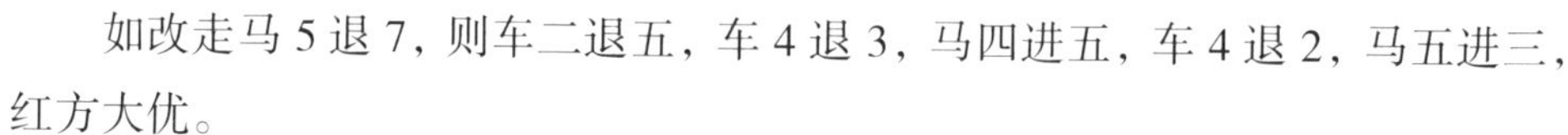
如改走马5退7，则车二退五，车4退3，马四进五，车4退2，马五进三，红方大优。

6. 马四进五　　马3进5
7. 炮五进四

红优。

第2题　下图局面中轮到黑方行棋，黑方最佳应法是什么？

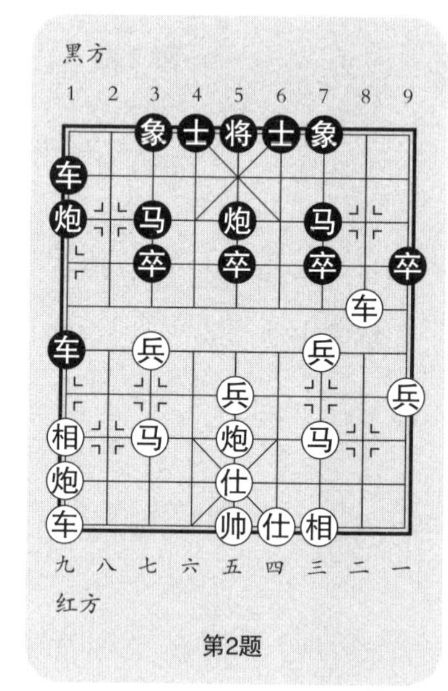

第2题

黑方先行

1. ……　　　前车平3

吃兵先弃后取，黑方反先的好棋。

2. 炮九进六　　……

如相九进七，则炮1进7，车二平八，车1平4，马三进四，车4进7，红方左翼空虚，有顾忌。

2. ……　　　车1进1
3. 相九进七　　车1进7
4. 仕五退六　　车1退4

退车捉相是黑方有力的反击手段。

5. 马七进六　　卒 7 进 1

弃卒是正着。迫使红方进行子力交换。如车 1 平 3，则马六进四，车 3 平 7，车二退三，马 7 退 9，炮五平七，黑方受攻。

6. 车二平三　　车 1 平 3　　　7. 车三进二　　……

如误走马六进七，则车 3 退 2，车三进二，炮 5 退 1，以后黑方炮 5 平 1 或车三平六后再炮 5 平 7，红方都不好处理。

7. ……　　　　车 3 平 4

黑方满意。

第 3 局　红右马盘河式

记一记

定式基础：

1. 炮二平五　　炮 8 平 5
2. 马二进三　　马 8 进 7
3. 车一平二　　车 9 进 1
4. 兵三进一　　车 9 平 4
5. 马八进七　　马 2 进 3
6. 兵七进一　　车 1 进 1
7. 马三进四　　车 4 进 7

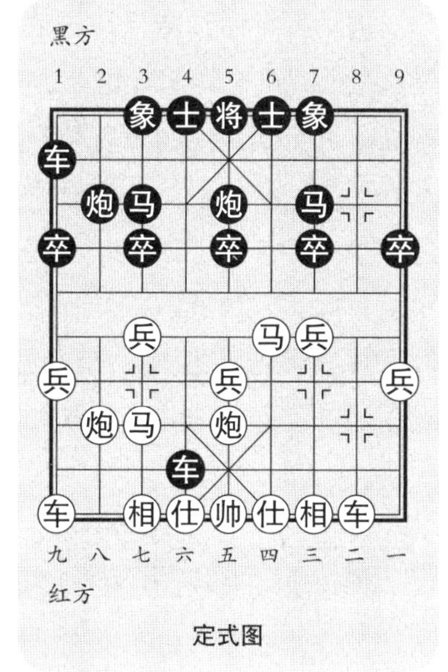

定式图

讲一讲

1. 炮二平五　　炮 8 平 5

2. 马二进三　　马 8 进 7

3. 车一平二　　车 9 进 1　　　4. 兵三进一　　车 9 平 4

5. 马八进七　　马 2 进 3　　　6. 兵七进一　　车 1 进 1

7. 马三进四　　……

红右马盘河控制前沿，侧重抢攻。

7. ……　　　　车 4 进 7

进车压相腰威胁红方左马，并顺势闪开边车通道，着法强劲有力。

8. 炮八进二　……

升炮巡河，一着两用。既可策应河口马，又可随时边车护马，解除黑方车4平3的威胁，攻守兼备。

8. ……　　卒3进1

弃卒拆开红方炮架，突出红双马弱点，以利发挥己方双车纵横驰骋的灵活性。如改走车4退1，车九进二，炮5进4，仕四进五，象3进5，车二进三，红方占先。

9. 兵七进一　车1平6

以上几个回合中，黑先以肋车深探红下二路（伏车4平3兜吃红马），再弃3卒拆红炮架，接下来再用另一车捉红盘河马，这三着棋可谓一套组合拳。

10. 马四进三　……（图1-2-5）

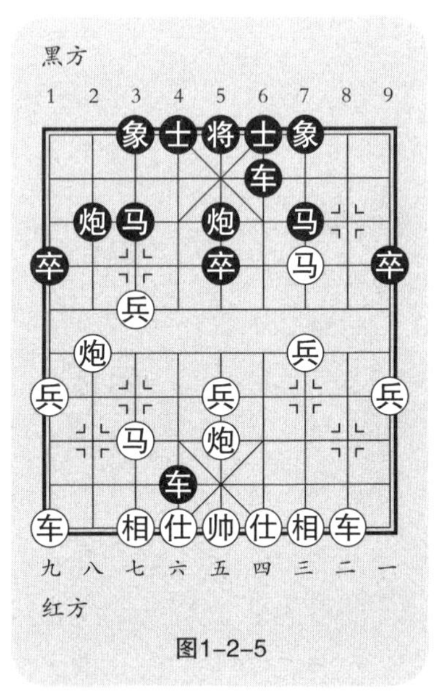

图1-2-5

进马踩卒是红方保持进攻态势的好棋。如炮八平七，则车6进4，炮七进三，车4退6（强制红方进行交换是黑方化解红方进攻好棋，如车6平7，车九平八，炮2平1，炮七平三，炮1平7，炮五进四，炮5进4，马七进五，车7平5，车八进六，车5进1，仕四进五，红方可稳获先行之利），车九进二，车6平7，兵七进一，卒7进1，双方大体均势，红方无便宜。

10. ……　　车6进3

近年实战来看，黑方选择车6进2容易陷入苦战，以下兵三进一，卒5进1，车九进一，红方有兑车争先手段，黑方以后要面对少卒的不利局面，红方扩先的机会多一些。车6进3以后，黑车巡河捉兵目的让车发挥作用，是复杂对攻的一路着法。

11. 兵七进一　马3退5　　12. 炮八平五　炮5进3

13. 兵五进一　车6退1　　14. 马三退二　……

退马简明，如兵三进一，则车4退4，车二进五，炮2进2，车九平八，炮2平7，兵五进一，车4平5，马七进五，车5平3，双方互缠，黑方满意。

14. ……　　　　车4平3（图1-2-6）

改走马7进6，则兵三进一，马6进7，兵三进一，马7进5，相三进五，炮2平8，车二平三，车6进2，马二进一，红方多兵优势。

15. 车九进二　象7进9

黑方足可抗衡。

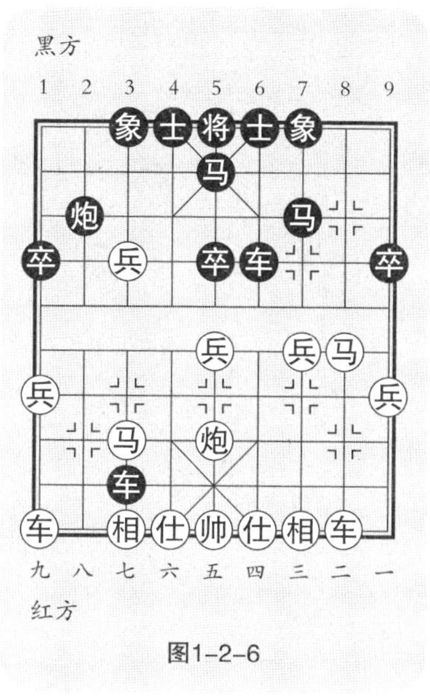

图1-2-6

练一练

根据参考图提示，写出布局演变的过程及主要变着。

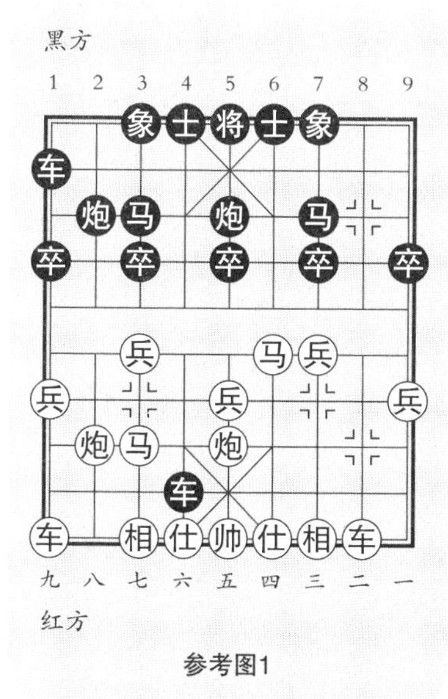

参考图1

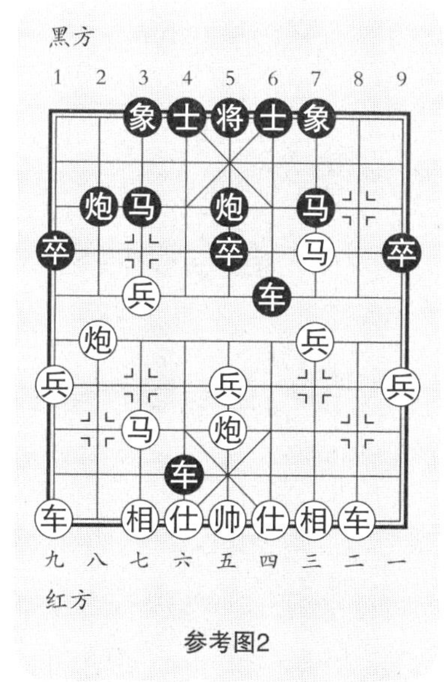

参考图2

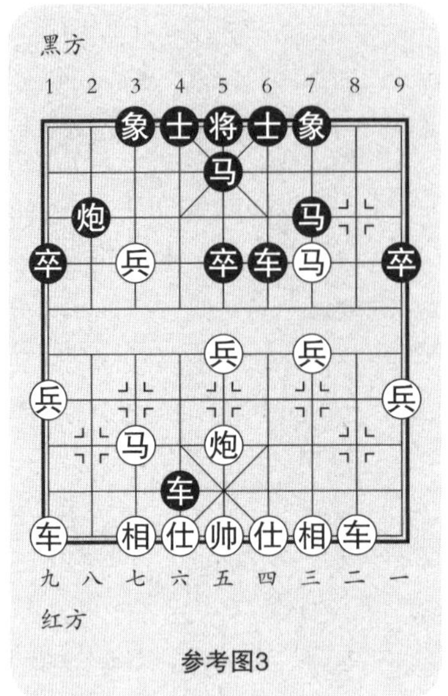
参考图3

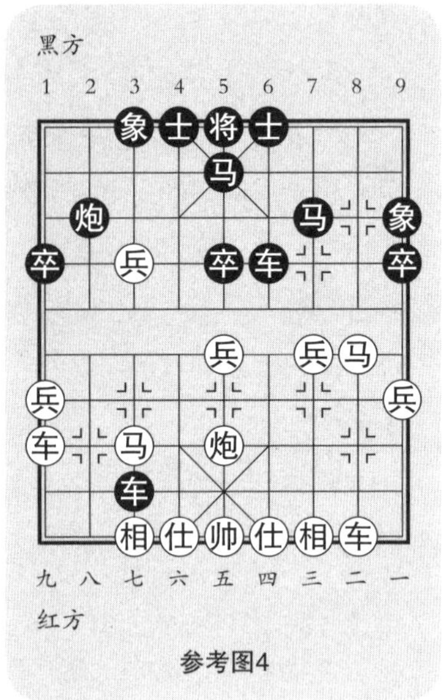
参考图4

想一想

根据基本图和对比图两图之中子力位置的不同之处，分析并写出产生棋形差异的原因。（布局提示：双方以顺炮直车两头蛇对双横车，红马三进四变例布局，第 12 回合的结果图。）

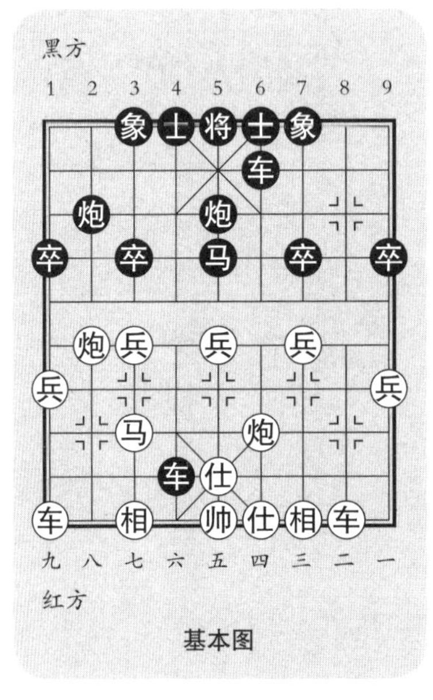
基本图

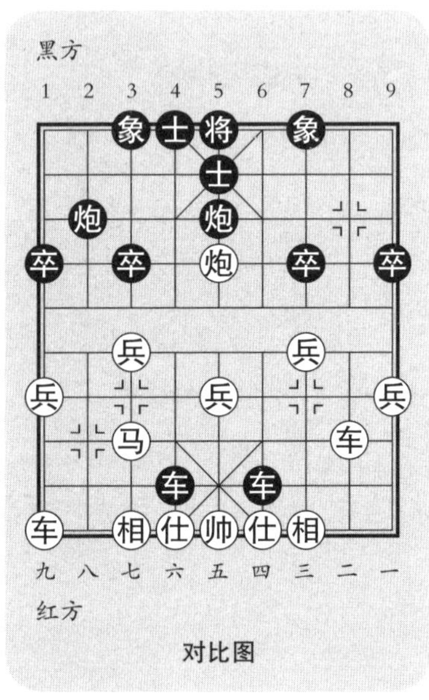
对比图

基本图的布局演变过程：

1. 炮二平五	炮8平5	2. 马二进三	马8进7
3. 车一平二	车9进1	4. 兵三进一	车9平4
5. 马八进七	马2进3	6. 兵七进一	车1进1
7. 马三进四	车4进7	8. 炮五平四	卒5进1
9. 仕六进五	卒5进1	10. 兵五进一	马3进5
11. 马四进五	马7进5	12. 炮八进二	车1平6

产生差异的原因：

第8回合，红方没有选择炮五平四，而是走炮八进四，经过以下演变，形成对比图局面。

8. 炮八进四	车1平6	9. 马四进五	车6进7
10. 车二进二	马3进5	11. 炮八平五	马7进5
12. 炮五进四	士6进5		

打打谱

请同学们把下面两则实战对局的棋谱用棋盘摆出来，在打谱的过程中找一找与定式里讲的棋谱有哪些不同，不同之处在棋谱上标记出来。（注："！"表示好棋，"？"表示缓手。）

第1局 广东 陈幸琳 胜 宁波 朱兰婷

2019年全国象棋个人赛

1. 炮二平五	炮8平5	2. 马二进三	马8进7
3. 车一平二	车9进1	4. 兵三进一	车9平4
5. 马八进七	马2进3	6. 兵七进一	车1进1
7. 马三进四	车4平6	8. 马四进三	车6进3
9. 炮五平三	炮5退1？	10. 仕六进五	车1平4
11. 相七进五	卒3进1	12. 兵七进一	车6平3
13. 炮八退二	车4进7	14. 炮八平七	车4平3

红方略优。

第2局　上海 孙勇征　和　黑龙江 胡庆阳

2016年全国象棋甲级联赛

1. 炮二平五	炮8平5	2. 马二进三	马8进7
3. 车一平二	车9进1	4. 马八进七	车9平4
5. 兵三进一	马2进3	6. 兵七进一	车1进1
7. 马三进四	车4平6	8. 马四进三	车6进2
9. 兵三进一	车1平4！	10. 车九进一	车4进5！
11. 炮五平二	车4平3？	12. 相三进五	车6进4
13. 车九平七	车6平7	14. 马三进五	炮2平5？

红方主动。

试一试

第1题　下图轮到红方行棋，红方最佳应法是：

红方先行

1. 马四进三　……

马踏7卒，着法实惠，如改走马四进六，则车1平3，车二进五，卒3进1！马六进五，象3进5，兵七进一，卒7进1，双方对抢先手。

1. ……　车6进3

如改走车6进2，兵三进一，车1平4，车二进四，车4进3，车二平三，炮2进2，兵三平四！车4平6，炮五平四，红方占优。

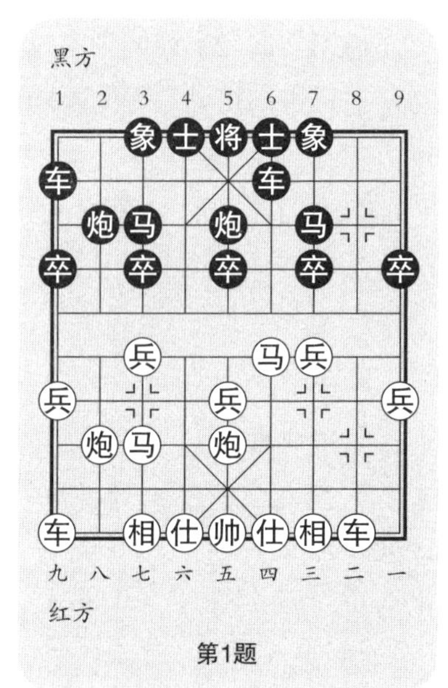

第1题

2. 炮五平三　……

先手卸中炮攻击黑方左翼。

2. ……　炮5平4

3. 相七进五　象3进5

飞相稳健，如卒3进1，则马七进六，车6平4，兵七进一，车4平3（正着，如改走车4进1，则兵七进一，红必吃回一子占优），车九平七，车3进5，相五退七，象7进5，车二进五，红方大优。

4. 仕六进五　车6平4　　5. 炮八退二　……

准备炮八平六是红方布局的精华，准备配合红方车二进七攻马的手段。

5. ……　　　炮2平1

平炮准备通车，正确。

6. 炮八平六　车1平2　　7. 车九平七　士6进5

8. 车二进七

红优。

第2题　下图局　面中轮到黑方行棋，黑方最佳应法是什么？

黑方先行

1. ……　　　卒5进1

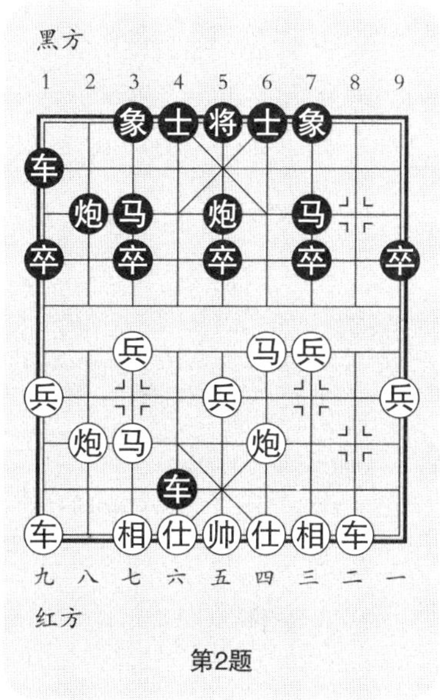

第2题

红方卸中炮以后，黑方抢进中卒攻逼红方中路的同时盘河双马，正确。

2. 仕六进五　卒5进1

3. 兵五进一　马3进5

如卒3进1，相三进五（兵七进一，马3进5，马四进五，马7进5，炮四平五，马5进3，黑优），马3进5，马四进五，马7进5，兵五进一（炮八进二，炮2平3，黑反先），炮5进2，车二进三，红先。

4. 马四进五　马7进5

5. 炮八进二　炮5退1

退炮准备利用叠炮战术，强攻中路。

6. 车二进五　炮2平5

7. 车九进一　车4退2

双方对攻，互有顾忌。

第3节 红正马进七兵型

第1局 黑左马屯边式

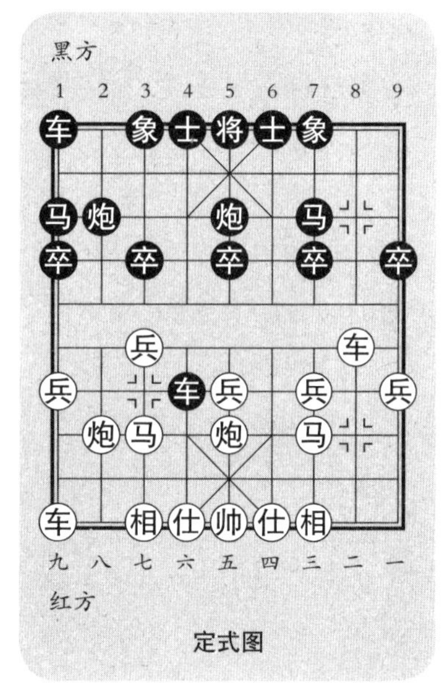

定式图

记一记

定式基础：

1. 炮二平五　　炮8平5
2. 马二进三　　马8进7
3. 车一平二　　车9进1
4. 马八进七　　车9平4
5. 兵七进一　　马2进1
6. 车二进四　　车4进5

讲一讲

1. 炮二平五　　炮8平5
2. 马二进三　　马8进7
3. 车一平二　　车9进1
4. 马八进七　　车9平4
5. 兵七进一　　……

“进七兵”比“进三兵”兴起稍晚。两者棋路不同，各展风采，丰富了斗顺炮的内容。

5. ……　　　　马2进1

进边马，子力较灵活，以后有炮2平3的攻击手段，但是中路和左马较弱，利弊参半，是当前流行走法之一。

6. 车二进四　　……

红升车巡河，伏车二平六兑车争先以逼黑车过河的手段。

6. ……　　　　车4进5　　　7. 相七进九　　……

飞边相柔中有刚，含蓄有力。

7. ……　　　　炮2平4

平炮以静制动，准备下一着车1平2，加快子力出动节奏。

8. 车二平六　　……（图1-3-1）

红切莫马七进六躁进，否则车1平2，炮八平七，车2进4，马六进五（迫兑），马7进5，炮五进四，士4进5，仕六进五，卒1进1，红虽得中卒，但左车难出，形势见差。

8. ……　　　　车4退1

退车正确。如车4平3，则车九平七，士4进5，炮八退一，卒1进1，炮八平四，车3平2，兵三进一，红通过运炮围堵黑车获稍优局面。

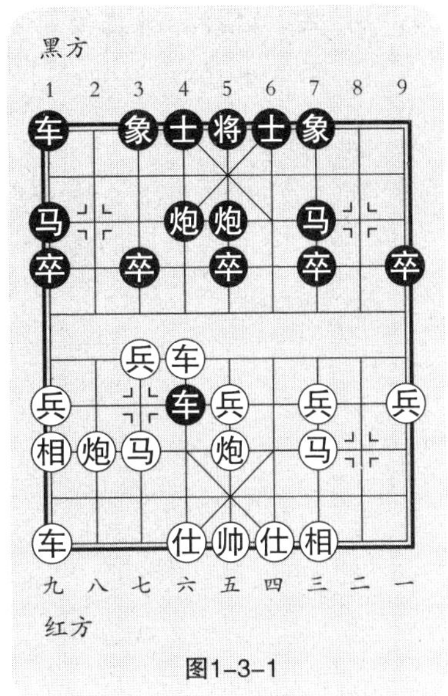

图1-3-1

9. 马七进六　　车1平2

10. 炮八平七　卒7进1

11. 车九进一　士4进5

先补一着，实践证明这是一着未雨绸缪的好棋。

12. 车九平四　车2进6

以下红方有兵七进一和仕四进五两种着法。

第一种着法：兵七进一（图1-3-2）

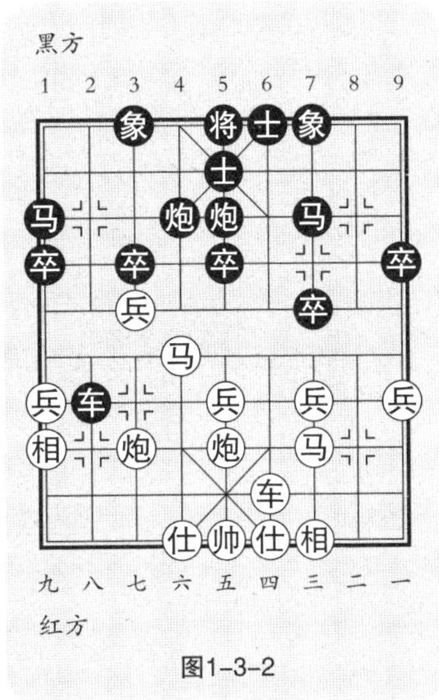

图1-3-2

13. 兵七进一　车2平4

14. 马六进七　车4平3

15. 马七进五　……

如果黑方第11回合没有走士4进5，此时红方可以抢到马七进八的棋，局面发展对红方有利。

15. ……　　　象7进5

16. 炮七平六　车3退2

黑优。

第二种着法：仕四进五（图1-3-3）

13. 仕四进五　炮4平2

准备闪击红方底线。

14. 兵七进一　车 2 平 4

15. 车四进三　……

进车保马是布局要点。如改走马六进七，则炮 2 进 7，相九退七，炮 5 平 4，黑方优势。

15. ……　　　卒 3 进 1

双方对攻。

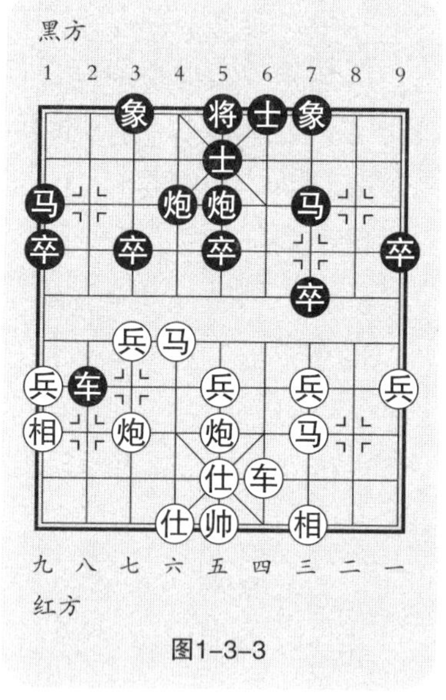

图1-3-3

练一练

根据参考图提示，写出布局演变的过程及主要变着。

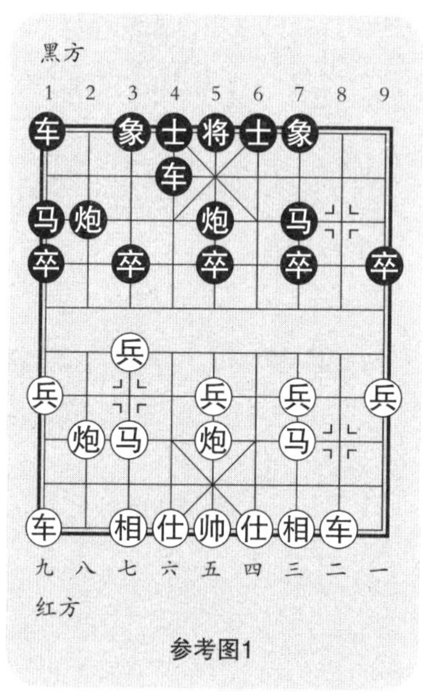

参考图1

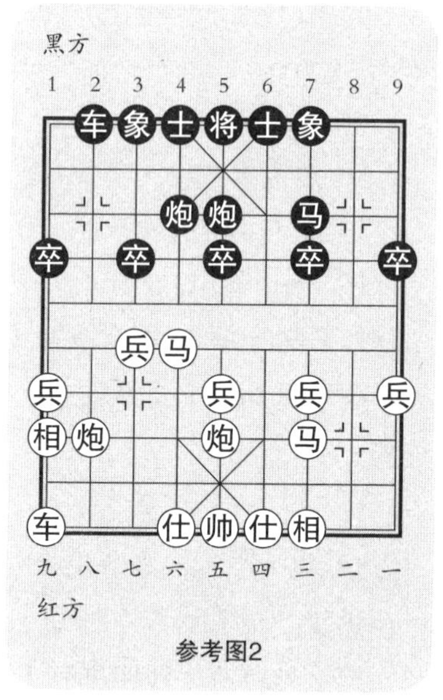

参考图2

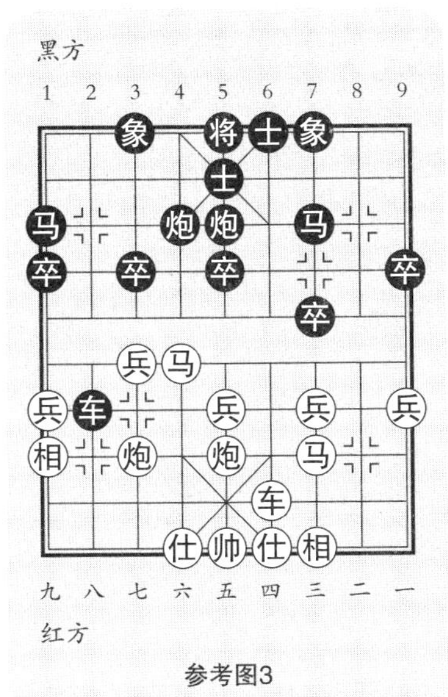

参考图3

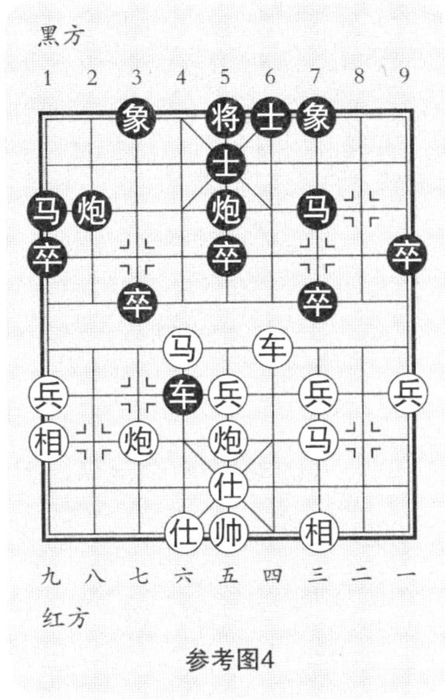

参考图4

想一想

根据基本图和对比图两图之中子力位置的不同之处，分析并写出产生棋形差异的原因。（布局提示：双方以顺炮直车进七兵对横车，红正马进七兵黑进边马变例布局，第 12 回合的结果图。）

基本图的布局演变过程：

1. 炮二平五　　炮 8 平 5
2. 马二进三　　马 8 进 7
3. 车一平二　　车 9 进 1
4. 马八进七　　车 9 平 4
5. 兵七进一　　马 2 进 1
6. 车二进五　　车 4 进 5
7. 炮五平四　　车 1 进 1
8. 仕六进五　　车 1 平 6
9. 相七进五　　车 6 进 5
10. 车九平六　　车 4 进 3
11. 帅五平六　　车 6 平 7
12. 马三退二　　士 6 进 5

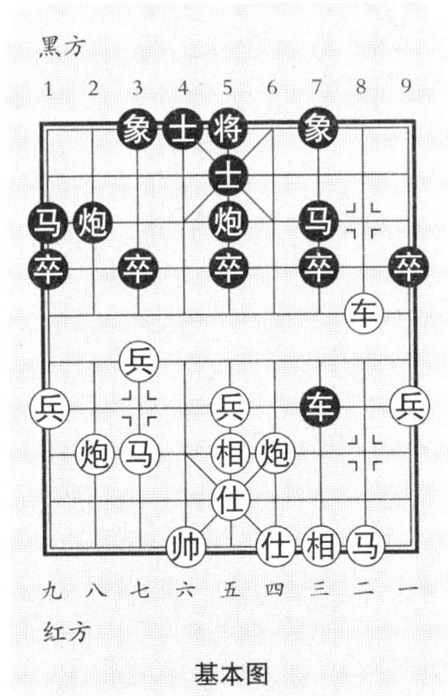

基本图

产生差异的原因：

第7回合时红方没有选择炮五平四的走法，而是选择相七进九，经过以下演变，形成对比图结果。

7. 相七进九　车1进1　8. 兵三进一　车1平6
9. 炮八进二　车6进5　10. 马三进四　车4平3
11. 车九平七　士6进5　12. 仕六进五　车3平2

打打谱

请同学们把下面两则实战对局的棋谱用棋盘摆出来，在打谱的过程中找一找与定式里讲的棋谱有哪些不同，不同之处在棋谱上标记出来。（注："！"表示好棋，"？"表示缓手。）

第1局　黑龙江 赵国荣　和　广东 许银川

第29届"五羊杯"全国象棋冠军邀请赛

1. 炮二平五　炮8平5　2. 马二进三　车9进1
3. 马八进七　车9平4　4. 兵七进一　马8进7
5. 车一平二　马2进1　6. 车二进五　车4进5
7. 相七进九　炮5退1　8. 兵三进一　卒7进1
9. 车二平三　象3进5　10. 车三平八　炮2进5
11. 车八退三　马7进8　12. 车九平八　马8进7
13. 仕六进五！马7进5　14. 相三进五　车4平1

红方先手。

第2局　辽宁队 李冠男　和　浙江 王家瑞

2017年全国象棋个人赛

1. 炮二平五　炮8平5　2. 马二进三　马8进7
3. 车一平二　车9进1　4. 兵七进一　车9平4
5. 马八进七　马2进1　6. 车二进四　车4进5
7. 炮五平四　炮2平3　8. 相七进五　车1平2
9. 炮八平九　车2进4　10. 兵九进一？炮5进4
11. 马七进五　车4平5　12. 仕六进五　车5平7
13. 车九平六　士6进5　14. 马三退二　象7进5

大体均势。

试一试

第1题　下图轮到红方行棋，红方最佳应法是：

红方先行

1. 炮八进四　……

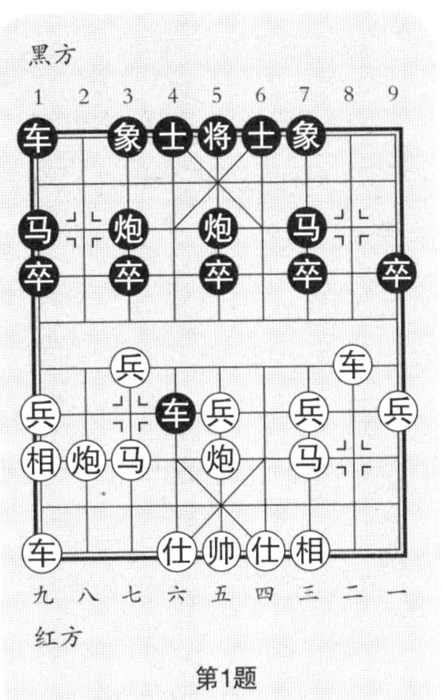

第1题

利用黑方右马屯边的特点，准备双炮配合攻击黑方中路。

1. ……　　车1平2

如车4平3，则炮八平五，士6进5，车九平七，车1平2，兵三进一，卒3进1，马三进四，红方阵形开扬，持先手进入中局。

2. 车九平八　……（辅助图1）

出车保炮是关键。红方很少有在这样局面下选择炮八平五的，原因是炮八平五以后马7进5，炮五进四，士4进5，车二平六，车4退1，马七进六，车2进4，红方中路还要补一着仕六进五，这样，黑方可以车2平4，马六退七，车4平5（辅助图2）捉炮，红方双马、炮、车子力间联络不畅的问题就暴露无遗。以下红方有三种考虑：一是炮五平一，黑方车5平9，炮一平二，车9平8，

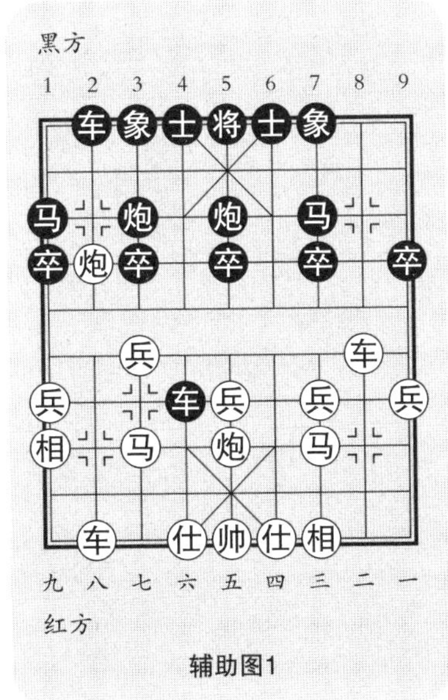

辅助图1

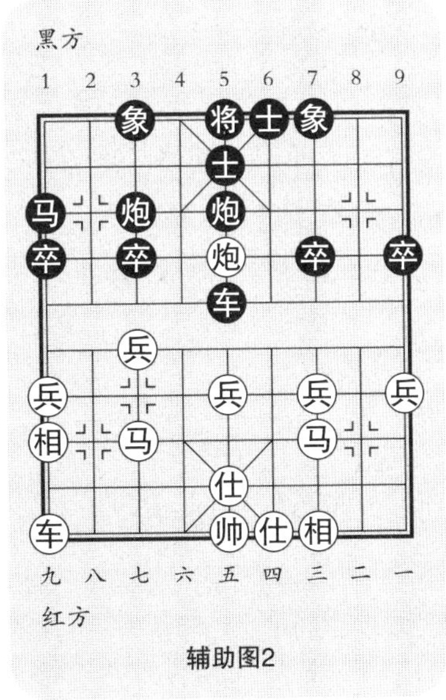

辅助图2

以后有车 8 进 3 捉马的手段，红方不利；二是炮五平九，车 5 平 7，马七进六，车 7 进 2，马六进五，车 7 进 1，马五进七，车 7 退 1，黑方优势；三是马七进六，卒 7 进 1，车九平八，将 5 平 4，兵九进一，卒 1 进 1，兑卒以后，黑方子力灵活，红方同样要陷入纠缠之中。基于上述的考虑，红方此时多走车九平八，保留变化。

2. …… 车 4 平 3 3. 炮八平五 ……

简明有力，直接解决七路马受攻的问题。如车八进二，则卒 3 进 1，马三退五，卒 3 进 1，黑方子力开扬，红方不利。

3. …… 马 7 进 5 4. 炮五进四 士 4 进 5

5. 车八进九 马 1 退 2 6. 马三退五 炮 3 平 2

7. 车二平五 ……

垫车准备调炮回防。

7. …… 炮 2 进 3 8. 兵七进一 马 2 进 3

9. 炮五平四 炮 2 进 1 10. 兵七平六

以后黑方可炮 5 进 4 进行交换，双方大体均势。

第 2 题 下图局面中轮到黑方行棋，黑方最佳应法是什么？

黑方先行

1. …… 士 4 进 5

补士固防，正着。若车 1 进 1 则炮八平五切断黑车左移之路，黑将沦入少卒境地。

2. 车二平六 ……

红借兑车占肋，正着。若兵九进一，则车 4 平 2，炮八平五，马 7 进 5，炮五进四，炮 2 进 1，炮五退二，卒 3 进 1！兵七进一，车 2 平 3，兵七平八，炮 2 平 5，黑以巧妙手段争得反先之势。

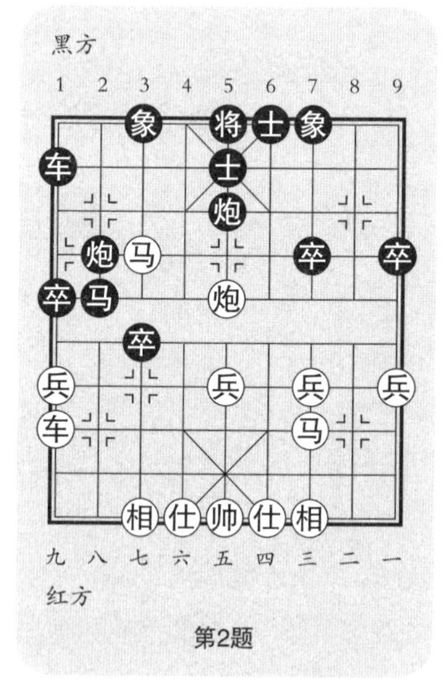

第2题

2. …… 车 4 平 3

3. 车九进二 卒 1 进 1

挺边卒展开右翼子力，正着。

4. 炮八平五 ……

炮压当头先发制人。

4. …… 马 1 进 2

进马咬车，以攻还攻。也可马7进5，炮五进四，马1进2，与主变相同。

5. 车六进三　……

红如改走车六进一捉马，则马7进5，炮五进四，马2退3，炮五退二，马3进5，兑子后红将以双车双马对黑双车马炮，红因兵种不全而不利。

5. ……　马7进5　6. 炮五进四　炮2进1

7. 炮五退一　车3退1　8. 车六退二　车3退1

由于黑子力位置局促，兑车腾挪出空间就显得很有必要了。如改走马2进3，则车九平八，车3平6，车六退二，车6退1，相三进五，车6平5，车六平七，炮2平1，仕四进五，红方先手。

9. 车六平七　卒3进1　10. 马七进六　卒3进1

11. 马六进七　车1进2

双方互有顾忌。

第2局　黑进右正马式

记一记

定式基础：

1. 炮二平五　炮8平5
2. 马二进三　马8进7
3. 车一平二　车9进1
4. 马八进七　车9平4
5. 兵七进一　马2进3
6. 车二进四　车4进5

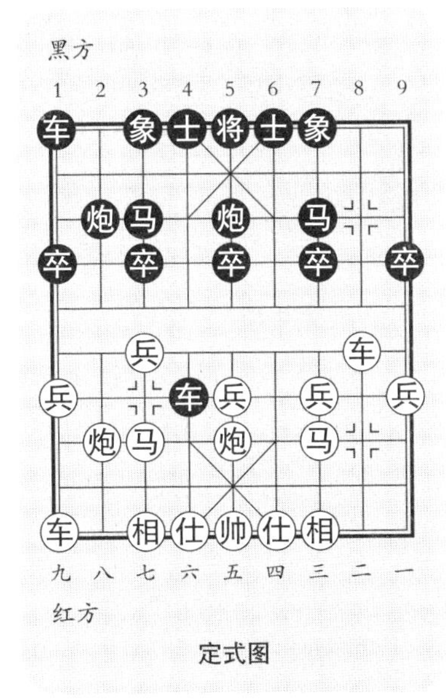

定式图

讲一讲

1. 炮二平五　炮8平5
2. 马二进三　马8进7
3. 车一平二　车9进1
4. 马八进七　车9平4
5. 兵七进一　马2进3

黑在红挺七兵之后起右正马，看似不及屯边马合理，但有利于加强中路攻防力量，在子力结构上较马2进1进边马更富于对抗性。

6. 车二进四　　……

红方升车巡河，着法稳健。此时红方选择车二进五骑河作用不大（因黑已起双正马），以下卒5进1，炮五进三，马3进5，炮五进二，象7进5，车二退一，车4进5，红无先手可言。

6. ……　　车4进5

肋车过河积极有利，如卒7进1，兵三进一，卒7进1，车二平三，车4进5，马三退五，马3退5，炮八进四，卒3进1，兵七进一，车4退3，炮八退二，红方主动。

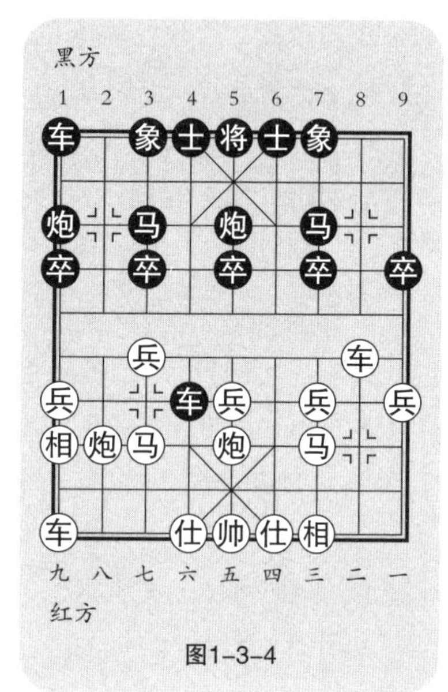

图1-3-4

7. 相七进九　　……

飞边相准备能通左车，正着。

7. ……　　炮2平1（图1-3-4）

黑针对红边相平炮攻红边兵，好棋。如改走车4平3，则车九平七，车1进1，车二平六，车1平6，车六进二，炮5退1，兵三进一，红方主动。

8. 炮八退一　　……

红方以往常见的走法是车二平六和马七进六。此时炮八退一移步换形是改进后的走法。

8. ……　　车4进2　　9. 车九平八　　车4平3

10. 马三退五　　……

退马关车是红方保持主动的关键。

10. ……　　炮1平2

先打一着棋，让红炮平边，黑方虽损失一步棋，但是同样破坏了红方阵形结构。

11. 炮八平九　　车1进1　　12. 相九退七　　……

退相以后，预留炮九进四的路线。

12. ……　　车1平6（图1-3-5）

如车1平4，则炮五平二，黑方还有车4平6进行掩护，红方再车八进六，红方主动。

13. 车八进六 士6进5

如车6进7，则炮九进五，卒7进1，炮九退二，红方主动。

14. 炮五平一 卒5进1

双方大体均势。

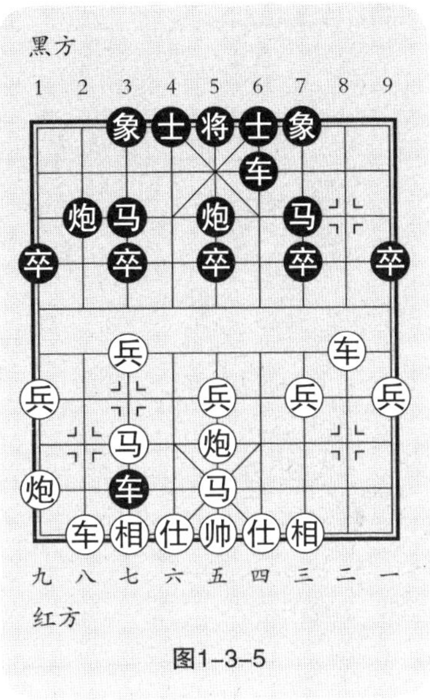
图1–3–5

练一练

根据参考图提示，写出布局演变的过程及主要变着。

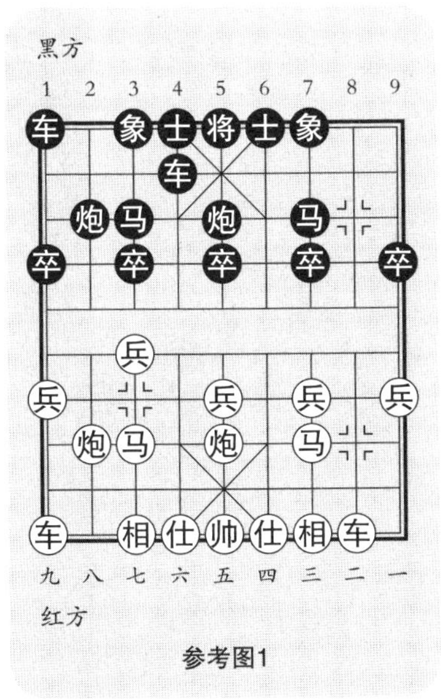
参考图1

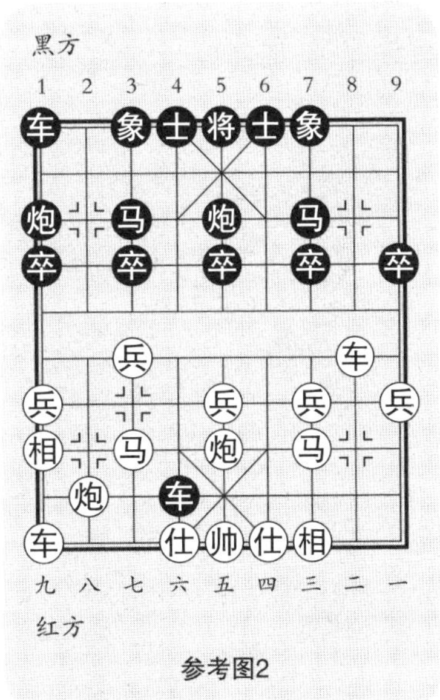
参考图2

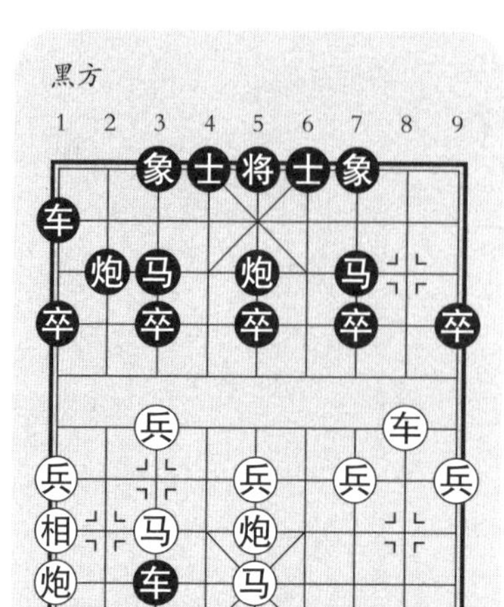

参考图3

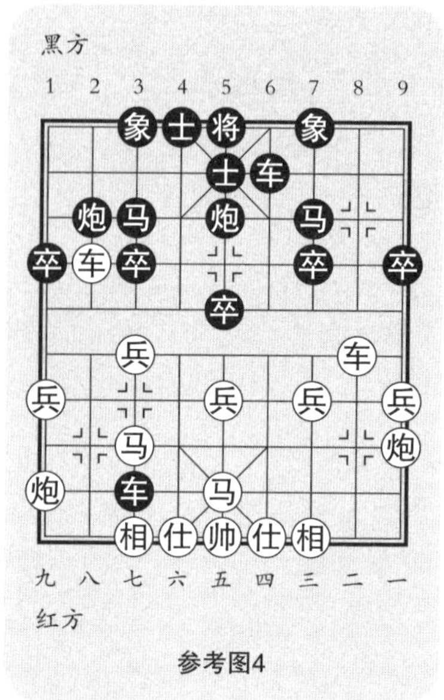

参考图4

想一想

根据基本图和对比图两图之中子力位置的不同之处，分析并写出产生棋形差异的原因。（布局提示：双方以顺炮直车对横车，左正马进七兵 黑进右正马变例布局，第 10 回合的结果图。）

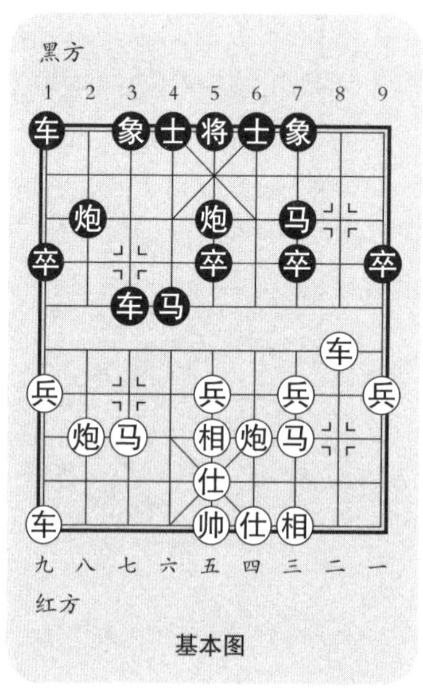

基本图

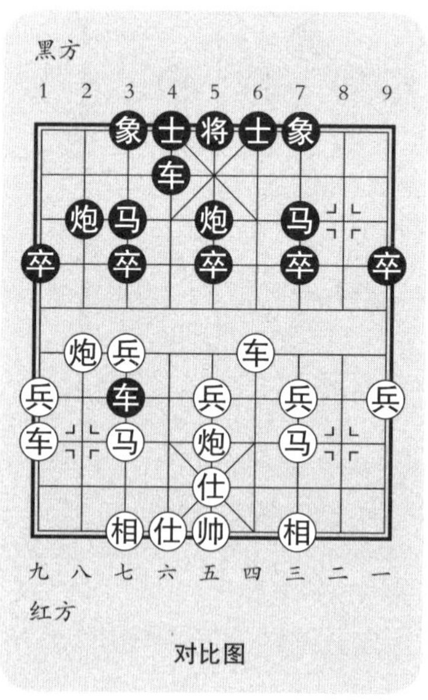

对比图

基本图的布局演变过程：

1. 炮二平五	炮 8 平 5	2. 马二进三	马 8 进 7
3. 车一平二	车 9 进 1	4. 马八进七	车 9 平 4
5. 兵七进一	马 2 进 3	6. 车二进四	车 4 进 5
7. 炮五平四	卒 3 进 1	8. 兵七进一	车 4 平 3
9. 相七进五	车 3 退 2	10. 仕六进五	马 3 进 4

产生差异的原因：

第 7 回合是对比图没有选择炮五平四，而是选择炮八进二，经过以下演变，形成对比图结果。

7. 炮八进二	车 1 进 1	8. 车九进二	车 1 平 6
9. 车二平四	车 6 平 4	10. 仕四进五	前车平 3

打打谱

请同学们把下面两则实战对局的棋谱用棋盘摆出来，在打谱的过程中找一找与定式里讲的棋谱有哪些不同，不同之处在棋谱上标记出来。（注：“！”表示好棋，“？”表示缓手。）

第 1 局 北京 蒋川 胜 河北 李来群

第 4 届“碧桂园杯”全国象棋冠军邀请赛

1. 炮二平五	炮 8 平 5	2. 马二进三	马 8 进 7
3. 车一平二	车 9 进 1	4. 马八进七	车 9 平 4
5. 车二进四	马 2 进 3	6. 兵七进一	车 4 进 5
7. 相七进九	炮 2 平 1	8. 车二平六	车 4 平 3
9. 车九平七	车 1 平 2	10. 兵三进一	车 2 进 4
11. 车六进二	卒 7 进 1？	12. 车六平七	马 3 退 5？
13. 兵三进一	车 2 平 7	14. 马三进四	车 7 平 6

红方优势。

第 2 局 湖北 汪洋 负 吉林 洪智

2002 年全国象棋个人赛

1. 炮二平五	炮 8 平 5	2. 马二进三	车 9 进 1
3. 车一平二	马 8 进 7	4. 马八进七	车 9 平 4
5. 车二进四	马 2 进 3	6. 兵七进一	车 4 进 5

7. 相七进九　炮2平1　　8. 炮八退一　车4进2
9. 车九平八　车4平3　　10. 马七进八　炮1进4！
11. 炮八进一　车3退2　　12. 马八进七　车1平2
13. 炮八进三　炮5进4？　14. 仕四进五？象3进5

大体均势。

试一试

第1题　下图轮到红方行棋，红方最佳应法是：

红方先行

1. 炮八平四　……

平炮过到肋上，攻守兼备的好棋。

1. ……　　卒7进1

黑方另有两种走法均不理想：一是车4平3，则车九平七，黑方3路车受攻，还要车3平4调整，红方等于多抢出一着车九平七的棋，红优；二是士4进5，仕六进五，卒5进1，炮四进二，车4退2，黑方肋车走动步数过多，红方以后可以车九平六或车二平六兑车，红方稍好。

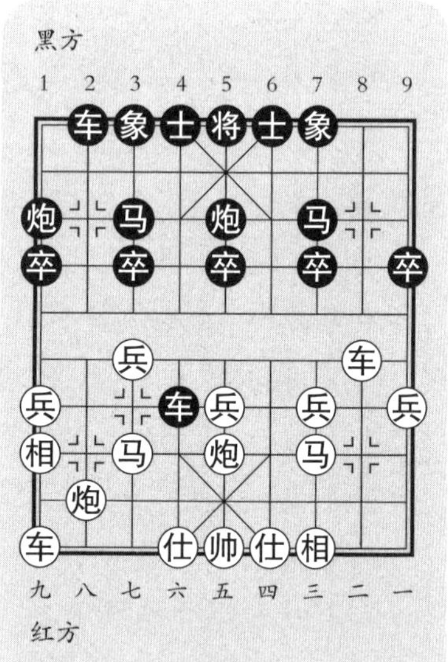

第1题

2. 炮四进六　马3退1

如改走马3退5，则炮四退四，车4退2，仕六进五，红方易走。

3. 炮四平九　……

红方主动交换目的在于以后能抢到马七进六这着棋。

3. ……　　象3进1　　4. 兵三进一　车2进4
5. 车九平八　车2进5　　6. 马七退八　车4退2
7. 马八进七

红方主动。

第2题　下图局面中轮到黑方行棋，黑方最佳应法是什么?

黑方先行

1. ……　　车4平3

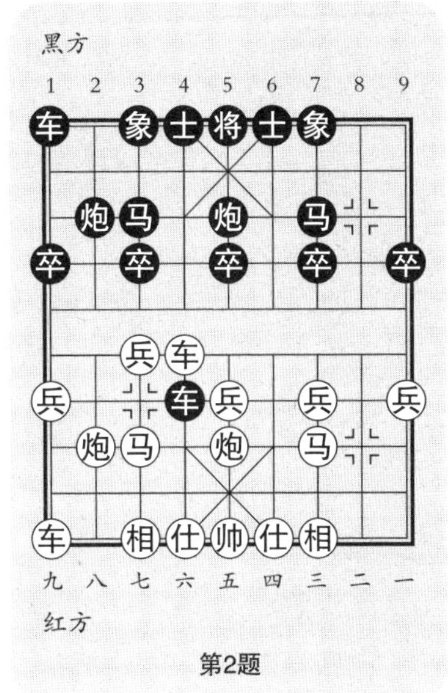

第2题

避兑是正确的选择，如车4退1，马七进六，黑方子力出动滞后，红方满意。

2. 车六退二　　炮2进4

进炮是黑方保持先手的关键。如急于改善车位走卒3进1，则兵七进一，车3退3，炮五退一，以后炮五平七，红方先手。

3. 炮五退一　　炮2平5

4. 马三进五　　炮5进4

5. 炮五平七　　……

平炮打车正着。如相七进五，炮5进2，仕六进五，黑方车1平2先手出车，黑方满意。

6. ……　　　　车3平2

7. 马七进六　　炮5退1

黑方满意。

第2章 顺炮直车对缓开车

第1节 红进七兵黑右炮过河型

第1局 红跃河口肋马式

记一记

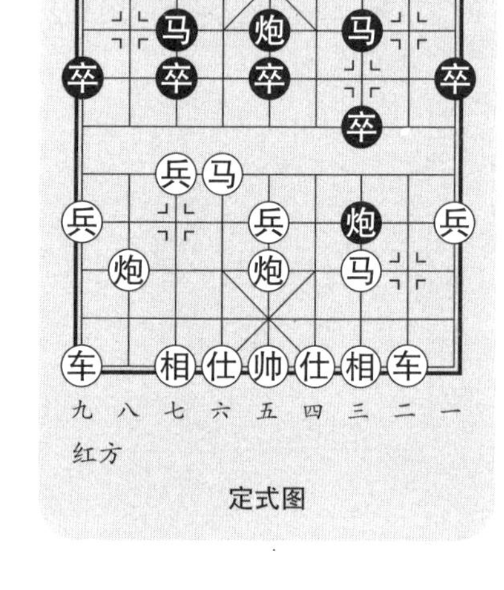

定式图

定式基础：

1. 炮二平五　　炮8平5
2. 马二进三　　马8进7
3. 车一平二　　卒7进1
4. 马八进七　　马2进3
5. 兵七进一　　炮2进4
6. 马七进六　　炮2平7

讲一讲

1. 炮二平五　　炮8平5

2. 马二进三　　马8进7

3. 车一平二　　卒7进1

黑方先挺7卒，克制红方右马，形成缓开车布局阵势。它具有柔中带刚、灵活多变的战术特点。

4. 马八进七　　……

先进马不挺七兵，是对兵七进一走法的革新，目的是准备迅速起左横车参战。

4. ……　　马2进3

黑方同样跳正马，应着针锋相对，颇具弹性。

5. 兵七进一　　炮2进4

飞炮过河，以炮2平3与炮2平7的手段为战术依据，是顺炮直车对缓开车布局中的著名变例。

6. 马七进六　……

跃马河口，属老式攻法，近年来又有所发展。

6. ……　　　　炮2平7

7. 车九平八　……（图2-1-1）

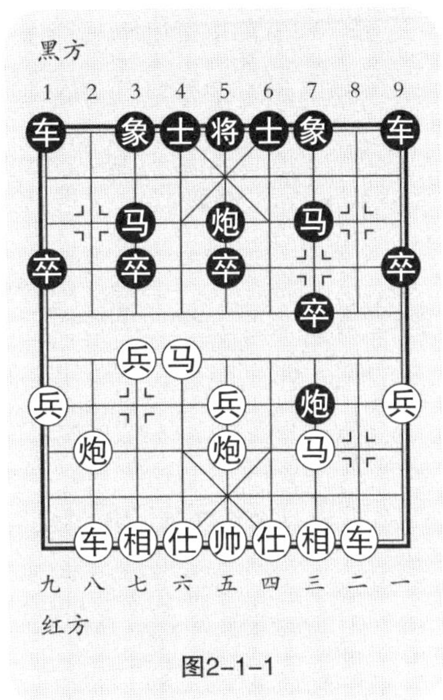
图2-1-1

先出车保炮，待黑方出右车时可进炮封锁，这是对炮八平七的改进。早期红方应着多走炮八平七（炮平七路，直接攻击黑方右马，这是上着马七进六的后续手段），车1平2，马六进七（如兵七进一，则车2进5，兵七进一，车2平4，炮七进五，车9平8，黑方反先），炮5退1，相三进一，马7进6，车二进五，黑方可以马6进5交换或者车2进4巡河，演变下去黑势不弱。

7. ……　　　　车9进1

“缓开车”布局刚刚兴起时，黑多走车1平2，遭炮八进四封车，以下车9进1，马六进五，车2进3，车八进六，马3进5，兵五进一，马5进6，炮五进五，象7进5，车二进二，红接有车八退三捉炮之着，有望获较优局面。现黑起左横车是近年兴起的走法。

8. 炮八平七　……

此时可以看出第7回合，先走车九平八和先走炮八平七的区别。经过车九平八和车9进1这两手棋的交换，黑没有右车直出侵扰红阵的棋，却多了左横车捉红河口马的棋。

8. ……　　　　车9平4

9. 马六进七　车4进2

10. 相三进一　车1平2

宁亏一先棋，也不能让红左车发挥威力，正着。

11. 车八进九　马3退2

12. 车二进四　炮5平3

13. 马七退六　……（图2-1-2）

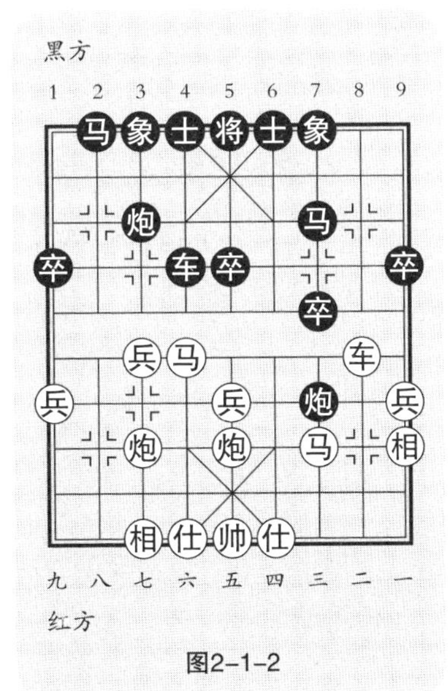
图2-1-2

退马是保留变化的选择，如车二平六，则车4进2，马七退六，炮3进5，马六退七，象3进5，局势较为平稳。

13. ……　　　炮3进5　　　14. 马六退七　象3进5

双方大体均势。

练一练

根据参考图提示，写出布局演变的过程及主要变着。

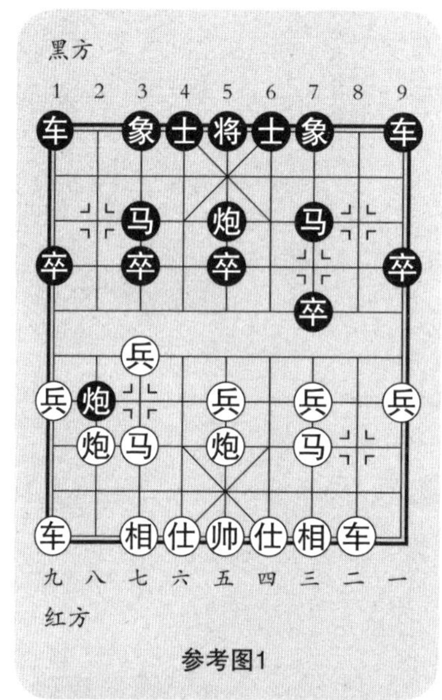

参考图1

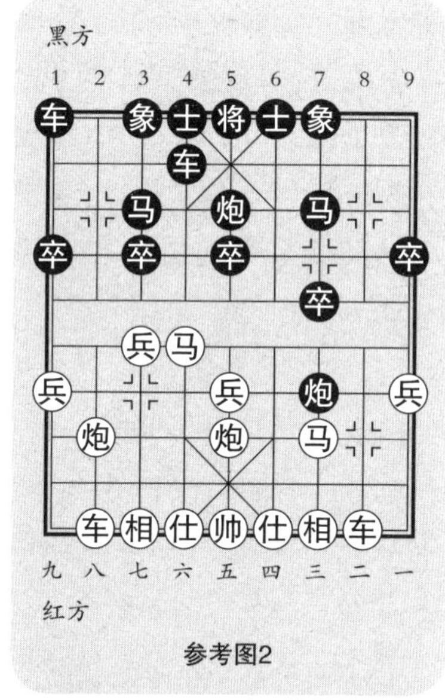

参考图2

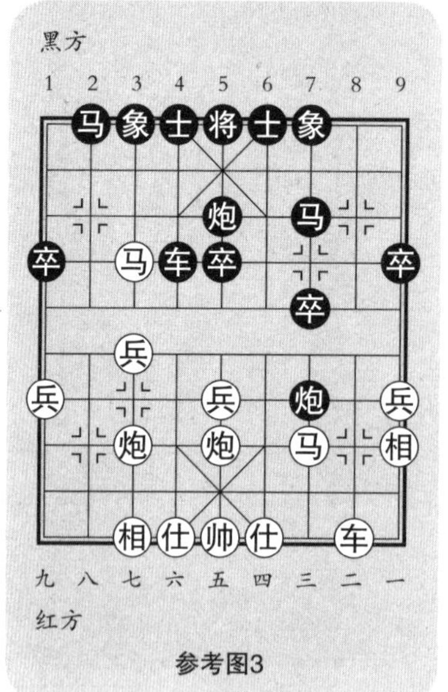

参考图3

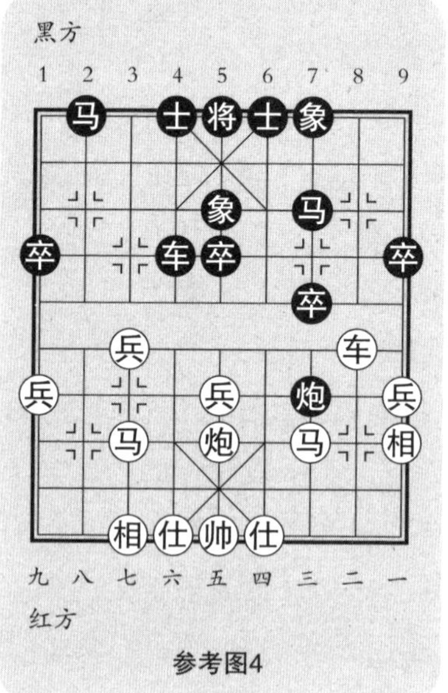

参考图4

想一想

根据基本图和对比图两图之中子力位置的不同之处，分析并写出产生棋形差异的原因。（布局提示：双方以顺炮直车对缓开车，黑右炮过河红进河口肋马变例布局，第14回合的结果图。）

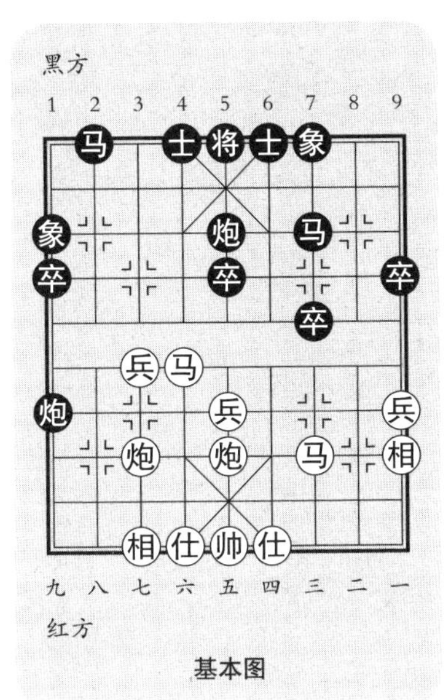

基本图

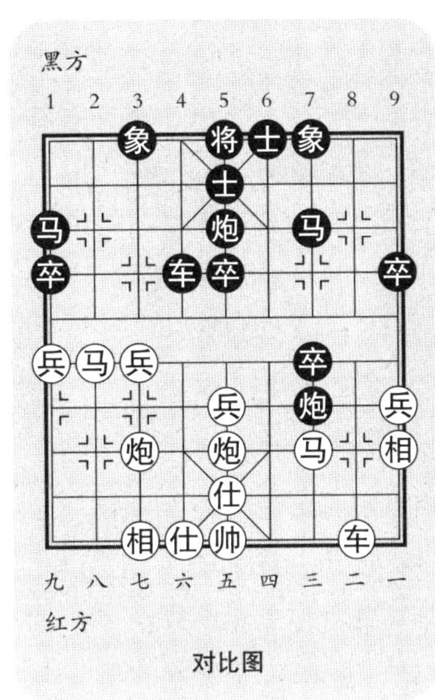

对比图

基本图的布局演变过程：

1. 炮二平五	炮8平5	2. 马二进三	马8进7
3. 车一平二	卒7进1	4. 马八进七	马2进3
5. 兵七进一	炮2进4	6. 马七进六	炮2平7
7. 车九平八	车9进1	8. 炮八平七	车9平4
9. 马六进七	车4进2	10. 相三进一	炮7平1
11. 车二进四	车1平2	12. 车八进九	马3退2
13. 车二平六	车4进2	14. 马七退六	象3进1

产生差异的原因：

第10回合，红方没有选择相三进一而是选择仕四进五，经过以下回合的演变，形成对比图结果。

10. 仕四进五	卒7进1	11. 兵九进一	车1平2
12. 车八进九	马3退2	13. 相三进一	马2进1

14. 马七退八　士 4 进 5

打打谱

请同学们把下面两则实战对局的棋谱用棋盘摆出来，在打谱的过程中找一找与定式里讲的棋谱有哪些不同，不同之处在棋谱上标记出来。（注："！"表示好棋，"？"表示缓手。）

第 1 局　浙江 王家瑞　负　上海 孙勇征

2018 年全国象棋甲级联赛

1. 炮二平五　炮 8 平 5　　2. 马二进三　马 8 进 7
3. 车一平二　卒 7 进 1　　4. 兵七进一　炮 2 进 4
5. 马八进七　马 2 进 3　　6. 马七进六　炮 2 平 7
7. 车九平八　车 9 进 1　　8. 炮八平七　车 9 平 4
9. 马六进七　车 4 进 2　　10. 相三进一　炮 7 平 1
11. 车八进三　炮 1 进 3　　12. 车八退三　炮 1 退 3
13. 车八进三　炮 1 进 3　　14. 车八退三　炮 1 退 3
15. 车二进四！炮 1 平 3？

第 2 局　黑龙江 张晓平　负　上海 胡荣华

1989 年全国象棋个人赛

1. 炮二平五　炮 8 平 5　　2. 马二进三　马 8 进 7
3. 车一平二　卒 7 进 1　　4. 兵七进一　炮 2 进 4
5. 马八进七　马 2 进 3　　6. 马七进六　炮 2 平 7
7. 炮八平七　车 1 平 2　　8. 马六进七　炮 5 平 4
9. 兵七进一　车 2 进 6　　10. 相七进九　车 9 平 8
11. 兵七平六　车 8 进 9　　12. 马三退二　马 3 退 1
13. 车九平七？士 6 进 5　　14. 仕六进五　车 2 平 5！

试一试

第1题　下图轮到红方行棋，红方最佳应法是：

红方先行

1. 炮八进四　……

进炮封车，压缩黑方空间，必走之着。

1. ……　　　　车9进1

2. 马六进七　　车9平2

正确，如车9平4，炮八平五，红方立时占优。

3. 炮八平五　　士4进5

支士应将，简明。如马7进5，炮五进四，士4进5，车八进八，车2进1，相三进五，红方阵形厚实、子力灵活，占优。

4. 车八进八　　车2进1

5. 前炮退一　　炮5进1

进炮缓解中路压力，正着。

6. 车二进六　　车2进6

伏有车2平3的先手，至此双方对峙，各有千秋。

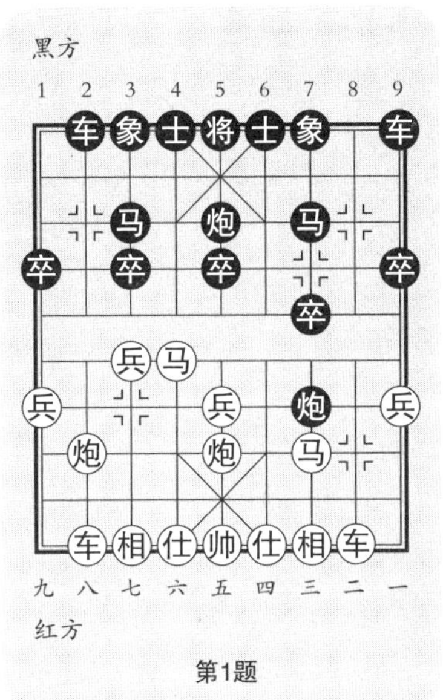

第1题

第2题　下图局面中轮到黑方行棋，黑方最佳应法是什么?

黑方先行

1. ……　　　　车9平4

2. 马六进七　　车1平2

3. 炮八进二　　……

红方不宜走炮八进四，否则车4进6，马七进五，象3进5，炮七进五，车4平7，炮七平三，炮7退4，相七进五，车7退1，红方八路车炮受牵，兵林线又受到黑车威胁，黑方主动。

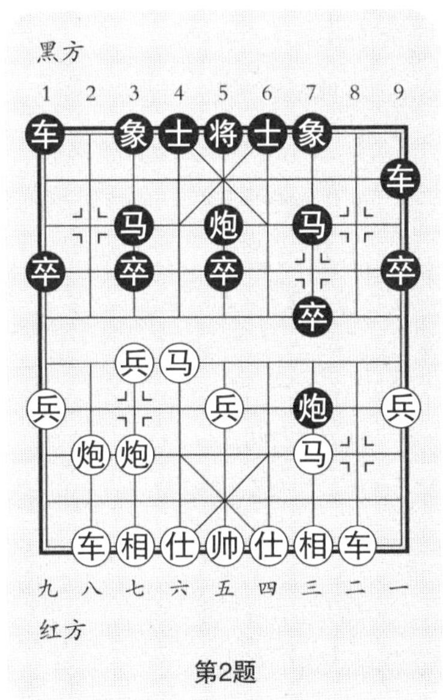

第2题

3. ……　　　　炮5平6

平炮正确，黑方保留变化的关键。

4. 炮七平八　　车2平1

黑车虽然被逼回原位，但是红方八路线上车双炮位置同样不好，还要调整，两相比较起来，黑方亏得不多。

5. 炮八平五　　车4进2　　　6. 兵七进一　　士4进5

7. 车二进六　　车1平2

双方大体均势。

第2局　红外马封车式

记一记

定式基础：

1. 炮二平五　　炮8平5
2. 马二进三　　马8进7
3. 车一平二　　卒7进1
4. 马八进七　　马2进3
5. 兵七进一　　炮2进4
6. 马七进八　　车9进1

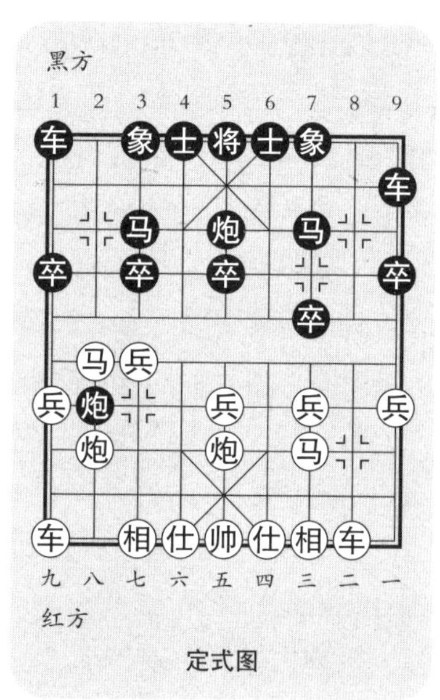

定式图

讲一讲

1. 炮二平五　　炮8平5
2. 马二进三　　马8进7
3. 车一平二　　卒7进1
4. 马八进七　　马2进3
5. 兵七进一　　炮2进4
6. 马七进八　　……

红进外肋马，含有封车之意。这是在马七进六基础上发起来的一路变化。

6. ……　　　　车9进1

面对红方的封锁，黑方针锋相对起左横车增强右翼攻击力量。

7. 车九进一　　车9平4
8. 车九平七　　……（图2-1-3）

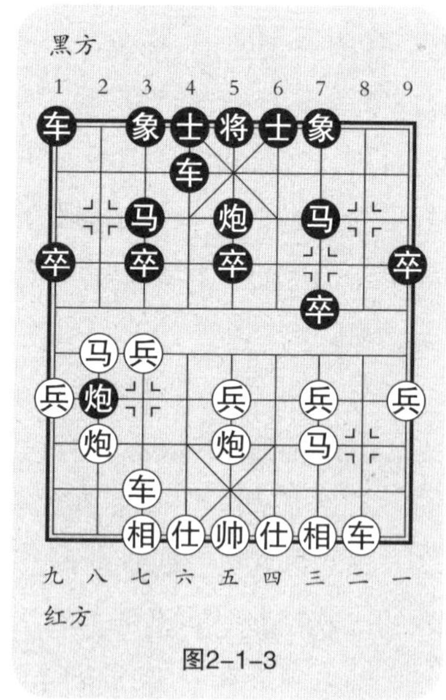

图2-1-3

改进着法。平七路车争取尽快出车攻击的同时伏有升车捉死炮手段，红方保持先手的好棋。以往认为红方先平七路车是冒进的选择，没有顾忌到仕角的薄弱部位，应先走仕四进五，从近年多盘实盘来看，仕四进五以后，黑方炮2平7，车九平七，炮5退1，车二进八，车4进5，炮八平六，车1平2，马八进七，车2进6，车二平四，车4退2，局势复杂，红方难以控制先手。

8. …… 车4进6

及时仕角捉炮，与红方对抢先手。如改走炮2平7，则兵七进一，红方先手。

9. 炮八退一 ……

退炮是欲保持对黑方右车的封制，同时阻断黑右炮的进路。早期红方多走炮八退二，其缺点为左炮的灵活性较差，近年兴起炮八退一的走法更有利于保持八路炮的灵活性。

9. …… 炮2平7

平炮射兵，对红方右翼子力进行牵制，是可行之着。

10. 兵七进一 马3退5

退窝心马是一步好棋。如卒3进1，则车七进四，车4进1，炮八进一，马3退5，车七平三，炮7平1，马八进六，红方先手。

11. 仕四进五 ……（图2-1-4）

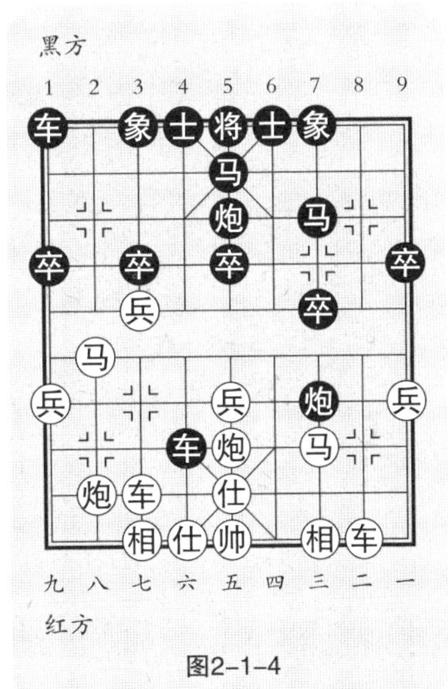

图2-1-4

支仕捉车冷静。如先走车七进一，则车4退2捉马，马八进七，炮5平3！红方七路马位置尴尬。

11. …… 车4平2

12. 马八退七 ……

退马也是从全局考虑的一着好棋。如马八进七，则卒7进1，黑方过卒以后双方互有顾忌。退马打车通过局部抢先手的机会，争取得车二进四的机会。

12. …… 车2退4

13. 车二进四 卒3进1

14. 马七进八 车2平4

15. 车七进四 炮5平3

布局至此，红方稍优。

练一练

根据参考图提示，写出布局演变的过程及主要变着。

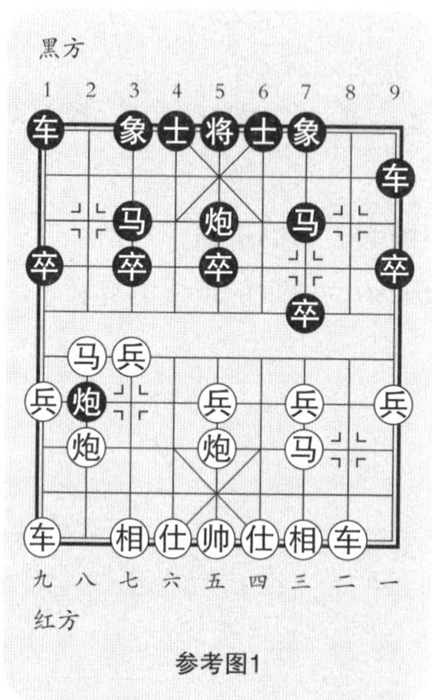

参考图1

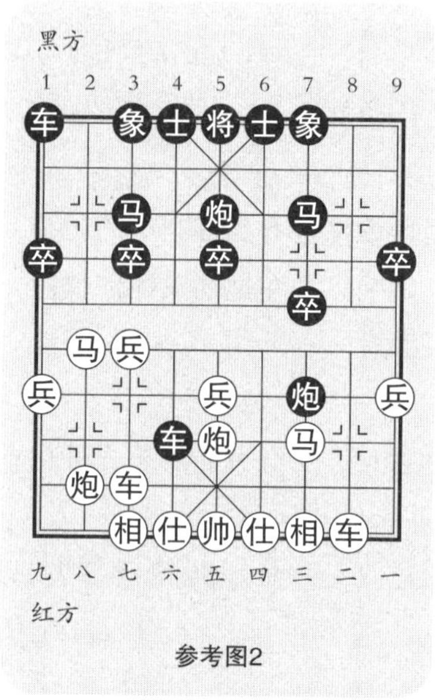

参考图2

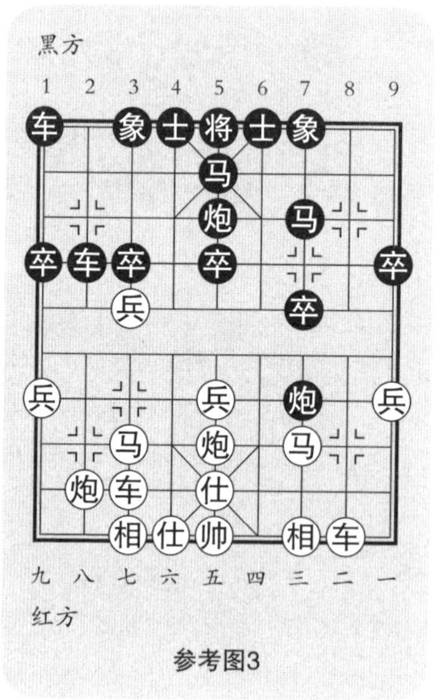

参考图3

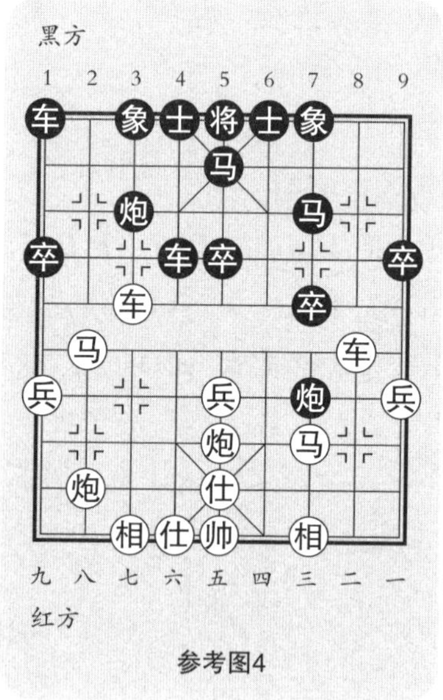

参考图4

想一想

先写出基本图的演变过程，然后根据基本图和对比图两图之中子力位置的不同之处，分析并写出产生棋形差异的原因。（布局提示：双方以顺炮直车对缓开车，黑右炮过河 红外马封车变例布局，第 14 回合的结果图。）

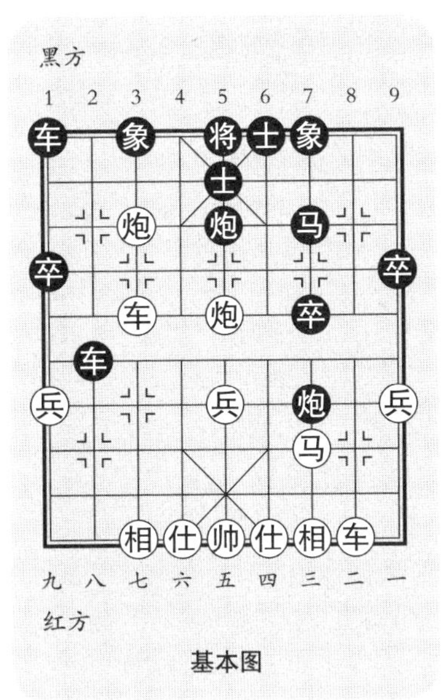

基本图

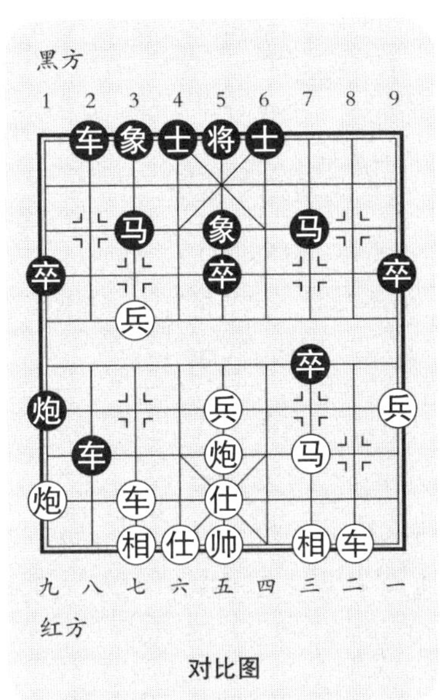

对比图

基本图的布局演变过程：

1. 炮二平五　炮 8 平 5　　2. 马二进三　马 8 进 7
3. 车一平二　卒 7 进 1　　4. 马八进七　马 2 进 3
5. 兵七进一　炮 2 进 4　　6. 马七进八　车 9 进 1
7. 车九进一　车 9 平 4　　8. 车九平七　车 4 进 6
9. 炮八退一　炮 2 平 7　　10. 兵七进一　卒 3 进 1
11. 车七进四　车 4 平 2　　12. 炮八平七　车 2 退 2
13. 炮七进六　卒 5 进 1　　14. 炮五进三　士 4 进 5

产生差异的原因：

第 10 回时，对比图中红方没有选择兵七进一而是选择仕四进五，经过以下回合演变，形成对比图结果。

10. 仕四进五　车 4 平 2　　11. 马八进七　卒 7 进 1

12. 兵七进一　炮7平1　　13. 炮八平九　车1平2
14. 马七进五　象7进5

打打谱

请同学们把下面两则实战对局的棋谱用棋盘摆出来，在打谱的过程中找一找与定式里讲的棋谱有哪些不同，不同之处在棋谱上标记出来。（注："！"表示好棋，"？"表示缓手。）

第1局　浙江 万春　负　北京 刘欢
2011年全国象棋个人赛

1. 炮二平五　炮8平5　　2. 马二进三　马8进7
3. 车一平二　卒7进1　　4. 马八进七　马2进3
5. 兵七进一　炮2进4　　6. 马七进八　车9进1
7. 车九进一　车9平4　　8. 车九平七　车4进6
9. 炮八退一　炮2进1　　10. 车七进一　车4平3
11. 马八退七　炮2退1　　12. 马七进六　炮2平7
13. 炮八进五？车1平2　　14. 炮八平五　士4进5？

大体均势。

第2局　煤矿 谢业枧　胜　河北 阎文清
2007年全国象棋甲级联赛

1. 炮二平五　炮8平5　　2. 马二进三　马8进7
3. 车一平二　卒7进1　　4. 兵七进一　炮2进4
5. 马八进七　马2进3　　6. 马七进八　车9进1
7. 车九进一　车9平4　　8. 车九平七　车4进6
9. 炮八退一　炮2平7　　10. 仕四进五　车4平2
11. 马八进七　卒7进1！　12. 兵七进一！炮7平1
13. 炮八平九　车1平2　　14. 马七进五　象3进5

大体均势。

试一试

第1题　下图轮到红方行棋，红方最佳应法是：

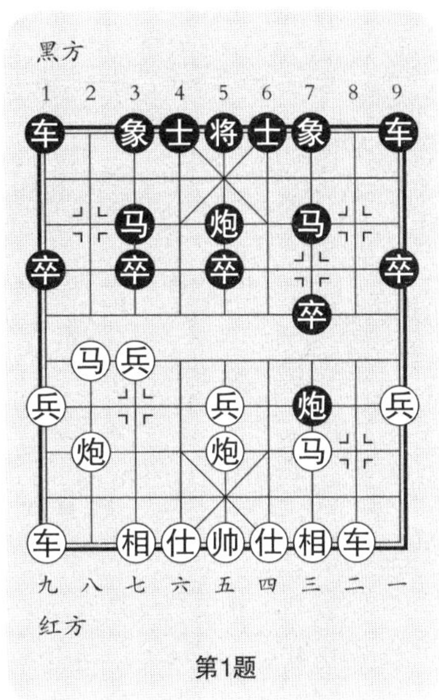

第1题

红方先行

1. 车九进一　　车9平8

直接兑车造成红方右翼存在弱点。

2. 车二进九　　炮7进3
3. 仕四进五　　马7退8

通过交换，红方虽然子力位置较好，但是黑方得相以后，红方右翼成为其主攻方向，双方各有所得。

4. 马三进四　　马8进7
5. 马四进六　　车1进1

起横车，准备车1平8弃子抢攻。

6. 马六进七　　车1平8　　　7. 车九平六　　士6进5
8. 车六进四　　车8进8

以后红方有车六平三的手段，对攻中红方稍好。

第2题　下图局面中轮到黑方行棋，黑方最佳应法是什么？

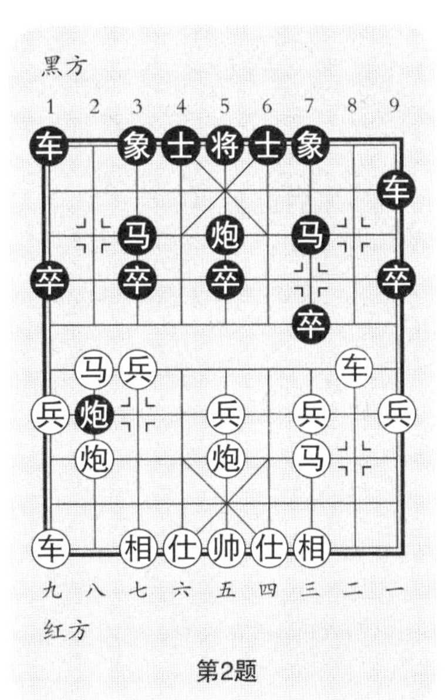

第2题

黑方先行

1. ……　　　　炮2平7
2. 相三进一　　车9平4
3. 炮八平七　　车4进3

升车巡河，不给红方兵七进一的机会。

4. 马八进七　　炮5平4

平4路炮，不给红方车二平六兑车的机会，正着。

5. 仕四进五　　车1平2
6. 车二退一　　卒7进1
7. 兵五进一　　车4平7

平车强化7路线的进攻力量，以后可发挥7路过河卒的作用，黑方足可抗衡。

第2节　黑方右横车型

第1局　红方高左炮式

记一记

定式基础：

1. 炮二平五　　炮8平5
2. 马二进三　　马8进7
3. 车一平二　　卒7进1
4. 马八进七　　马2进3
5. 兵七进一　　车1进1
6. 炮八进一　　象3进1

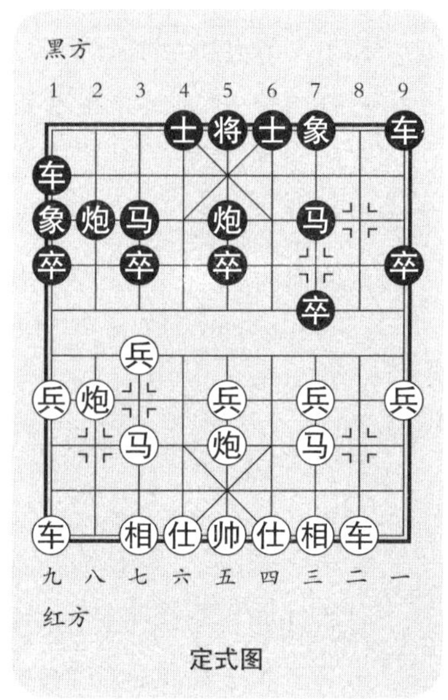

定式图

讲一讲

1. 炮二平五　　炮8平5
2. 马二进三　　马8进7
3. 车一平二　　卒7进1
4. 马八进七　　马2进3
5. 兵七进一　　车1进1

黑方左车不动，盯住红方右车的动向，随时有车9平8兑车或车9进1双横车的手段。已经开动的右横车准备从肋线开出，制约红方棋形延伸。

6. 炮八进一　　……

黑对黑右车离开底线，红方高左炮准备从七路出击，有着较强的针对性。

6. ……　　象3进1（图2-2-1）

飞边象巩固河头，以后可以避开红方七路炮的锋芒。

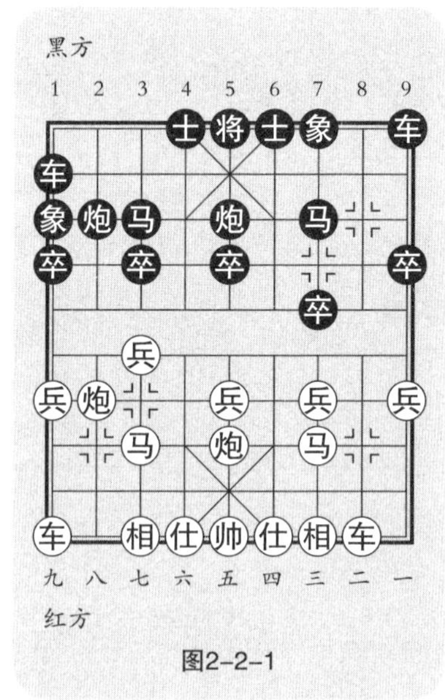

图2-2-1

7. 炮八平七　　炮 2 进 4

黑方右炮过河，是黑方飞边象的后续手段。

8. 车九平八　　车 1 平 2

黑方再出直车虽然步数有损，但是可以加强对红方控制，黑方得大于失。

9. 仕四进五　　车 9 进 1　　　10. 车二进六　……

右车过河更为积极主动。如车二进四，则车 9 平 4，兵三进一，车 4 进 5，炮七进三，车 2 进 3，双方对峙。

10. ……　　　　马 7 进 6　　　11. 车二平三　……

平车含蓄。如车二平四，则马 6 进 5，马七进五，炮 2 平 5，车八进八，车 9 平 2，马三进五，炮 5 进 4，车四退三，炮 5 退 2，黑势不差。

11. ……　　　　马 6 进 4（图2–2–2）

此时黑方如果仍走马 6 进 5，则马三进五，炮 2 平 5，车八进八，车 9 平 2，红方车三进三吃象，黑方在没攻势情况下，损失一象，亏损太大。

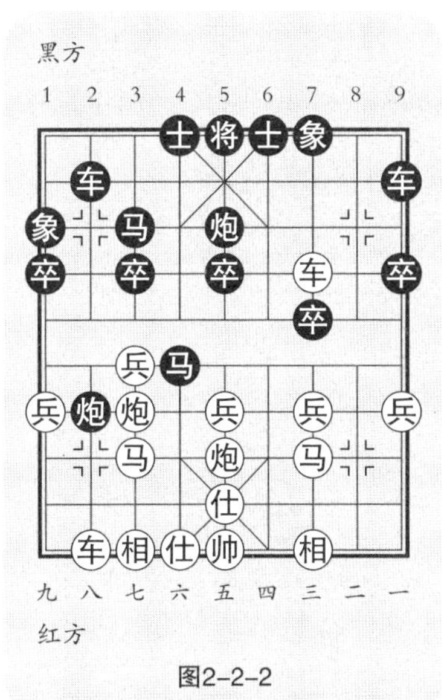

图2–2–2

12. 炮七平六　炮 2 平 3

13. 车三退一　……

退车稳健的选择，如欲保持复杂变化可以选择炮五平六，炮 5 平 4，双方对攻。

13. ……　　　　车 9 平 7

14. 相七进九　车 7 进 3

15. 车八进八　卒 3 进 1

如马 4 进 6，双方易于简化局面。进 3 卒活通弱马，稳步进取。至此，双方大体均势。

练一练

根据参考图提示，写出布局演变的过程及主要变着。

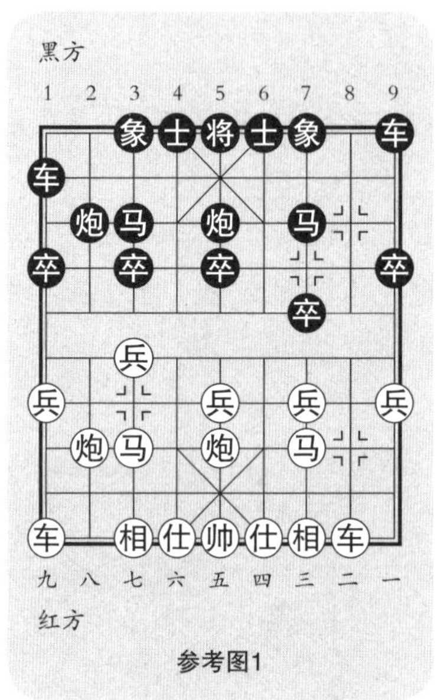

参考图1

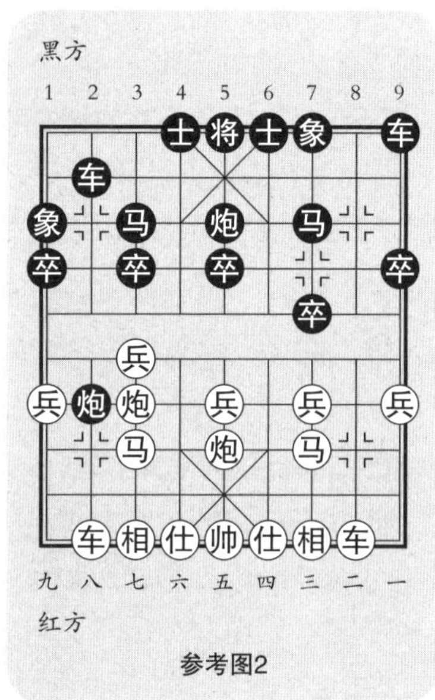

参考图2

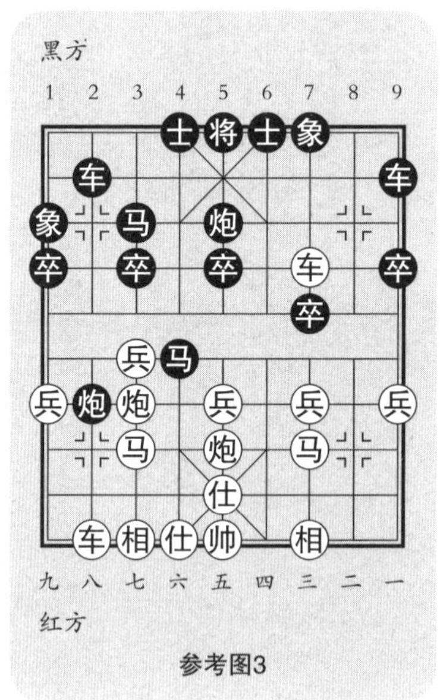

参考图3

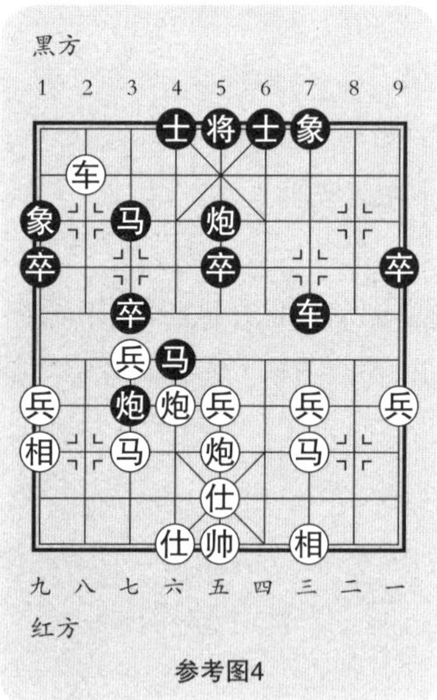

参考图4

想一想

先写出基本图的演变过程，然后根据基本图和对比图两图之中子力位置的不同之处，分析并写出产生棋形差异的原因。（布局提示：双方以顺炮直车对缓开车，黑右横车红高左炮变例布局，第9回合的结果图。）

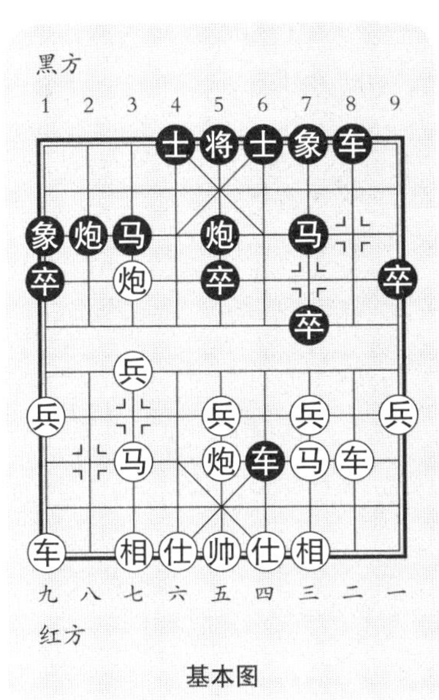

基本图

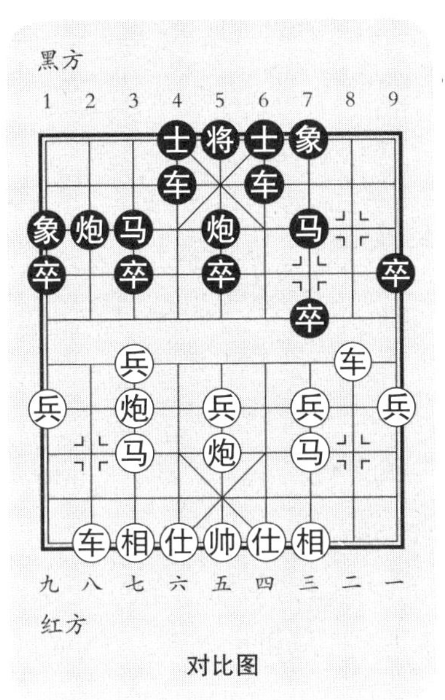

对比图

基本图的布局演变过程：

1. 炮二平五	炮8平5	2. 马二进三	马8进7
3. 车一平二	卒7进1	4. 马八进七	马2进3
5. 兵七进一	车1进1	6. 炮八进一	车1平6
7. 炮八平七	车6进6	8. 炮七进三	象3进1
9. 车二进二	车9平8		

产生差异的原因：

黑方第6回合没有选择车1平6而是选择车1平4的走法，经过以下回合演变，形成对比图结果。

6. ……	车1平4	7. 炮八平七	象3进1
8. 车九平八	车9进1	9. 车二进四	车9平6

打打谱

请同学们把下面两则实战对局的棋谱用棋盘摆出来，在打谱的过程中找一找与定式里讲的棋谱有哪些不同，不同之处在棋谱上标记出来。（注："！"表示好棋，"？"表示缓手。）

第1局　浙江 吴可欣　胜　成都 郎祺琪

2018年全国象棋个人赛

1. 炮二平五　炮8平5　　2. 马二进三　马8进7
3. 车一平二　卒7进1　　4. 马八进七　马2进3
5. 兵七进一　车1进1　　6. 炮八进一　象3进1
7. 炮八平七　炮2进4　　8. 车二进六　车9平8
9. 车二平三　车8进2　　10. 车九平八　炮2退5
11. 兵七进一　象1进3　　12. 车八进六　炮5平6
13. 车八平七　象7进5　　14. 车七进一　炮2平7？
15. 炮五进四！士6进5　　16. 车三平四？炮6平3

红方优势。

第2局　北京 王天一　和　广东 许银川

2013年全国象棋个人赛

1. 炮二平五　炮8平5　　2. 马二进三　马8进7
3. 车一平二　马2进3　　4. 马八进七　卒7进1
5. 兵七进一　车1进1　　6. 炮八进一　象3进1
7. 炮八平七　炮2进4　　8. 车九平八　车1平2
9. 仕四进五　车9进1　　10. 车二进六　车9平4
11. 车二平三　车4进5　　12. 炮七进三　马3退5
13. 兵三进一！卒7进1　　14. 车三退二　炮2平3
15. 炮七退三？车2进8　　16. 马七退八　车4平3

红方易走。

试一试

第1题　下图轮到红方行棋，红方最佳应法是：

红方先行

1. 车二平三　……

平车压马保持攻击力，正着。

1. ……　　　车6进1

黑方不宜马7退5，否则兵三进一，车6进7，相三进一，卒7进1，车三退二，黑方子力位置太差，红优。

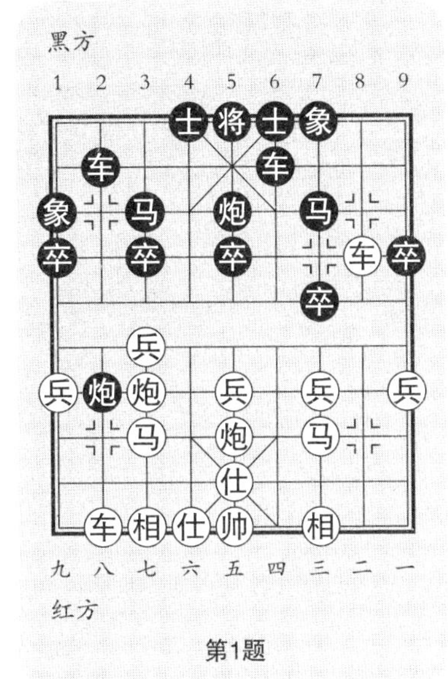

第1题

2. 兵七进一　　……

弃七兵的作用吸引黑象，以后红方马七进六的时候不会受到束缚。

2. ……　　　象1进3

3. 炮七进三　　车2进2

4. 马七进六　　……

从兵七进一起，红方一套组合拳下来，迅速扩大优势。

4. ……　　　炮2进1　　　5. 仕五进六　　炮2进1

6. 仕六进五　　卒9进1

如改走车2进2，则马六进五，马3进5，炮五进四，炮5平3，车三退一，红方优势更大。

7. 炮五进四　　马3进5　　　8. 车三平五　　车2进4

9. 车五平三

黑方子力受制，红方大优。

第2题　下图局面中轮到黑方行棋，黑方最佳应法是什么？

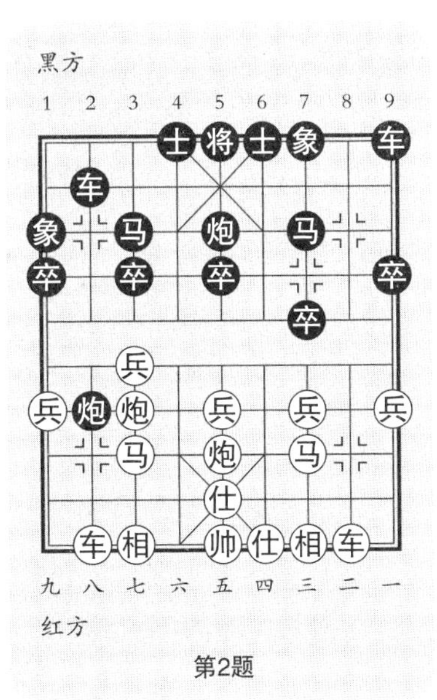

第2题

黑方先行

1. ……　　　车9平8

兑车好棋，针对红方补左仕的应着。

2. 车二进九　　马7退8

3. 相三进一　　……

飞边相准备兑兵活马。

3. ……　　　马8进7

4. 炮七进三　　马7进6

5. 兵三进一　　卒7进1

6. 相一进三　　炮 5 平 7

7. 马三退一　　……

这是红方仕四进五和仕六进五的区别所在。如仕四进五，红方可以走马三进四，车2进3，炮五平四，红方先手。仕四进五以后，红方不能再走马三进四，否则黑方马6进4，车八进三（马七进六？炮2平9黑方胜势），车2进5，马七进六，车2平1，红方被迫一车换二，以后黑方优势。

7. ……　　　　炮 7 平 9

准备连成担子炮，解决 2 路线车炮受牵问题。

8. 兵五进一　　马 6 进 7　　　9. 马一进三　　炮 9 进 4

10. 相三退一　　……

如马三进一，则炮 2 平 9，黑方借叫杀摆脱牵制。

10. ……　　　　炮 9 平 8

双方大体均势。

第 2 局　红方巡河炮式

记一记

定式基础：

1. 炮二平五　炮 8 平 5
2. 马二进三　　马 8 进 7
3. 车一平二　　卒 7 进 1
4. 马八进七　　马 2 进 3
5. 兵七进一　　车 1 进 1
6. 炮八进二　　车 1 平 4

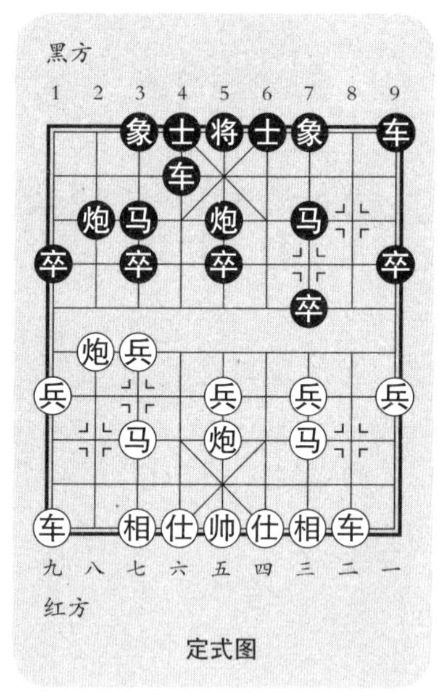

定式图

讲一讲

1. 炮二平五　　炮 8 平 5
2. 马二进三　　马 8 进 7
3. 车一平二　　卒 7 进 1
4. 马八进七　　马 2 进 3
5. 兵七进一　　车 1 进 1　　　6. 炮八进二　　……

红升炮巡河不仅仅是为了兑三兵活右马，还有接走马七进六再炮五平六（或平七）以构筑河口堡垒的意图。

6. …… 车1平4（图2-2-3）

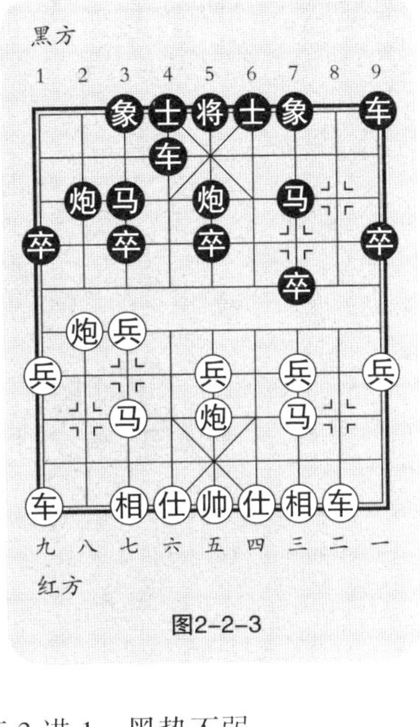

图2-2-3

黑车占右肋就是对红计划的破坏。红若接走马七进六，则卒3进1，炮五平六，炮5平4，马六进四（马六进五则炮4平5，红失子），炮4进7，相七进五，车4进6，黑反夺先手。

7. 兵三进一　　……

兑兵活马与上一手巡河炮相连贯，一般认为是较为积极的选择。

7. ……　　车4进3

8. 马三进四　　……

如改走兵三进一，则车4平7，马三进四，卒3进1，黑势不弱。

8. ……　　车4进3

黑进车捉马可借此着渡过7卒，局势由此紧张。黑如欲求局势稳定则可考虑走车4平6拦马，以下炮五平四，车6平5，兵三进一，车5平7，相七进五，炮5平6，黑阵容牢固，足可抗衡。

9. 车九进二　　卒7进1

10. 仕四进五　　车4进1

11. 马四进三　　卒7进1

12. 马七进六　　车9进1

面对红马六进四的威胁，黑只有以攻代守才可避免被动挨打。

13. 马六进四　炮5退1（图2-2-4）

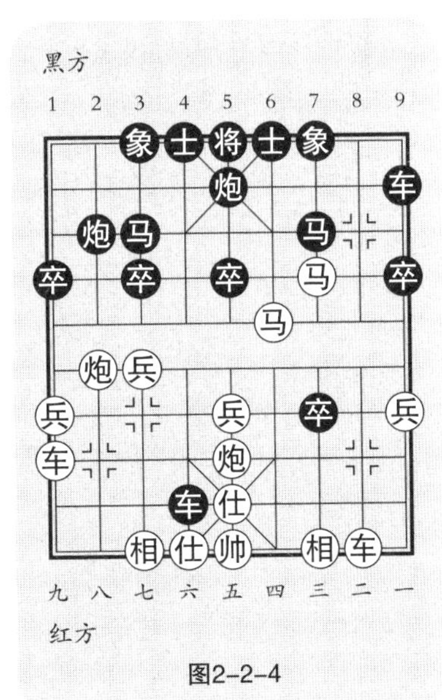

图2-2-4

退炮改进着法，以往多走车9平4，兵七进一，卒3进1，炮八平三，前车退4，车九平六，前车进3，仕五进六，马7退9，仕六退五，红方先手。

14. 马四退三　车9平6

双方对峙。

练一练

根据参考图提示，写出布局演变的过程及主要变着。

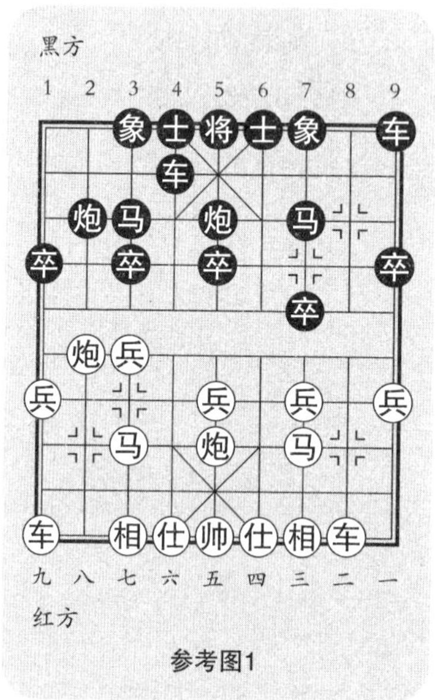

参考图1

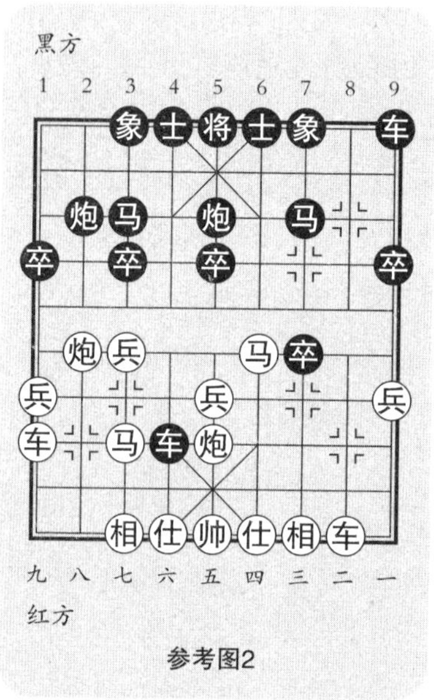

参考图2

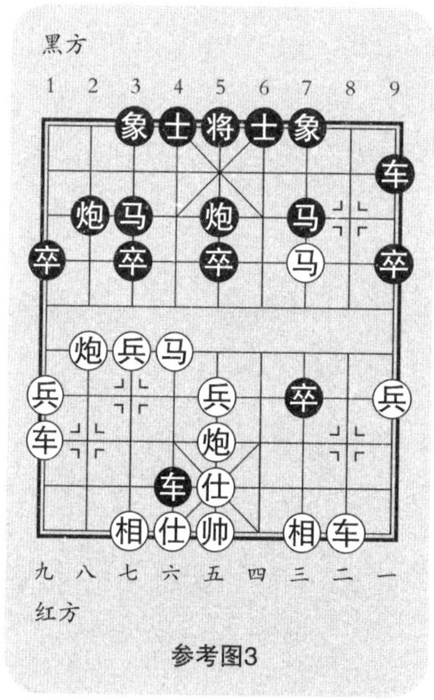

参考图3

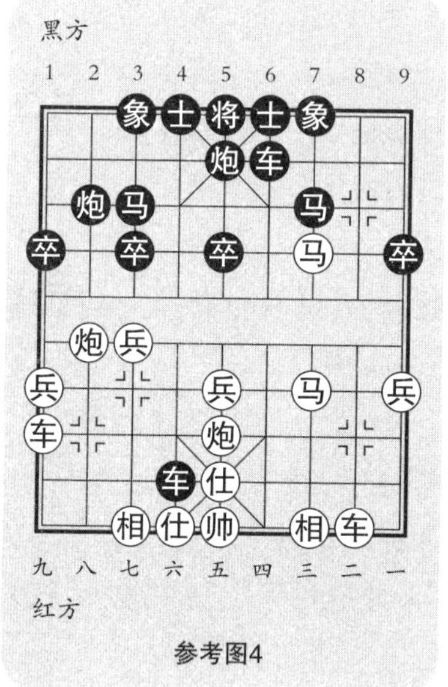

参考图4

想一想

先写出基本图的演变过程，然后根据基本图和对比图两图之中子力位置的不同之处，分析并写出产生棋形差异的原因。（布局提示：双方以顺炮直车对缓开车，黑右横车红炮巡河炮变例布局，第 12 回合的结果图。）

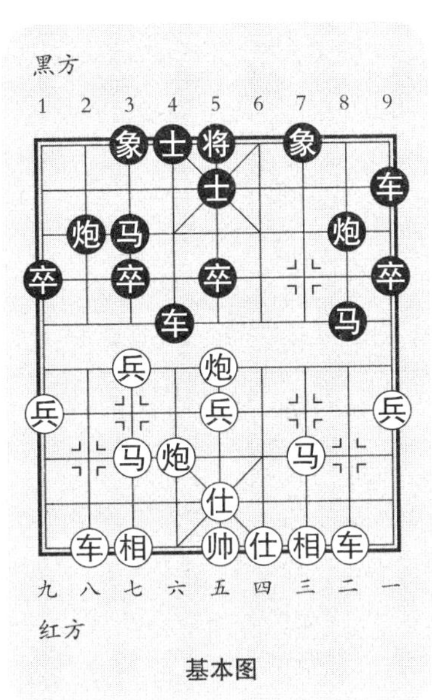

基本图

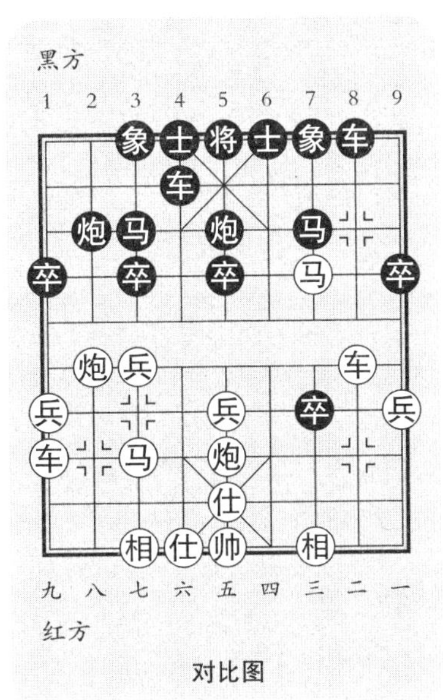

对比图

基本图的布局演变过程：

1. 炮二平五	炮 8 平 5	2. 马二进三	马 8 进 7
3. 车一平二	马 2 进 3	4. 马八进七	卒 7 进 1
5. 兵七进一	车 1 进 1	6. 炮八进二	车 1 平 4
7. 兵三进一	车 4 进 3	8. 仕六进五	卒 7 进 1
9. 炮八平三	马 7 进 8	10. 车九平八	车 9 进 1
11. 炮五平六	炮 5 平 8	12. 炮三平五	士 6 进 5

产生差异的原因：

第 8 回合红方没有选择仕六进五的走法，而是选择马三进四，经过以下回合演变，形成对比图结果。

8. 马三进四	车 4 进 3	9. 车九进二	卒 7 进 1
10. 仕四进五	车 4 退 6	11. 马四进三	卒 7 进 1

12. 车二进四　车9平8

打打谱

请同学们把下面两则实战对局的棋谱用棋盘摆出来，在打谱的过程中找一找与定式里讲的棋谱有哪些不同，不同之处在棋谱上标记出来。(注："！"表示好棋，"？"表示缓手。)

第1局　浙江 赵鑫鑫　胜　浙江 于幼华

第29届"五羊杯"全国象棋冠军邀请赛

1. 炮二平五	炮8平5	2. 马二进三	马8进7
3. 车一平二	卒7进1	4. 马八进七	马2进3
5. 兵七进一	车1进1	6. 炮八进二	车1平4
7. 兵三进一	车4进3	8. 马三进四	车4进3
9. 车九进二	卒7进1	10. 仕四进五	车4进1
11. 马四进三	卒7进1	12. 马七进六	车9进1
13. 马六进四	车9平4	14. 兵七进一	卒3进1
15. 炮八平三	马7退9？	16. 车九平八	前车退4
17. 马四进五	炮2平5	18. 马三进五	象7进5

红方略优。

第2局　贵州 李越川　负　河北 张婷婷

2011年全国象棋个人赛

1. 炮二平五	炮8平5	2. 马二进三	马8进7
3. 车一平二	卒7进1	4. 马八进七	马2进3
5. 兵七进一	车1进1	6. 炮八进二	车1平4
7. 兵三进一	车4进3	8. 马三进四	车4进3
9. 车九进二	卒7进1	10. 仕四进五	车4退6
11. 马四进三	卒7进1	12. 马七进六	车4进3
13. 车九平七	车4平7！	14. 马三进五	象7进5
15. 车七进一	炮2退1！	16. 兵五进一	车9平7

大体均势。

试一试

第1题　下图轮到红方行棋，红方最佳应法是：

红方先行

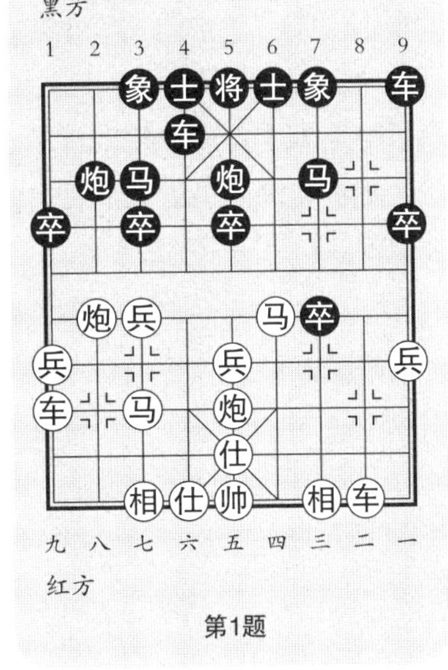

第1题

1. 马四进三　卒7进1

2. 马七进六　……

进马保留变化，如车二进四，则车9平8，车二平三，炮5退1，车三退一，炮5平7，黑方有简化局面的机会。

2. ……　车4进3

3. 马三退四　车4平7

4. 车九平六　……

出车正着。如马四进五，则马3进5，马六进五，马7进5，炮五进四，炮5进4，车九平五，卒7平6，黑方满意。

4. ……　车9进2

高车准备兑车、调整阵形，如改走卒3进1，红方可以车六平七再牵制黑方3路线，黑方局势也不易开展。

5. 马六进七　车9平8　　6. 车二进七　炮5平8

7. 车六进三　炮8进7

8. 仕五退四　马7进6

9. 炮八进一

红方以后有车六进四先弃后取的手段，红方优势。

第2题　下图局面中轮到黑方行棋，黑方最佳应法是什么？

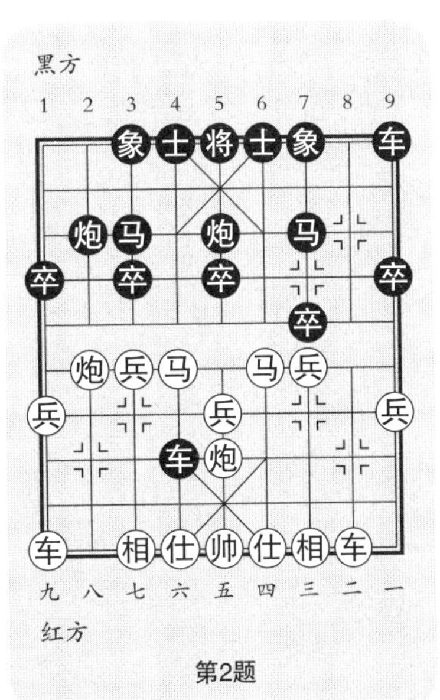

第2题

黑方先行

1. ……　卒3进1

冲3卒是打破河口对峙的好棋。如卒7进1，则仕四进五，车4平2，马四进六，红方先手。

2. 车九进二　……

高车是协调阵形的好棋。

2. ……　　车4进1

避兑是正确的选择，如改走车4平1，则相七进九，卒3进1，相九进七，卒7进1，马四进五，马3进5，马六进五，车9平8，车二进九，马7退8，马五退七，炮2平1，红方可以选择马七进六将军先造成黑方将位不安，再炮八平三吃卒，红方优势。

3. 车九平七　　卒7进1　　4. 马四进三　　……

如改走马四进五，则马3进5，马六进五，炮5进4，黑方抢攻在先，红方无趣。

4. ……　　马3进4　　5. 车二进五　　炮5进4

6. 仕四进五　　马4进6　　7. 马六进四　　象7进5

双方互缠，各有顾忌。

第3章 顺炮横车对直车

第1节 红巡河炮型

第1局 黑挺3卒式

记一记

定式基础：

1. 炮二平五　　炮8平5
2. 车一进一　　马8进7
3. 马二进三　　车9平8
4. 车一平六　　车8进4
5. 马八进七　　马2进3
6. 炮八进二　　卒3进1

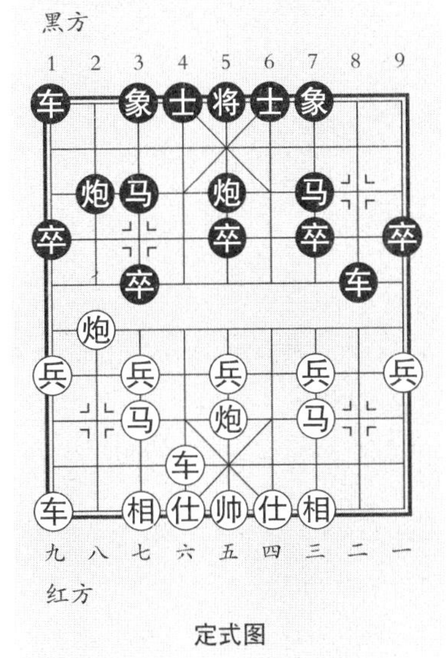

定式图

讲一讲

1. 炮二平五　　炮8平5
2. 车一进一　　……

抬横车是出于策略上的考虑，可确保走成先手顺炮横车的局面。如先走马二进三虽为正着，但黑方可能车9进1抢先横车，这样红方事先的准备落空。

2. ……　　　马8进7

如改走炮5进4打兵阻止红车过宫，则仕四进五，炮2平5，马八进七，炮5退1，车九平八，马2进3，车一平四，红出子领先易占主动。

3. 马二进三　　……

这一步棋红方下马二进三，就恢复到正常的布局局面了。

3. ……　　　车9平8　　　4. 车一平六　　车8进4

黑车巡河呼应右翼，是对车8进6老式应着的改进，它有效地遏止了红车六进七暴风骤雨般的急攻手段，使红方不得不放弃“单边封锁”等急攻方案。

5. 马八进七　　……

红方左马正起，稳健有力。如改走车六进七急攻，则马2进3！车六平七，炮2进2，兵七进一，马7退5，马八进七，炮2平6，红车易遭伏击。

5. ……　　马2进3

6. 炮八进二　　……（图3-1-1）

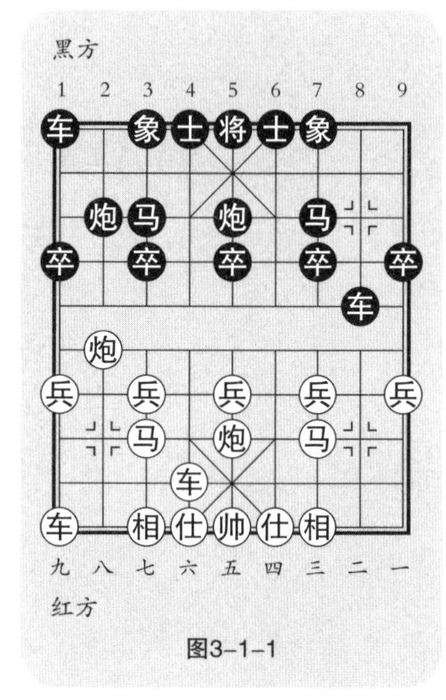

图3-1-1

红方升炮巡河，准备平炮攻马，打乱黑方阵形。

6. ……　　卒3进1

黑方挺卒活马，是应对红方巡河炮攻击的常见走法。

7. 车六进五　　士4进5

补士为右马预留位置。如改走炮5平6，则炮八平三，马7退9，炮五进四，红简明获优。

8. 炮八平三　　……

平炮攻击黑方左马是对车六平七的改进。

8. ……　　马3进4

9. 车九平八　　炮2平3

10. 车六平五　　……

平车硬吃黑方中卒是对车八进四的走法的改进。

10. ……　　卒7进1

11. 炮三平九　　……（图3-1-2）

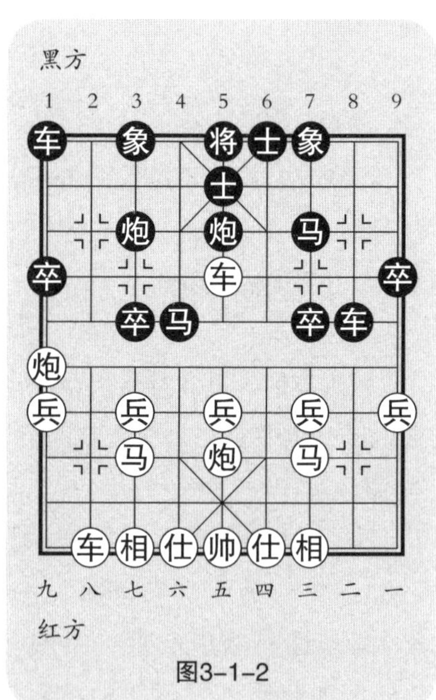

图3-1-2

红方不能走炮三进三，否则炮3平7，车五平三，炮7平6，车八进四，车8进3，车八平六，车8平7，马七退五，车7退1，车六进一，黑方以后可以炮5进5交换，黑方满意。

11. ……　　　象 3 进 1　　　12. 车五平九　马 4 进 3

进马是保持牵制力的关键。

13. 炮五进五　象 7 进 5　　　14. 炮九进三　象 5 退 7

双方互有顾忌。

练一练

根据参考图提示，写出布局演变的过程及主要变着。

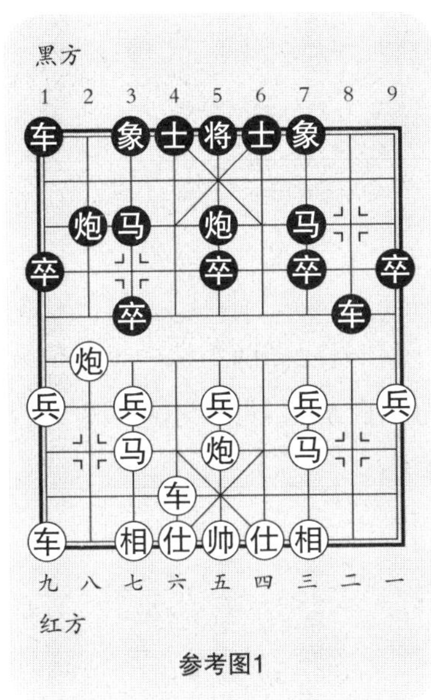

参考图1

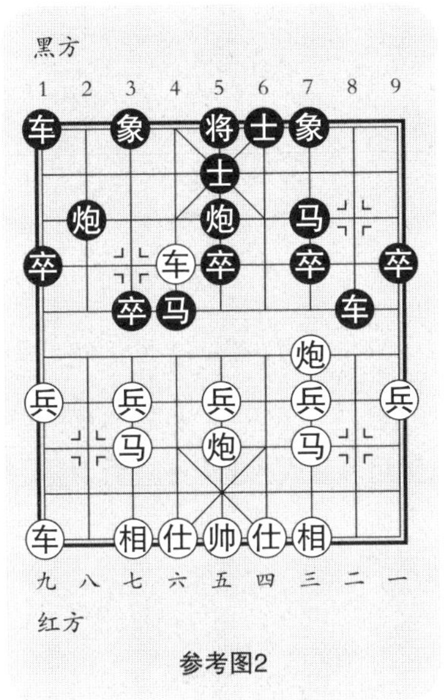

参考图2

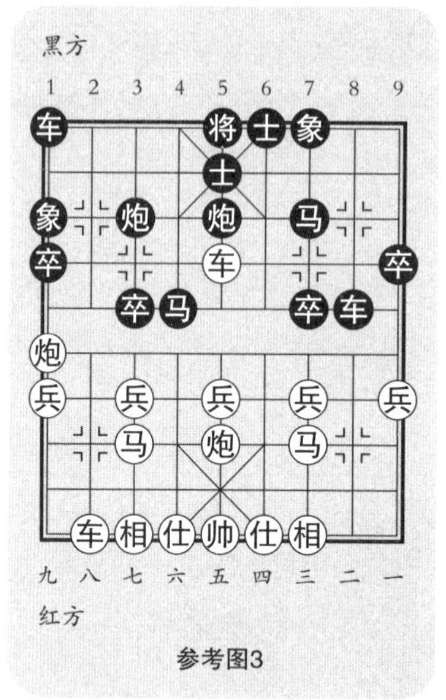

参考图3

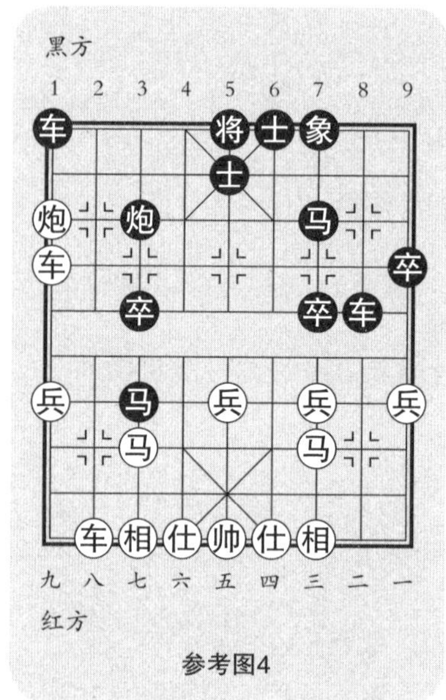

参考图4

想一想

先写出基本图的演变过程，然后根据基本图和对比图两图之中子力位置的不同之处，分析并写出产生棋形差异的原因。（布局提示：双方以顺炮横车对直车，红巡河炮黑进3卒变例布局，第10回合的结果图。）

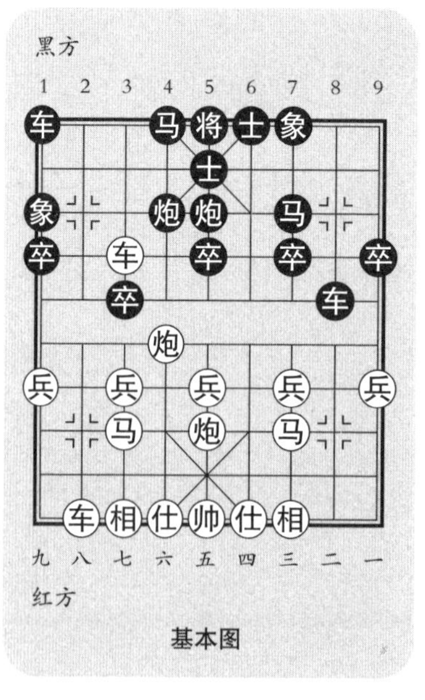

基本图

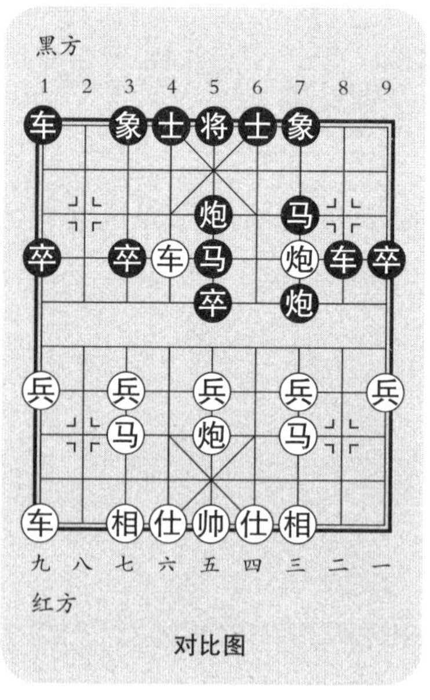

对比图

基本图的布局演变过程：

1. 炮二平五　炮8平5　　2. 车一进一　马8进7
3. 马二进三　车9平8　　4. 车一平六　车8进4
5. 马八进七　马2进3　　6. 炮八进二　卒3进1
7. 车六进五　士4进5　　8. 车六平七　马3退4
9. 炮八平六　象3进1　　10. 车九平八　炮2平4

产生差异的原因：

第6回合中，黑方没有选择卒3进1，而是选择炮2进2，经过以下演变，形成对比图结果。

6. ……　　　炮2进2　　7. 炮八平三　炮2平7
8. 车六进四　卒5进1　　9. 车六进一　马3进5
10. 炮三进二　车8退1

打打谱

请同学们把下面两则实战对局的棋谱用棋盘摆出来，在打谱的过程中找一找与定式里讲的棋谱有哪些不同，不同之处在棋谱上标记出来。（注："！"表示好棋，"？"表示缓手。）

第1局　安徽 赵寅　和　河北金环钢构队 张婷婷

2011年全国象棋个人赛

1. 炮二平五　炮8平5　　2. 车一进一　马8进7
3. 马二进三　车9平8　　4. 车一平六　车8进4
5. 马八进七　马2进3　　6. 炮八进二　卒3进1
7. 车六进五　士4进5　　8. 炮八平三　马3进4
9. 车九平八　炮2平3　　10. 车八进四　象3进1
11. 车八平六　车1平4　　12. 前车平五　卒7进1
13. 炮三进三　炮3平7　　14. 车五平三　车8退2？

红方略优。

第2局　江苏 徐超　和　河南 李少庚

2007年"鄞州杯"全国象棋大师冠军赛

1. 炮二平五　炮8平5　　2. 马二进三　马8进7
3. 车一进一　车9平8　　4. 车一平六　车8进4

5. 马八进七	马 2 进 3	6. 炮八进二	卒 3 进 1
7. 车六进五	士 4 进 5	8. 炮八平三	马 3 进 4
9. 车九平八	炮 2 平 3	10. 车六平五	卒 7 进 1
11. 炮三平九	象 3 进 1！	12. 车五平九	车 8 进 2？
13. 炮五进五	象 7 进 5	14. 马三退五	马 7 进 8

大体均势。

试一试

第1题　下图轮到红方行棋，红方最佳应法是：

红方先行

1. 炮八平三　……

平炮攻马好棋，不给黑方太多的调整机会。

1. ……　马 3 进 4

2. 车九平八　炮 2 平 3

3. 车八进四　……

高车防止黑方马 4 进 6 并伏有车八平六的先手。

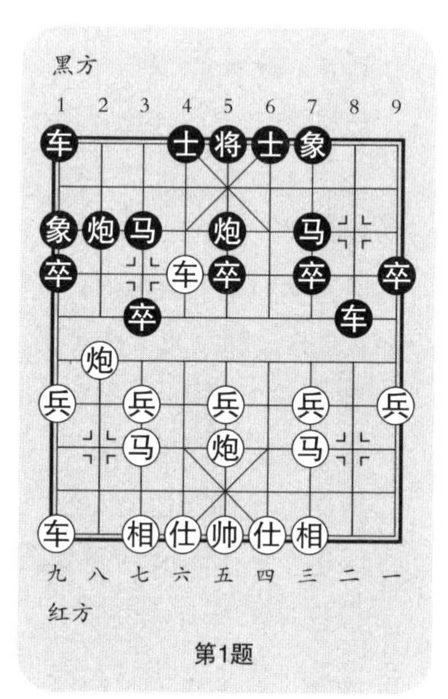

第1题

3. ……　士 4 进 5

补士正着。如车 8 平 6，则炮五进四，士 4 进 5，炮五退二，卒 7 进 1，炮三进三，炮 3 平 7，车六平三，车 6 退 2，炮五进一，红方先手。

4. 车六平五　……

硬中卒是红方保持先手的关键。

4. ……　卒 7 进 1　5. 炮三进三　炮 3 平 7

6. 车五平三　……

正着，如车八平六，则炮 7 进 4，黑方弃子有攻势。

6. ……　炮 5 进 5　7. 相七进五　炮 7 平 6

8. 兵三进一

红方稍好。

第 2 题　下图局面中轮到黑方行棋，黑方最佳应法是什么？

黑方先行

1. ……　　　　马3进4

2. 车九平八　　炮2平4

平炮打车，借力打力，好棋。

3. 车六平四　　车1进2

高车是黑方反击要点。

4. 仕四进五　　……

补仕稳健，如急于炮三进三交换，则炮4平7，炮五进四，士4进5，车八进六，车1平4，黑方以后有炮7进4的手段，黑方满意。

4. ……　　　　马4进3

5. 车八进六　　马3进5

换掉红方进攻关键子，正确的选择。

6. 相七进五　　卒7进1

7. 炮三进三　　炮4平7

8. 马七进六　　炮7进4

黑方多卒稍好。

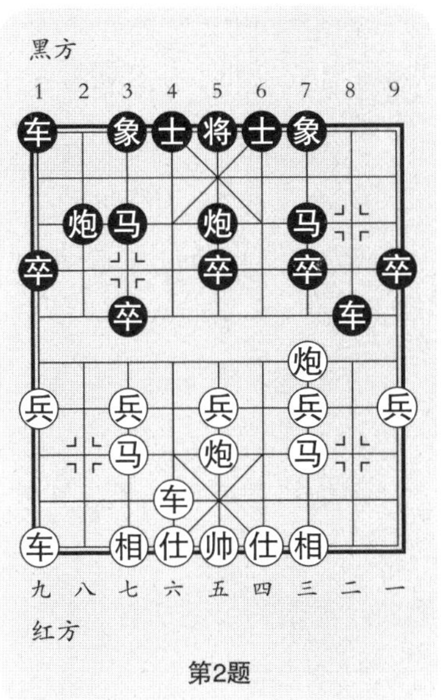

第2题

第2局　黑巡河炮式

记一记

定式基础：

1. 炮二平五　　炮8平5

2. 车一进一　　马8进7

3. 马二进三　　车9平8

4. 车一平六　　车8进4

5. 马八进七　　马2进3

6. 炮八进二　　炮2进2

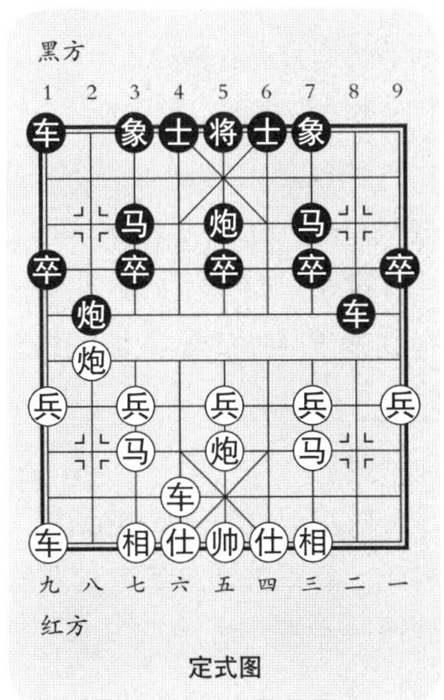

定式图

讲一讲

1. 炮二平五　　炮8平5

2. 车一进一　　马8进7

3. 马二进三　　车9平8

4. 车一平六　　车8进4

5. 马八进七　　马2进3

6. 炮八进二　　炮2进2

黑方升炮巡河，针锋相对意图对抢先手。

7. 炮八平三　　……

红方炮八平三打马，准备牵制黑方左翼。

7. ……　　　　炮2平7（图3-1-3）

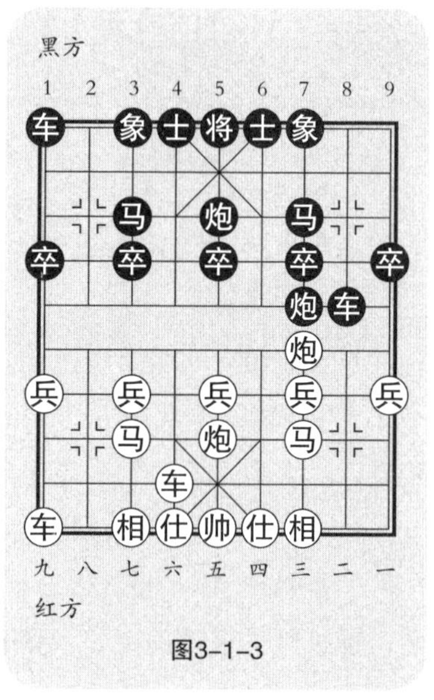

图3-1-3

平炮拦截好棋，不仅解决了7路马受攻的问题，同时对红方三路线进行反牵制，这也是黑方巡河炮的目的所在。

8. 车六进四　　……

车进骑河是布局的“制高点”，不给黑炮7进2脱身的机会。

8. ……　　　　士6进5

黑方补士准备冲卒驱车。如果直接走卒5进1，则车六进一，炮7进2，炮三进三，炮7退4，车六平三，炮7进5，车三退四，车1平2，车三进四，黑方7路象在红车控制下，黑方还要进一步调整，红方易走。

9. 车九平八　　卒5进1

进炮打车，强硬。

10. 车六进一　　……

进车是大局观很强的一着棋。如车六平五，马7进5，车五平四，马5进4，车四平六，马4进3，车八进二，红方虽然能够得回失子，但是整体进攻节奏被黑方拖缓，局势得失相当细微，黑方满意。

10. ……　　　　马7进5（图3-1-4）

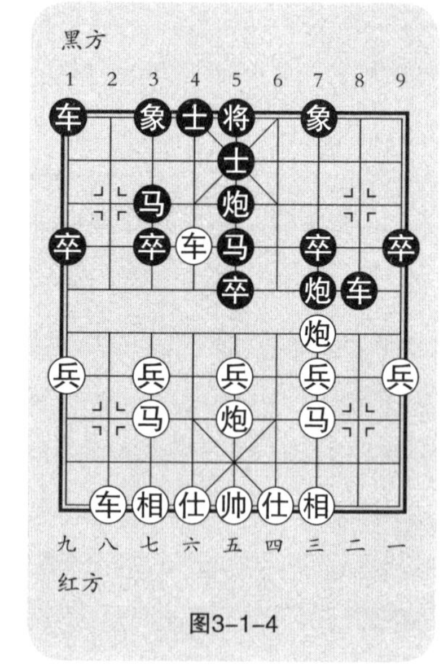

图3-1-4

跳左马盘头是改进着法，意在消除红方炮三进二后没有炮打底象的威胁。如马3进5，则炮三进二，炮7平6，兵三进一，炮6进3，炮五退一，象7进9，车八进四，红方优势。

11. 炮三进二　车8退1

黑方7路线是当前局面的焦点，黑方如果可以顺利控制7路线，对保持阵形的工整大有裨益。

12. 兵三进一　车8平7

13. 兵三进一　车7进1

14. 马三进四　炮5平7

15. 相三进一　炮7平8

平方暗伏先弃后取的手段，并且对红方底线保有威胁。布局至此，双方大体均势。

练一练

根据参考图提示，写出布局演变的过程及主要变着。

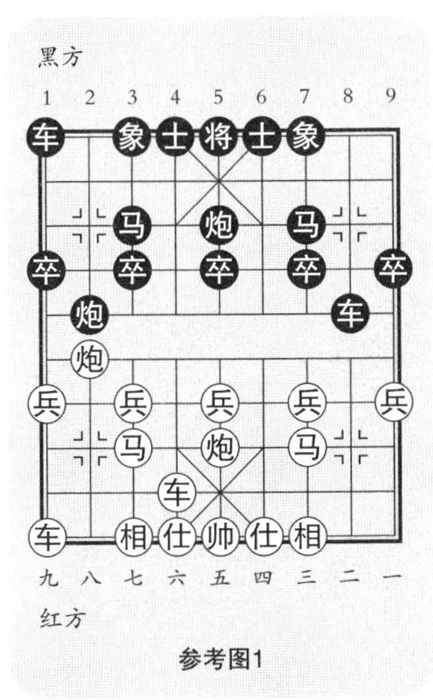

参考图1

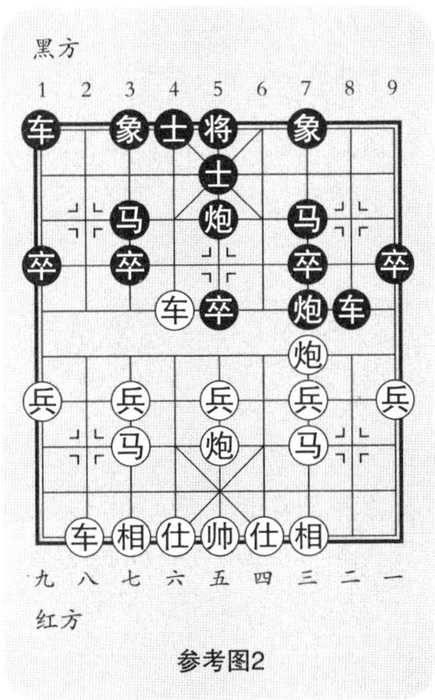

参考图2

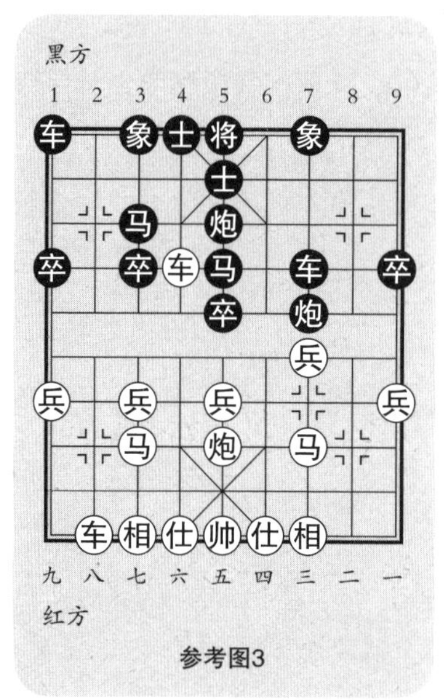

参考图3

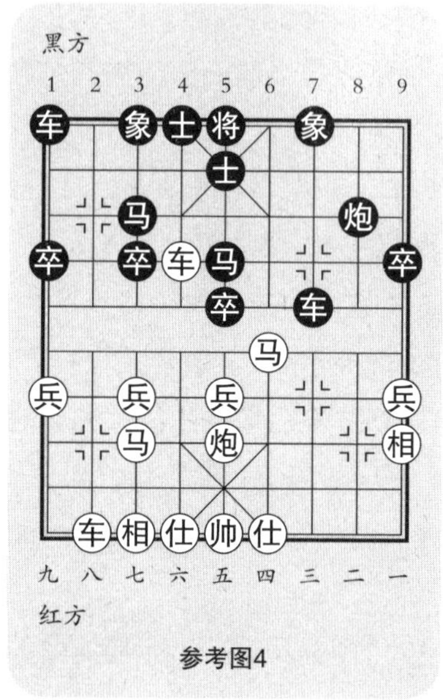

参考图4

想一想

先写出基本图的演变过程，然后根据基本图和对比图两图之中子力位置的不同之处，分析并写出产生棋形差异的原因。（布局提示：双方以顺炮横车对直车，红巡河炮黑炮巡河变例布局，第 12 回合的结果图。）

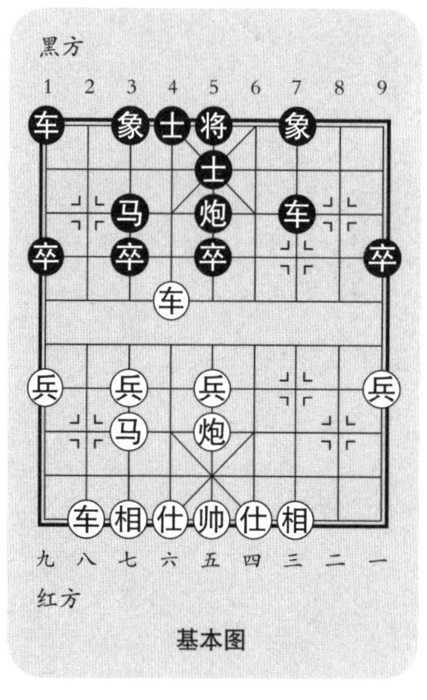

基本图

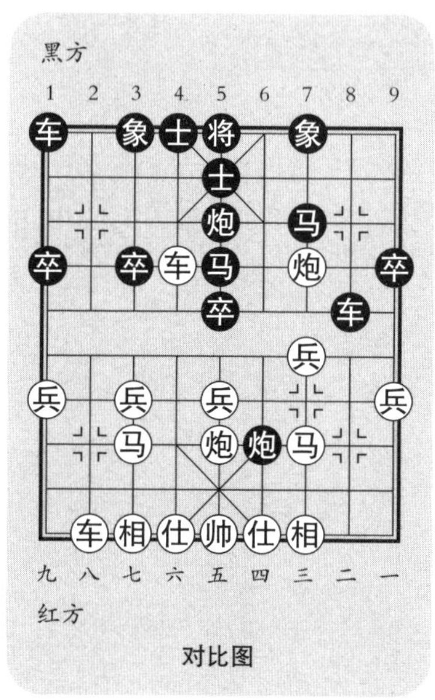

对比图

基本图的布局演变过程：

1. 炮二平五	炮8平5	2. 车一进一	马8进7
3. 马二进三	车9平8	4. 车一平六	车8进4
5. 马八进七	马2进3	6. 炮八进二	炮2进2
7. 炮八平三	炮2平7	8. 车六进四	车8进2
9. 车九平八	士6进5	10. 炮三进二	炮7进3
11. 炮三退四	车8平7	12. 炮三进五	车7退4

产生差异的原因：

第8回合黑方没有选择车8进2，而是走士6进5，经过以下几个回合演变，形成对比图结果。

8. ……	士6进5	9. 车九平八	卒5进1
10. 车六进一	马3进5	11. 炮三进二	炮7平6
12. 兵三进一	炮6进3		

打打谱

请同学们把下面两则实战对局的棋谱用棋盘摆出来，在打谱的过程中找一找与定式里讲的棋谱有哪些不同，不同之处在棋谱上标记出来。（注：“！”表示好棋，“？”表示缓手。）

第1局　河南队 姚洪新　负　江苏金陵人集团 徐超

2007年全国象棋甲级联赛

1. 炮二平五	炮8平5	2. 车一进一	马8进7
3. 车一平六	车9平8	4. 马二进三	车8进4
5. 马八进七	马2进3	6. 炮八进二	炮2进2
7. 炮八平三	炮2平7	8. 车六进四	车1平2
9. 炮三进二	士6进5	10. 兵三进一	炮7平5
11. 兵七进一	后炮平6	12. 车九进一	卒3进1！
13. 车六平七	象7进5	14. 车七进一	车2进4？

红方主动。

第2局　河北 申鹏　和　江苏 王斌

2004年全国象棋个人赛

1. 炮二平五	炮8平5	2. 车一进一	马8进7
3. 马二进三	车9平8	4. 车一平六	车8进4
5. 马八进七	马2进3	6. 炮八进二	炮2进2
7. 炮八平三	炮2平7	8. 车六进四	车8进2
9. 车九平八	士6进5	10. 炮三进二	炮7进3
11. 炮三退四	车8平7	12. 炮三进五	车7退4
13. 车八进六	炮5平6！	14. 兵五进一	车7进4

红方略优。

试一试

第1题　下图轮到红方行棋，红方最佳应法是：

红方先行

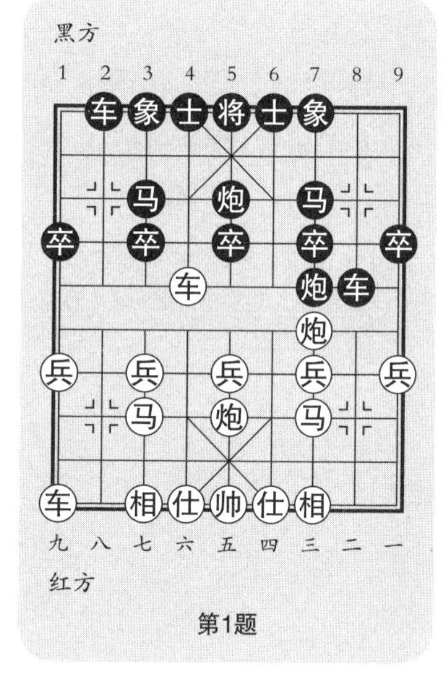

第1题

1. 炮三进二　　卒5进1

黑方冲中卒必走之着，否则车炮被牵难有作为。

2. 车六进一　　……

不可贪吃中卒，否则马7进5，黑方有反击手段，红方不易控制局面。

2. ……　　马7进5

3. 兵三进一　　炮7平6

4. 兵五进一　　……

中路突破，寻找战机，积极主动。

4. ……　　炮6进2

如炮6进3，车九平八，车2进9，马七退八，士4进5，马三进四，红方以后兵五进一强突中路，红方主动。

5. 兵五进一　　炮5进2　　6. 马七进五

以后红方车九进一开动左车，红方满意。

第 2 题　下图局面中轮到黑方行棋，黑方最佳应法是什么?

黑方先行

1. ……　　　　车 1 进 2

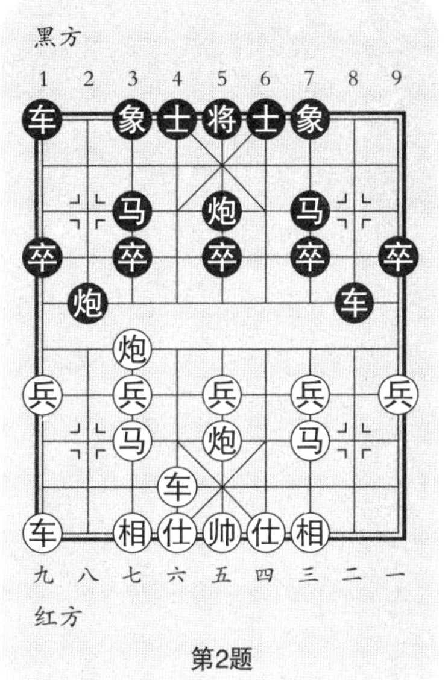

第2题

高车保持阵形的灵活性。如炮 2 平 3，则炮七进二，车 1 平 2，兵七进一，以后红方有车六进六的先手，演变下去红方主动。

2. 车九平八　　炮 2 平 7

平炮打马是车 1 进 2 后争取的手段，通过平炮攻马谋取攻势。

3. 车八进五　　……

进车牵制黑方车炮，力争主动的下法。

3. ……　　　　车 8 进 2

如改走车 8 进 1，炮七平三，车 8 进 1，马三退五，红方先手。

4. 马三退一　　车 8 平 7

5. 车八平四　　……

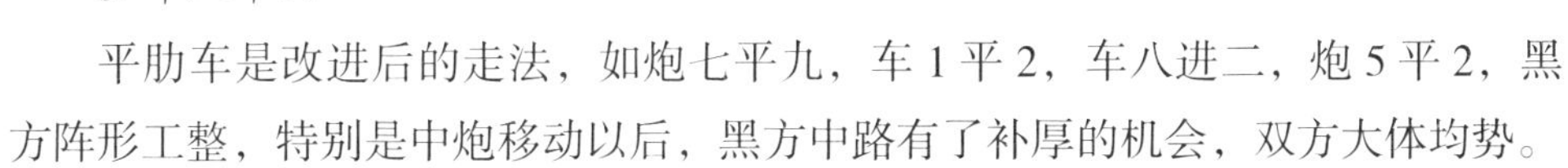

平肋车是改进后的走法，如炮七平九，车 1 平 2，车八进二，炮 5 平 2，黑方阵形工整，特别是中炮移动以后，黑方中路有了补厚的机会，双方大体均势。

5. ……　　　　车 7 平 9　　　6. 车四进一　　车 9 平 7

7. 相三进一　　炮 7 平 3

双方大体均势。

第2节　红肋车过河型

第1局　黑升巡河炮式

记一记

定式基础：

1. 炮二平五　　炮8平5
2. 车一进一　　马8进7
3. 马二进三　　车9平8
4. 车一平六　　车8进4
5. 马八进七　　马2进3
6. 车六进五　　炮2进2

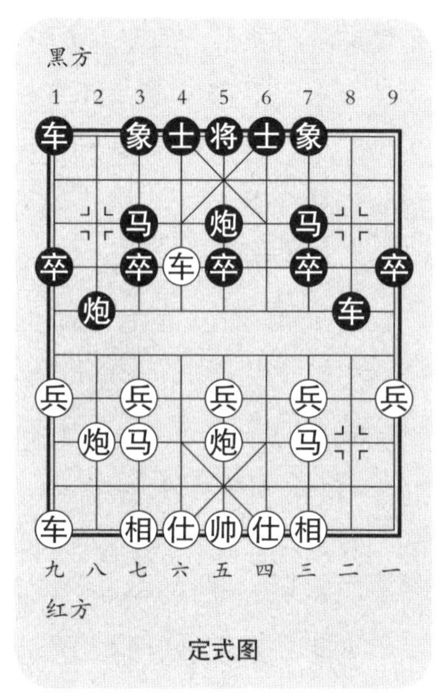

定式图

讲一讲

1. 炮二平五　　炮8平5
2. 车一进一　　马8进7
3. 马二进三　　车9平8
4. 车一平六　　车8进4
5. 马八进七　　马2进3
6. 车六进五　　……

红在黑走卒3进1之前即挥肋车过河去欺黑马，采取快攻之策。

6. ……　　　　炮2进2（图3-2-1）

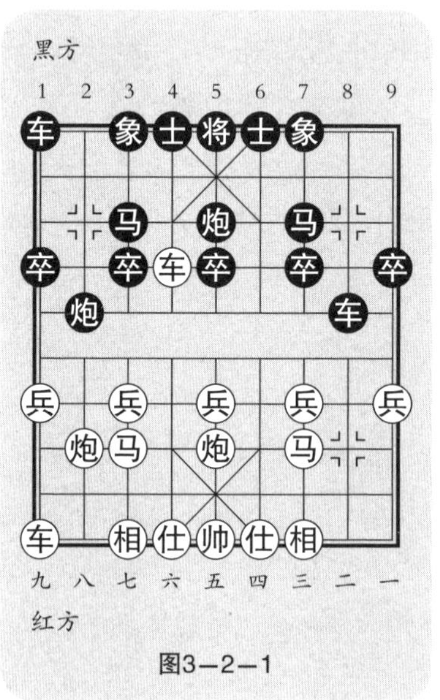

图3-2-1

黑右炮巡河，准备在扫车压马时走车1进2高车饵马，之后并炮2退3去攻红车，这是公认的唯一可行的防御着法。

7. 兵七进一　　……

红方进七兵，活通左马。

7. ……　　　　炮2平7

平炮攻红马且亮右车是经过验证的流行着

法。黑曾有炮2平6尝试，则马七进六，炮6退1，车六进二，黑肋炮攻红车后子力难以腾挪而阵形又总有缺陷，红优。

8. 马七进八　……

红若马七进六，则车1平2捉炮，以下炮八平七，炮7进3，炮七平三，车2进4，黑右车抢占河口。故而红进外肋马暂封黑车后，以下黑方若炮7进3，则炮八平三，车1平2，马八退七，黑右马无保，难免受攻。

8. ……　　卒3进1

黑方献3卒，伏有先弃后取的手段，是解除右马之危和保持局势均衡的巧着。

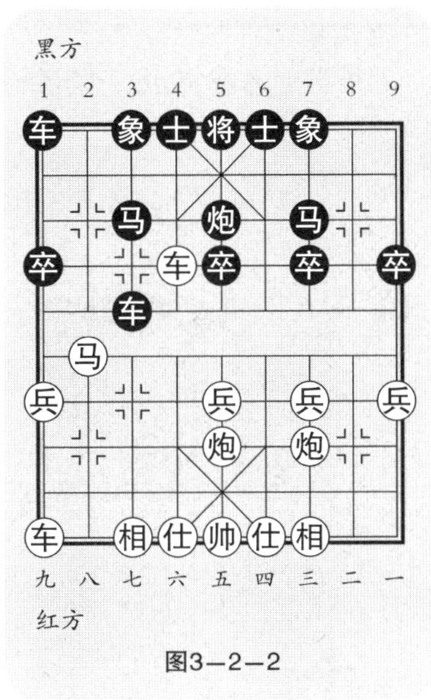

图3－2－2

9. 兵七进一　炮7进3

10. 炮八平三　车8平3（图3－2－2）

正确的次序。如先走炮5进4，则仕六进五，车8平3，马八退七，炮5退2，马七进五，红方先手。

11. 车九进二　……

高车策应八路马，大局观很强的一着棋。

11. ……　　炮5进4　　12. 仕四进五　车1平2

13. 车九平七　车2进4

联车守护巡河线，正确。

14. 车七进三　车2平3　　15. 马八退七　炮5退1

双方大体均势。

练一练

根据参考图提示，写出布局演变的过程及主要变着。

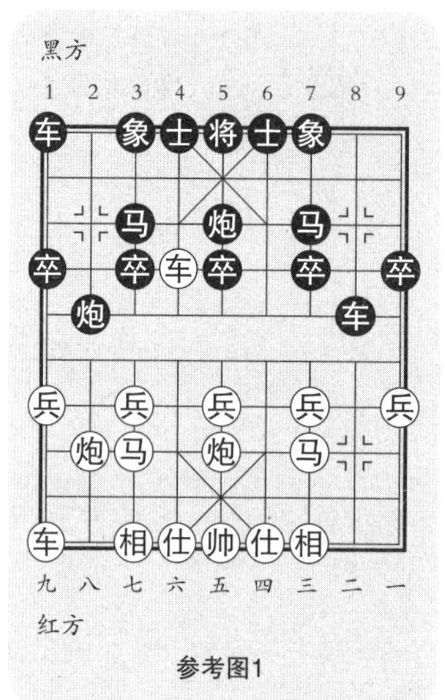

参考图1

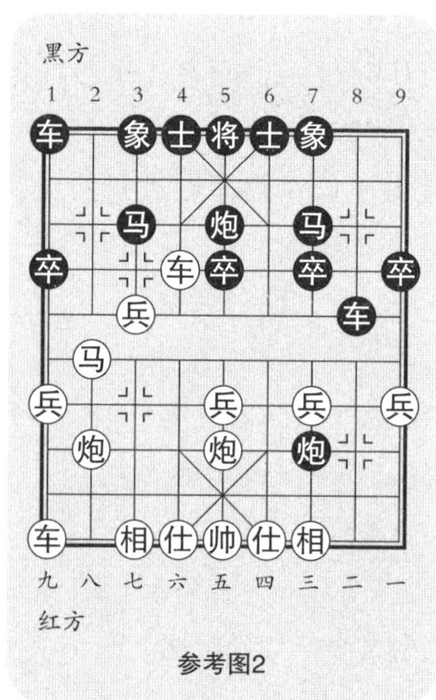

参考图2

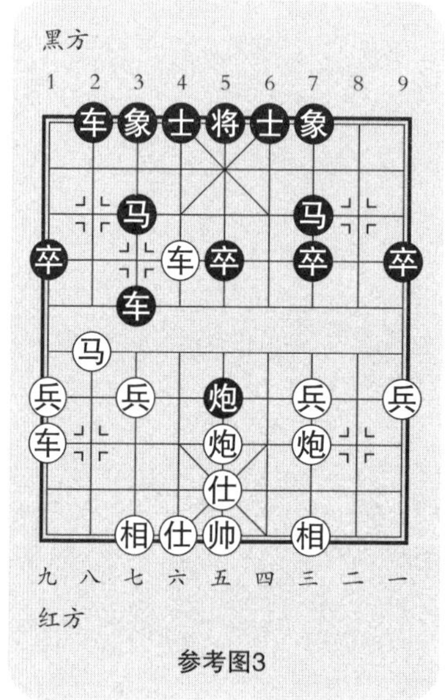

参考图3

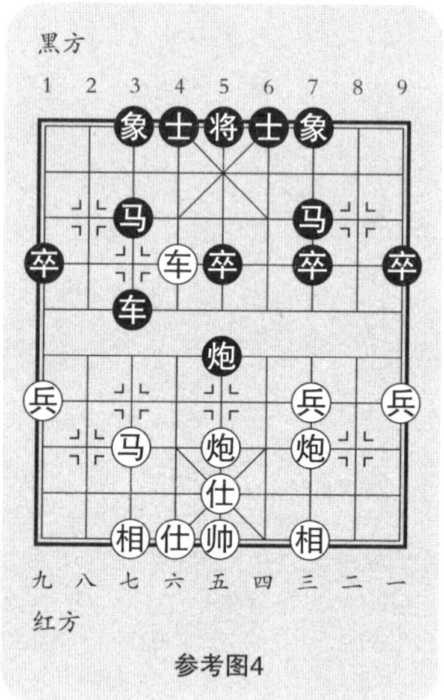

参考图4

想一想

先写出基本图的演变过程，然后根据基本图和对比图两图之中子力位置的不同之处，分析并写出产生棋形差异的原因。（布局提示：双方以顺炮横车对直车，红肋车过河黑进巡炮变例布局，第12回合的结果图。）

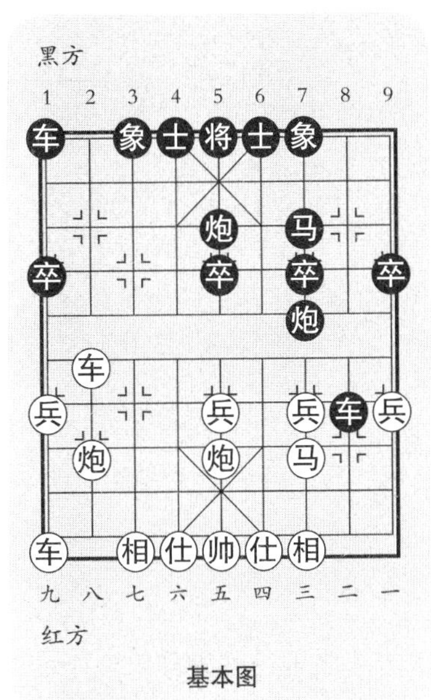

基本图

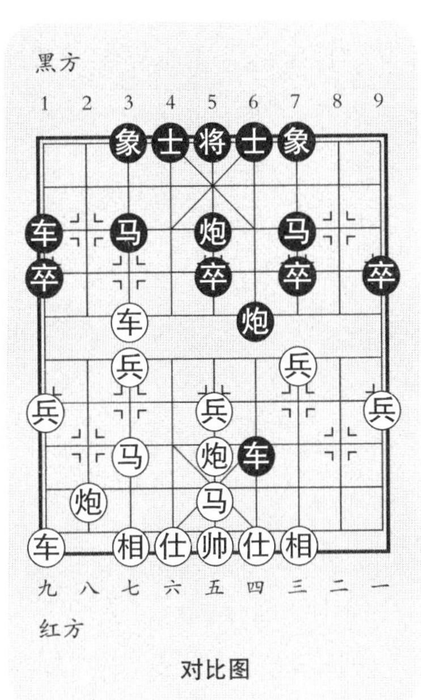

对比图

基本图的布局演变过程：

1. 炮二平五　炮8平5　2. 车一进一　马8进7
3. 马二进三　车9平8　4. 车一平六　车8进4
5. 马八进七　马2进3　6. 车六进五　炮2进2
7. 兵七进一　炮2平7　8. 马七进八　卒3进1
9. 车六平七　卒3进1　10. 车七退二　马3进4
11. 车七平六　马4进2　12. 车六平八　车8进2

产生差异的原因：

第8回合红方没有选择马七进八，而是改走马三退五，经过以下几个回合演变，形成对比图结果。

8. 马三退五　车8进4　9. 兵三进一　炮7平6
10. 车六平七　车1进2　11. 车七退一　车8平6
12. 炮八退一　车6退1

打打谱

请同学们把下面两则实战对局的棋谱用棋盘摆出来，在打谱的过程中找一找与定式里讲的棋谱有哪些不同，不同之处在棋谱上标记出来。（注："！"表示好棋，"？"表示缓手。）

第 1 局　湖北省 李雪松　和　河北省 申鹏

2011 年"珠晖杯"象棋大师邀请赛

1. 炮二平五　炮 8 平 5　2. 马二进三　马 8 进 7
3. 车一进一　车 9 平 8　4. 车一平六　车 8 进 4
5. 马八进七　马 2 进 3　6. 车六进五　炮 2 进 2
7. 兵七进一　炮 2 平 7　8. 马七进八　车 8 进 2
9. 兵三进一　炮 7 进 3　10. 炮八平三　车 8 平 7
11. 炮三平四　车 7 进 3　12. 车六平七　车 1 平 2？
13. 马八退七　炮 5 平 6　14. 仕六进五！　象 7 进 5

红方略优。

第 2 局　浙江 徐崇峰　胜　山东 尚培峰

2017 年第十三届全国运动会

1. 炮二平五　炮 8 平 5　2. 车一进一　马 8 进 7
3. 车一平六　车 9 平 8　4. 马二进三　车 8 进 4
5. 马八进七　马 2 进 3　6. 车六进五　炮 2 进 2
7. 兵七进一　炮 2 平 7　8. 马七进八　卒 3 进 1
9. 兵七进一　炮 7 进 3　10. 炮八平三　车 8 平 3
11. 车九进二　车 1 平 2　12. 车九平七！　车 2 进 4？
13. 炮五退一　卒 7 进 1　14. 炮五平七　车 3 进 3

红方略优。

试一试

第1题　下图轮到红方行棋，红方最佳应法是：

红方先行

1. 兵七进一　……

弃兵活马，抢先之着。

1. ……　车 3 进 1　2. 马七进六　炮 2 进 1

如改走卒 7 进 1，则相七进九，车 3 退 1，车九平七邀兑，红方主动。

3. 车六进二　　……

进车保持变化的选择。近年网络比赛中曾有棋手选择车六退一，以下卒 7 进 1，车六平三，车 3 平 4，车三进二，卒 3 进 1，车三进二，卒 3 进 1，黑方虽然失象，但是 3 卒过河，右翼攻击力量加强，黑方满意。

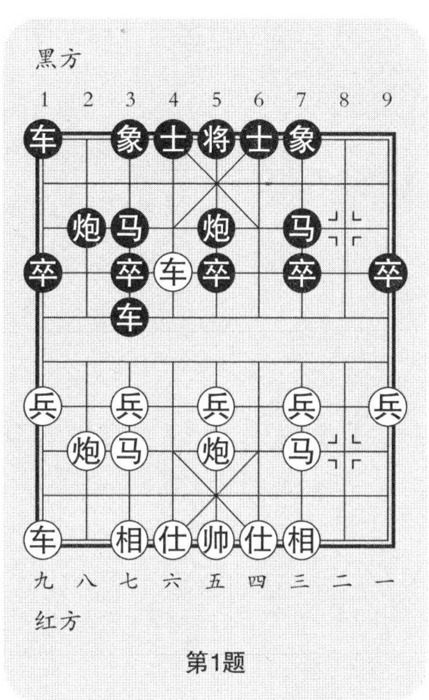

第1题

3. ……　　车 1 进 1

兑窝车巧手。如卒 7 进 1，相七进九，炮 2 进 3，车九平七，红方满意。

4. 车六退一　　士 6 进 5

5. 车六平七　　车 3 平 4

6. 车七平八　　……

如贪吃底象改走车七进二，则车 1 平 4，仕六进五，以后黑方有前车平 2 的手段，黑方满意。

6. ……　　炮 2 进 2

进炮配合骑河车封锁。

7. 相七进九　　……

飞相给下着炮八平七做准备，布局至此红方主动。

第 2 题　下图局面中轮到黑方行棋，黑方最佳应法是什么?

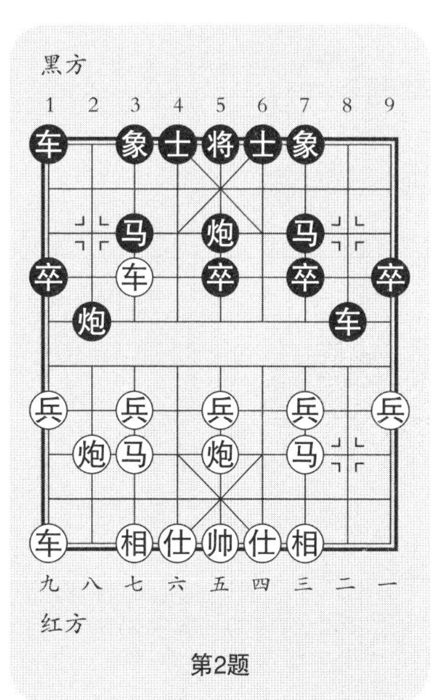

第2题

黑方先行

1. ……　　车 1 进 2

黑方高车保马正着。如改走炮 2 平 7，则马三退五，车 1 进 2，兵三进一，红方先手。

2. 兵七进一　　炮 2 退 3

退炮伏有炮 2 平 3 打车，再马 3 进 4 跃马的反击手段。

3. 马七进六　　炮 2 平 3

黑方如改走车8平4，则炮八进二，炮2平3，车七平八，红方先手。

4. 车七平六　　……

平车肋车，控制黑方马3进4的反击。

4. ……　　车1平2

出车是对马七进八的改进走法。如改走马3进2，则兵七进一，车8平3，炮五平六，士6进5，车六平八，红方先手。

5. 炮八平六　　士6进5　　6. 车六进二　　炮3进4

7. 车九进一　　马3进2

双方大体均势。

第2局　黑飞边象式

记一记

定式基础：

1. 炮二平五　　炮8平5

2. 车一进一　　马8进7

3. 马二进三　　车9平8

4. 车一平六　　车8进4

5. 马八进七　　马2进3

6. 车六进五　　象3进1

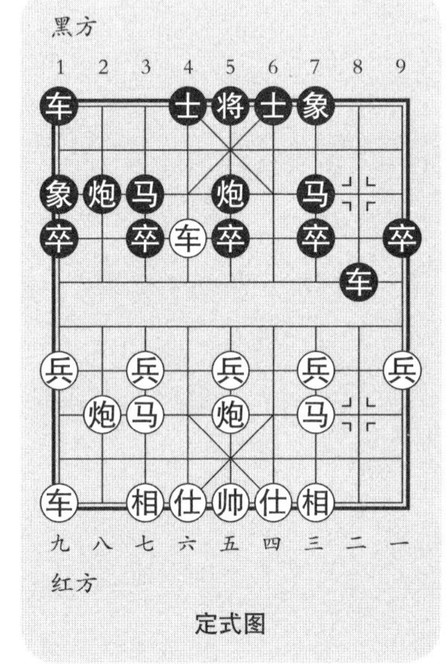

定式图

讲一讲

1. 炮二平五　　炮8平5

2. 车一进一　　马8进7

3. 马二进三　　车9平8

4. 车一平六　　车8进4

5. 马八进七　　马2进3　　6. 车六进五　　象3进1

黑方飞边象，准备车1平3掩护右马。

7. 炮八进二　　……

升巡河炮发挥“沿河十八打”的策应功能，为后续局势开展埋下“伏笔”。

7. ……　　卒3进1（图3-2-3）

冲卒作用是防范红方平炮攻马，如果走车8平3，红可炮八平三，马7退5，兵七进一，车3进1（车3平2，车六平七，车1平3，兵七进一，红方主动），马七进六，红方主动。

8. 炮八平五　　……

平炮镇中，既可亮出左车，又能抓住黑方棋形的弱点加强攻势，是一步具有战略眼光的好棋。

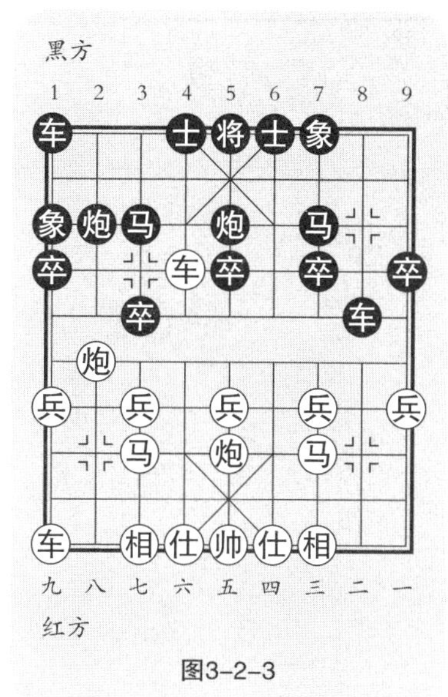

图3-2-3

8. ……　　马3进4

9. 炮五进三　　……

必要的次序，如随手车九平八出车捉炮，黑方可先炮5进3换炮。

9. ……　　象7进5

10. 车九平八　炮2平3

平炮正着。由于右马已经跳至河口，此时再车1平2主动受牵局势更差。

11. 车八进七　……（图3-2-4）

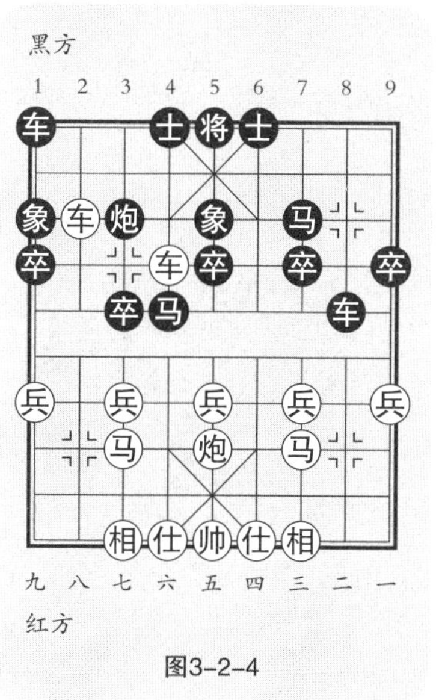

图3-2-4

先进车捉炮，把黑方底车拴牵在3路底线，正确的次序。如先走兵五进一，则马4进3，马三进五，马3进5，相七进五，士4进5，换掉红方中炮以后，再补士固防，黑方阵形厚实，满意。

11. ……　　车1平3

12. 兵五进一　士6进5

黑方此时不宜再走马4进3，否则车六平七，马3进5，相三进五，马7退5，车八平九吃象再车九退一退回来，红优。

13. 兵五进一　马4进3　　14. 车六退三　……

不能让黑马换掉进攻关键子中炮。

14. ……　　卒3进1

双方大体均势。

练一练

根据参考图提示，写出布局演变的过程及主要变着。

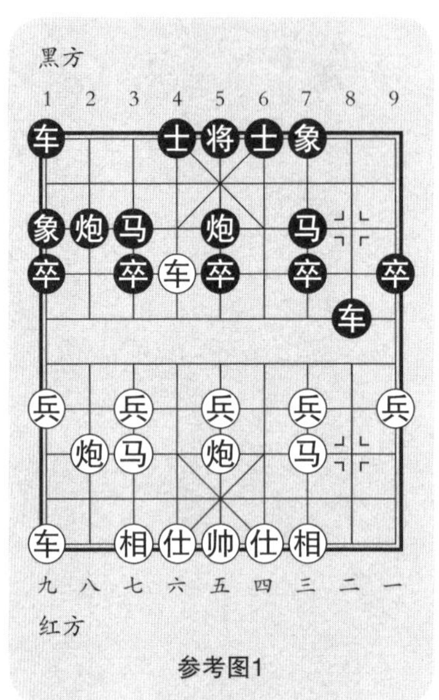

参考图1

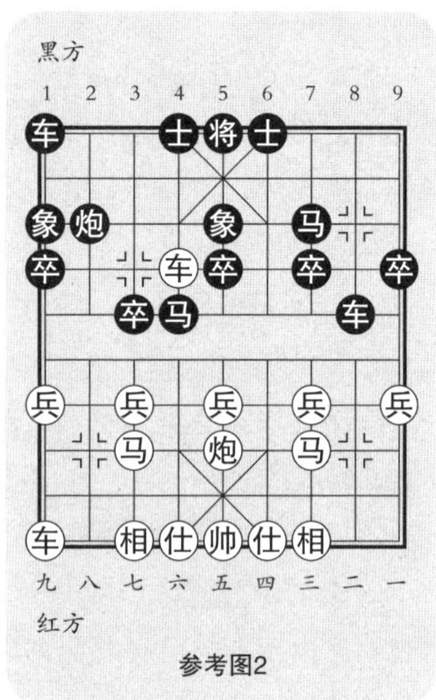

参考图2

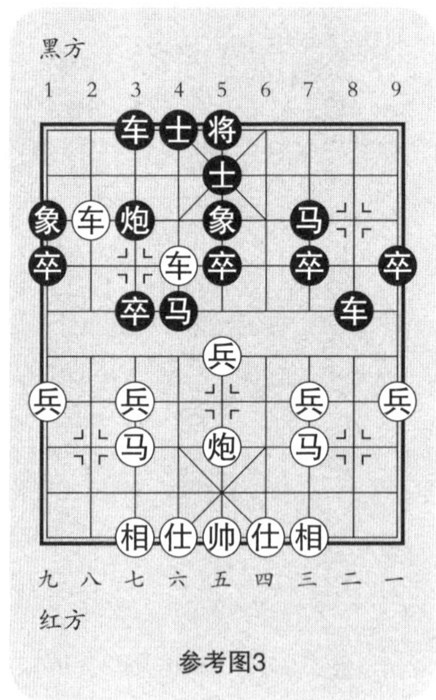

参考图3

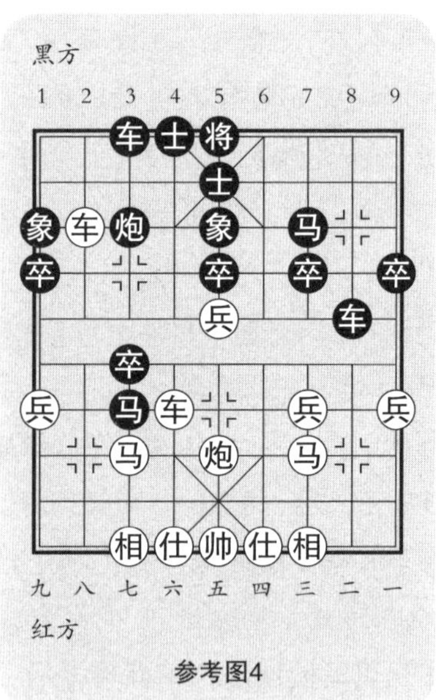

参考图4

想一想

先写出基本图的演变过程，然后根据基本图和对比图两图之中子力位置的不同之处，分析并写出产生棋形差异的原因。（布局提示：双方以顺炮横车对直车，红肋车过河黑飞边象变例布局，经过 11 回合演变形成结果图。）

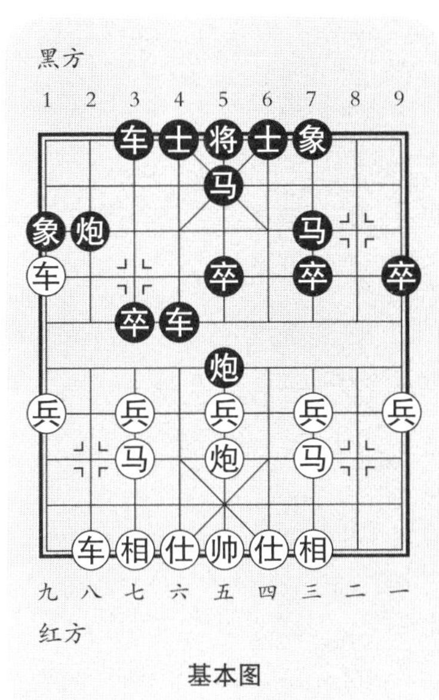

基本图

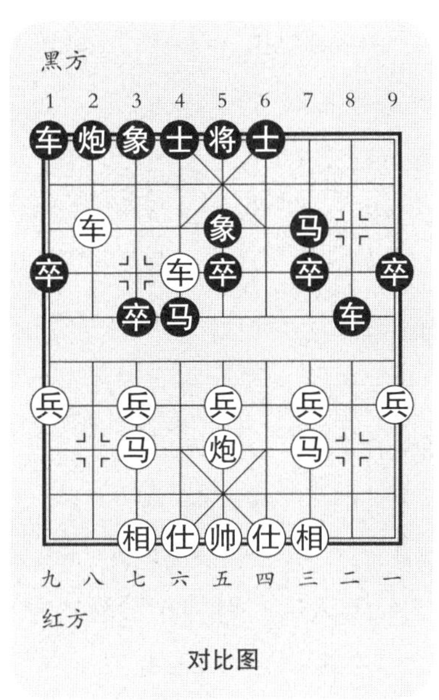

对比图

基本图的布局演变过程：

1. 炮二平五	炮 8 平 5	2. 马二进三	马 8 进 7
3. 车一进一	车 9 平 8	4. 车一平六	马 2 进 3
5. 车六进五	象 3 进 1	6. 马八进七	车 8 进 4
7. 炮八进二	卒 3 进 1	8. 炮八平五	车 8 平 4
9. 车六平七	车 1 平 3	10. 车九平八	马 3 退 5
11. 车七平九	炮 5 进 3		

产生差异的原因：

第 8 回合中黑方没选择车 8 平 4，而是改走马 3 进 4，经过以下几个回合演变，形成对比图结果。

8. ……	马 3 进 4	9. 炮五进三	象 7 进 5
10. 车九平八	炮 2 退 2	11. 车八进七	象 1 退 3

打打谱

请同学们把下面两则实战对局的棋谱用棋盘摆出来，在打谱的过程中找一找与定式里讲的棋谱有哪些不同，不同之处在棋谱上标记出来。（注：“！”表示好棋，“？”表示缓手。）

第 1 局　河北棋院 玉思源　负　杭州园文局 励娴

2008 年全国象棋团体赛

1. 炮二平五　炮 8 平 5　　2. 车一进一　马 8 进 7
3. 马二进三　车 9 平 8　　4. 车一平六　车 8 进 4
5. 马八进七　马 2 进 3　　6. 车六进五　象 3 进 1
7. 炮八进二　炮 2 进 2　　8. 炮八平七　马 3 退 5
9. 车六进二　炮 2 平 7　　10. 炮七平三　炮 7 进 2
11. 相三进一　卒 7 进 1　　12. 炮三平八　马 7 进 6
13. 炮五进四　车 8 退 1　　14. 炮八进二？车 1 平 2 ！

黑方略优。

第 2 局　广东 黄光颖　负　浙江 于幼华

2018 年第六届“财神杯”视频象棋快棋赛

1. 炮二平五　炮 8 平 5　　2. 马二进三　马 8 进 7
3. 车一进一　车 9 平 8　　4. 车一平六　马 2 进 3
5. 马八进七　车 8 进 4　　6. 车六进五　象 3 进 1
7. 炮八进二　卒 3 进 1　　8. 炮八平五　马 3 进 4
9. 车九平八　炮 2 平 3　　10. 车八进七　车 1 平 3
11. 前炮进三　象 7 进 5　　12. 兵五进一　士 6 进 5
13. 兵五进一　马 4 进 3　　14. 车六退三　车 8 平 5？

红方优势。

试一试

第 1 题　下图轮到红方行棋，红方最佳应法是：

红方先行

1. 车六平七　马 3 退 5

退马稳健，如车 1 平 3，则炮八平七，黑方 3 路线受牵，红方满意；又如炮 2 平 7，车七进一，炮 7 进 3，炮五退一，车 8 平 6，车九平八，红方先手。

2. 兵三进一　　车1平3

3. 车七进三　　马5退3

消除窝心马的弱点，以后还有马3进4调整的手段，保持棋形灵活的好棋。

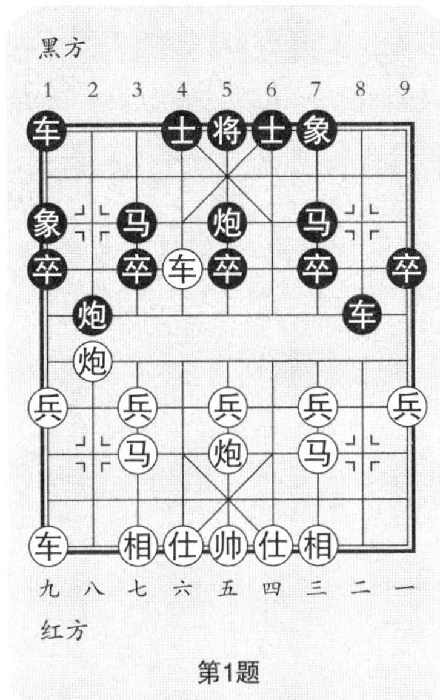

第1题

4. 马三进四　　车8平3

5. 炮五平三　　车3进2

6. 相七进五　　炮5进4

7. 马七进五　　车3平5

8. 车九平七

红方先手。

第2题　下图局面中轮到黑方行棋，黑方最佳应法是什么?

黑方先行

1. ……　　　　马3进4

进马简明，如车8平4，则车六平八，马7退9，车八平七，车1平3，车九平八，红方子力出动速度快，布局满意。

2. 车九平八　　炮2平3

3. 车八进四　　……

高车防止黑方卒3进1反击。

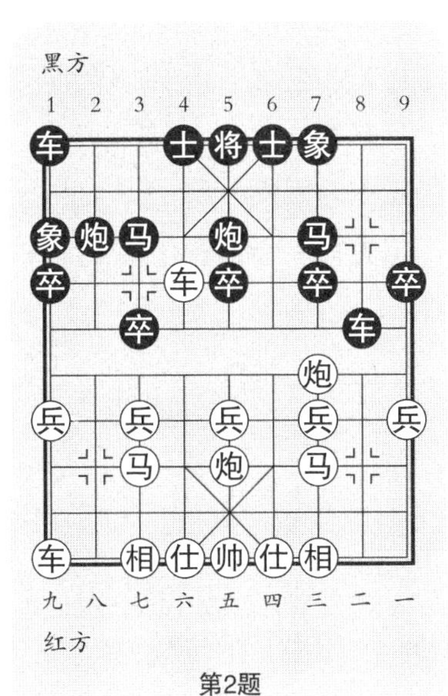

第2题

3. ……　　　　士4进5

黑方暂时也不好轻易动手，补厚阵形，稳健。

4. 车六平五　　卒7进1

5. 炮三进三　　炮3平7

6. 车五平三　　炮5进5

正确的次序，如先走炮7平6，则车八平六，车1平4，车三进三，红方得象稍好。

7. 相七进五　　炮7平4

双方大体均势。

第3节　黑直车补左士型

第1局　红双横车式

记一记

定式基础：

1. 炮二平五　　炮8平5
2. 马二进三　　马8进7
3. 车一进一　　车9平8
4. 车一平六　　车8进4
5. 马八进七　　士6进5
6. 兵三进一　　马2进3
7. 车九进一

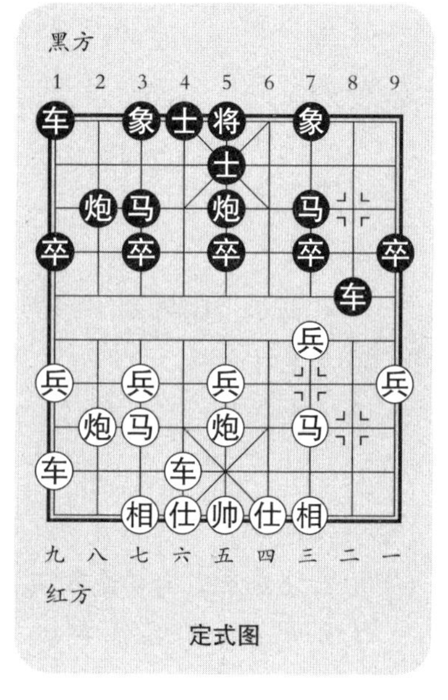

定式图

讲一讲

1. 炮二平五　　炮8平5
2. 马二进三　　马8进7
3. 车一进一　　车9平8　　　4. 车一平六　　车8进4
5. 马八进七　　士6进5

先补左士，意在避开红方车六进五及炮八进二的攻击，是讲究策略的一种选择。

6. 兵三进一　　……

红进三兵活跃右马，是布局要着。红如改走炮八平九（另如车六进七，则马2进3，车六平七，炮2进2！兵七进一，车1进2，黑方反先），马2进1！车九平八，车1平2，红虽开出左车，但却无好的落点，而黑方布子结构合理，具有针对性，局势富于弹性。

6. ……　　　　马2进3

黑方升巡河车，再补左士进正马，阵形工整。黑方通过跳正马加强对抗能力，老式应法是马2进1，马三进四，车8平6，车六进三，卒1进1，兵七进一！马1进2，车六进一，红方较优。

7. 车九进一　　……

红方起双横车，子力布置就位，待命出击，着法含蓄有力。

7. ……　　　　卒 3 进 1（图3-3-1）

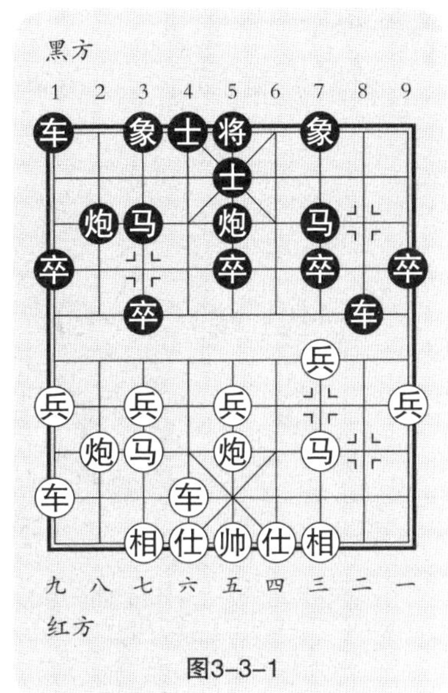

图3-3-1

黑方挺卒活马，静观其变。以往黑方曾有炮 2 平 1 的走法，以下车六进五，车 8 平 3，炮八退一，卒 7 进 1，车六退二，马 7 进 6，车六平八，双方攻击复杂，但是红方子力占位灵活，红方满意。

8. 车六进五　　……

进车是卒林线，威胁黑方 3 路马，直观且简洁。如炮八进四，则马 3 进 2，红方六路车不好定位。

8. ……　　　　炮 5 平 6

稳健而灵活。如改走炮 2 进 2，则车六平七，车 1 进 2，兵七进一，卒 3 进 1，车七退二，红方主动。

9. 车九平四　　卒 7 进 1（图3-3-2）

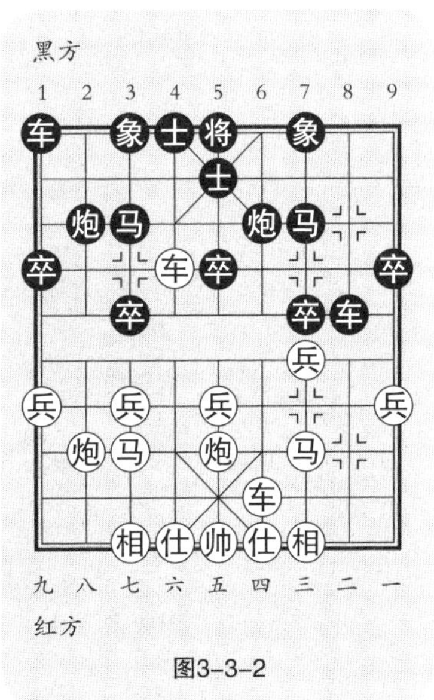

图3-3-2

争先之着，如象 3 进 5，则车四进五，马 3 进 4，车四平五，炮 6 进 5，车五平三，炮 6 平 3，兵三进一，红先弃后取占优。

10. 车六平七　　象 3 进 5

形成花士象后，黑方底线更为灵活。

11. 炮八进三　　……

进骑河炮，控制局势的要着。

11. ……　　　　车 8 进 2

12. 兵三进一　　车 8 平 7

13. 车四进一　　炮 2 退 2

14. 炮五退一

退炮攻守兼备，布局至此红方先手。

练一练

根据参考图提示，写出布局演变的过程及主要变着。

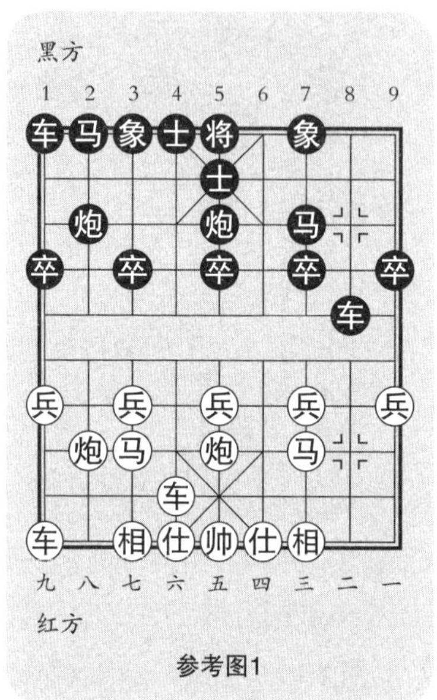

参考图1

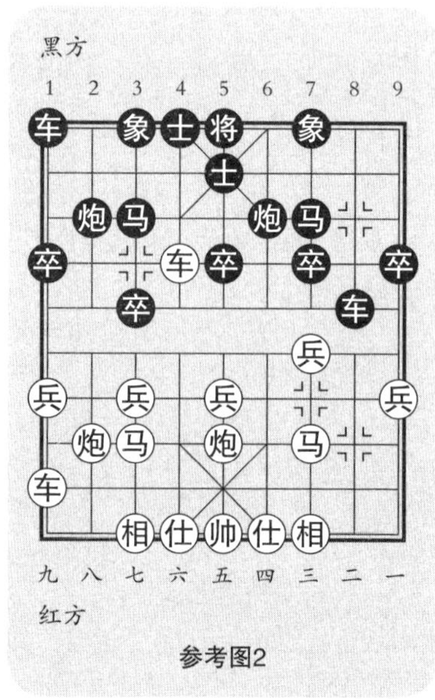

参考图2

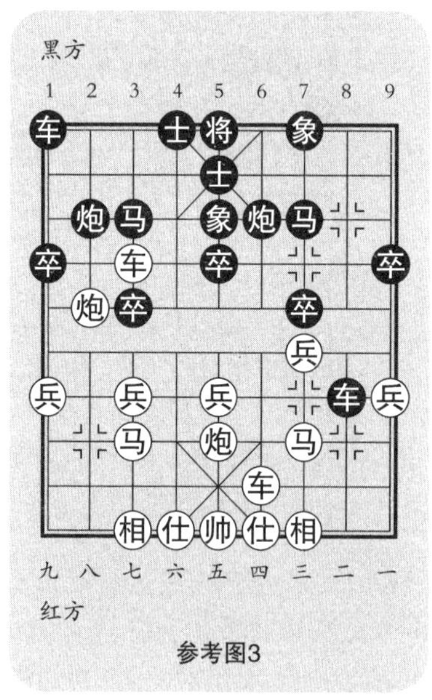

参考图3

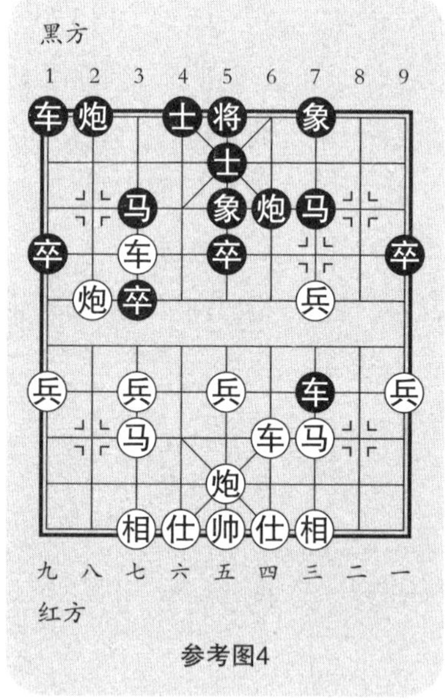

参考图4

想一想

先写出基本图的演变过程，然后根据基本图和对比图两图之中子力位置的不同之处，分析并写出产生棋形差异的原因。（布局提示：双方以顺炮横车对直车，红方双横车变例布局，第9回合的结果图。）

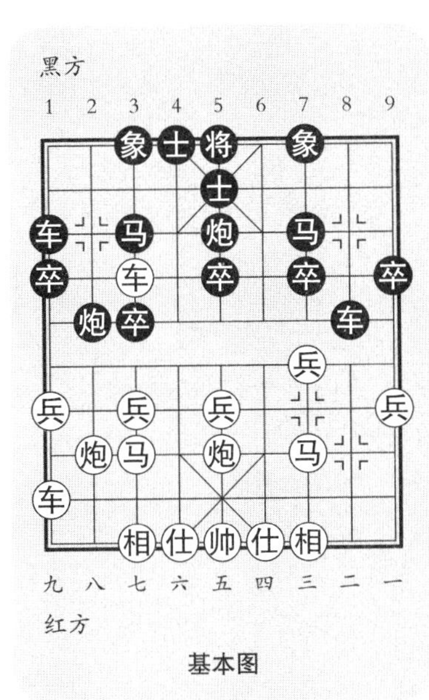

基本图

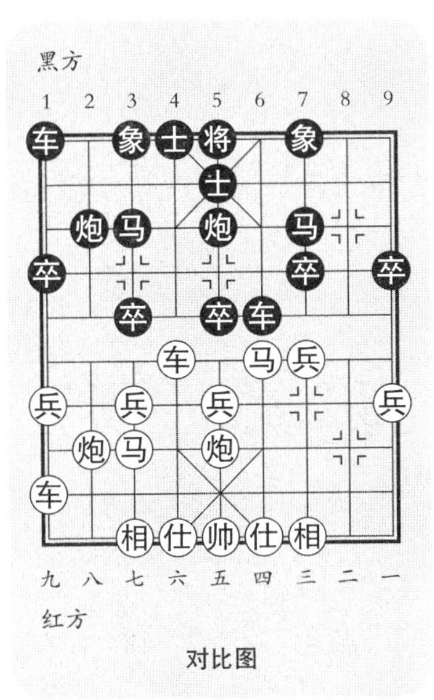

对比图

基本图的布局演变过程：

1. 炮二平五	炮 8 平 5	2. 马二进三	马 8 进 7
3. 车一进一	车 9 平 8	4. 车一平六	车 8 进 4
5. 马八进七	士 6 进 5	6. 兵三进一	马 2 进 3
7. 车九进一	卒 3 进 1	8. 车六进五	炮 2 进 2
9. 车六平七	车 1 进 2		

产生差异的原因：

第 8 回合红方没有选择车六进五，而是选择马三进四，经过以下几个回合演变，形成对比图结果。

8. 马三进四	车 8 平 6	9. 车六进三	卒 5 进 1

打打谱

请同学们把下面两则实战对局的棋谱用棋盘摆出来，在打谱的过程中找一找与定式里讲的棋谱有哪些不同，不同之处在棋谱上标记出来。（注：“！”表示好棋，“？”表示缓手。）

第1局　杭州园文局 金海英　先负　江苏 张国风

2008年“蔡甸杯”全国象棋团体赛

1. 炮二平五　炮8平5　　2. 车一进一　马8进7
3. 马二进三　车9平8　　4. 车一平六　车8进4
5. 马八进七　士6进5　　6. 兵三进一　马2进3
7. 车九进一　卒3进1　　8. 车六进五　炮5平6
9. 车九平四　卒7进1　　10. 车六平七　象3进5
11. 炮八进三　车8进2　　12. 兵三进一　车8平7
13. 马七退五　炮2退1　　14. 车四进五　卒3进1
15. 车四平三　炮2平3　　16. 车七平八　马3进4
17. 车八进二？马4进6　　18. 车三进一？马6进8

黑方优势。

第2局　湖北 柳大华　和　广东 许银川

2004年“安庆开发区杯”第3届全国象棋特级大师赛

1. 炮二平五　炮8平5　　2. 马二进三　马8进7
3. 车一进一　车9平8　　4. 车一平六　车8进4
5. 马八进七　士6进5　　6. 兵三进一　马2进3
7. 车九进一　卒3进1　　8. 车六进五　炮2进2
9. 车六平七　车1进2　　10. 车九平四　卒7进1
11. 车四进三　炮5平6　　12. 炮五平四！炮6进5
13. 炮八平四　象3进5　　14. 相三进五　炮2退4
15. 车七平六　炮2平3　　16. 相七进九？马3进2

大体均势。

试一试

第1题　下图轮到红方行棋，红方最佳应法是：

红方先行

1. 兵七进一　　卒3进1

2. 兵七进一　　……

冲兵积极。如车六进三，则炮5平4，车六平五（车六进二，卒3进1，车六平七，炮2平3，马七退五，车1进2，黑优），象3进5，炮五平六，车1平3，黑方先手。

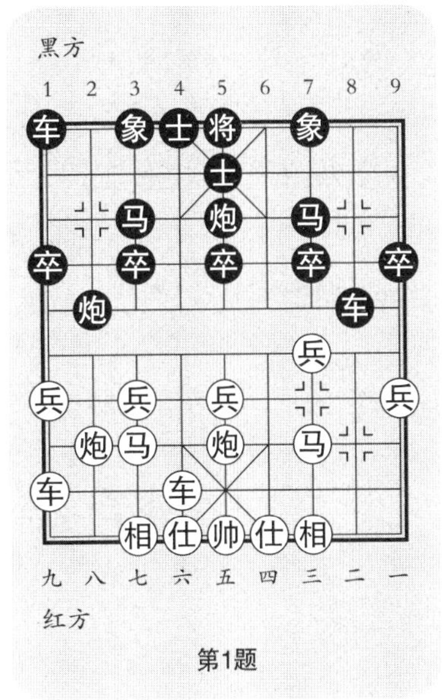

第1题

2. ……　　车8平3

3. 马七进六　　车3平4

4. 马三进四　　……

主动放弃中兵，争先的手段。

4. ……　　车4平8

黑方如炮5进4，则炮五进四，马7进5，马四进六，马3进4，马六进八，马5进6，车六进一，红方大优。

5. 车九平七　　炮2平3

6. 车六进二

再进车保护中兵，稳健。至此，红方取得优势。

第2题　下图局面中轮到黑方行棋，黑方最佳应法是什么?

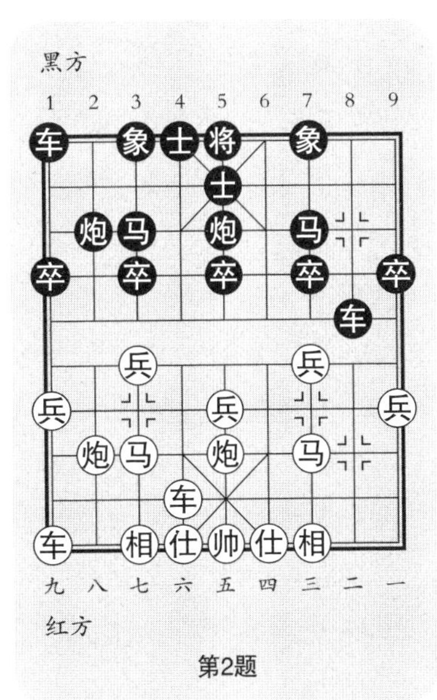

第2题

黑方先行

1. ……　　卒3进1

兑卒活马是当黑方当前的“急所”。

2. 车六进五　　炮5平6

平炮含蓄，保持阵形灵活的关键。

3. 兵七进一　　车8平3

4. 马七进六　　象3进5

如果误走车3平4，则炮八平六！车4退1，炮六进四，马3进4，马六进四，红方先手。

5. 炮五进四　卒 7 进 1

6. 炮八平五　……

巩固中路力量的同时为亮出左车做准备。

6. ……　马 3 进 2

封车是必然的选择。

7. 马六进八　车 3 平 2　8. 炮五退二　卒 7 进 1

9. 车六平三　炮 6 进 2

升巡河炮攻守两利。

10. 车三退二　车 1 平 3

黑方子力灵活且阵形稳固，反先。

第 2 局　红右马盘河式

记一记

定式基础：

1. 炮二平五　炮 8 平 5
2. 马二进三　马 8 进 7
3. 车一进一　车 9 平 8
4. 车一平六　车 8 进 4
5. 马八进七　士 6 进 5
6. 兵三进一　马 2 进 3
7. 马三进四　卒 3 进 1

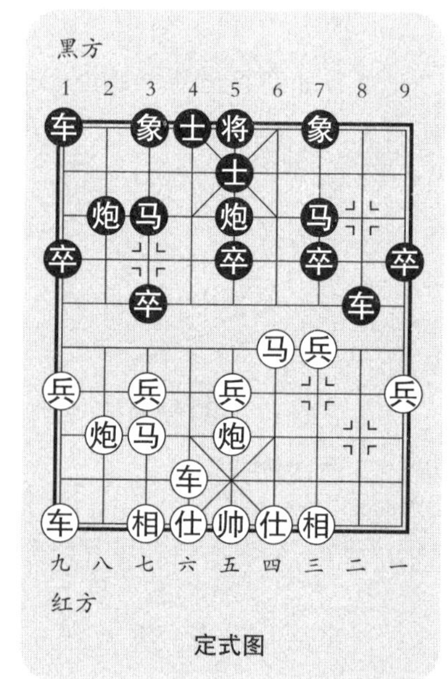

定式图

讲一讲

1. 炮二平五　炮 8 平 5

2. 马二进三　马 8 进 7

3. 车一进一　车 9 平 8　4. 车一平六　车 8 进 4

5. 马八进七　士 6 进 5　6. 兵三进一　马 2 进 3

7. 马三进四　……

跃马河口，保留马四进六的先手，积极主动。

7. ……　卒 3 进 1　8. 马四进三　……

红马吃卒免受河口车顶马，以后又可炮五平三先手下中炮，是红方选择一种。

8. ……　　　　炮5平6

9. 车六进三　　炮2进1

10. 炮五平三　　马3进4

11. 马三退四　　……（图3-3-3）

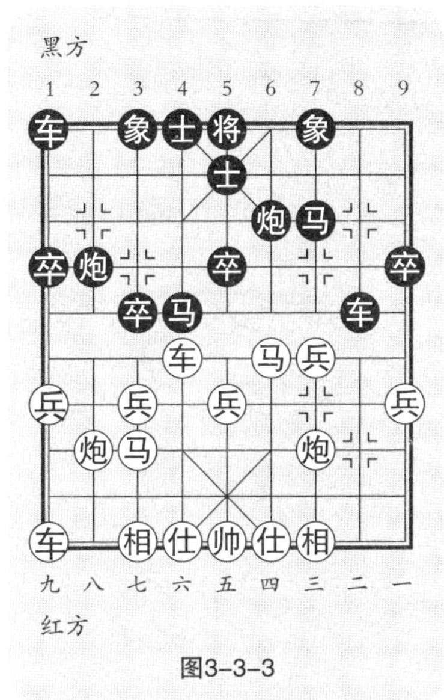

图3-3-3

兑马保持变化的选择。如炮八进三，则车8进3，马七退五，马4退3，马三退四，马3进2，炮三进五，马2进3，车六平八，炮2平3，马五进三，炮6退2后伏有车1进2的先手，黑方满意。

11. ……　　　　马4进6

12. 炮三进五　　车8平6

13. 炮八进三　　……

进炮打车后易形成子力交换。也可兵三进一，车6退1，仕六进五，炮6退2，炮八进二，马6进8，车六平二，车6进3，兵三进一，双方胶着，局面变化复杂一些。

13. ……　　　　卒3进1

14. 兵七进一　　炮2平3

15. 兵七进一　　……

弃七兵是红方布局中的关键点。

15. ……　　　　车6平3

16. 车六平四　　炮3进4（图3-3-4）

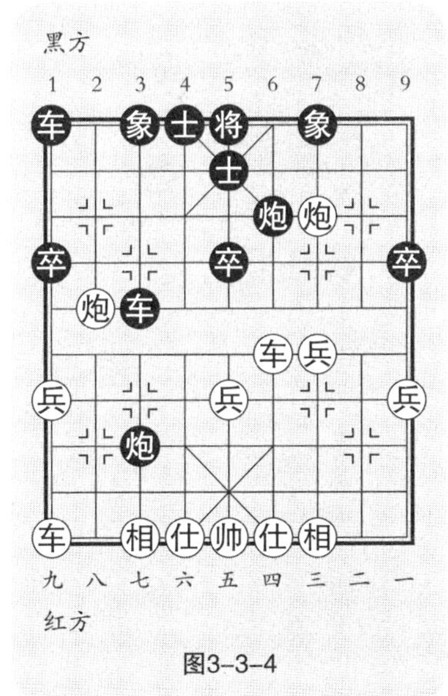

图3-3-4

如车3平2，则马七进六，车3平4，车九平八，红方双车占位好且有兵种优势，红方满意。

17. 炮八退四

以后可以炮八平五夺取中卒，布局至此，双方大体均势。

练一练

根据参考图提示，写出布局演变的过程及主要变着。

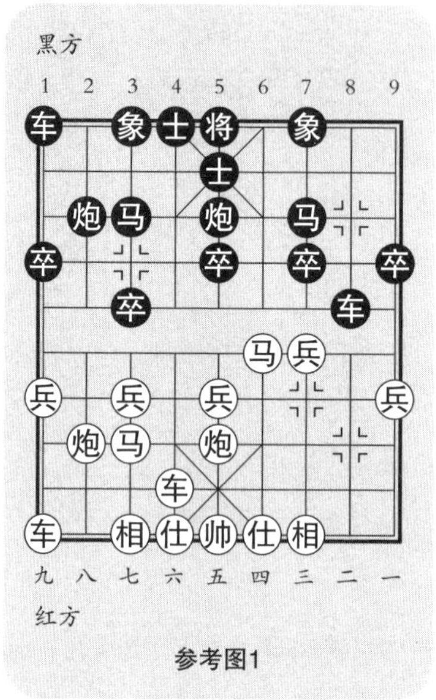

参考图1

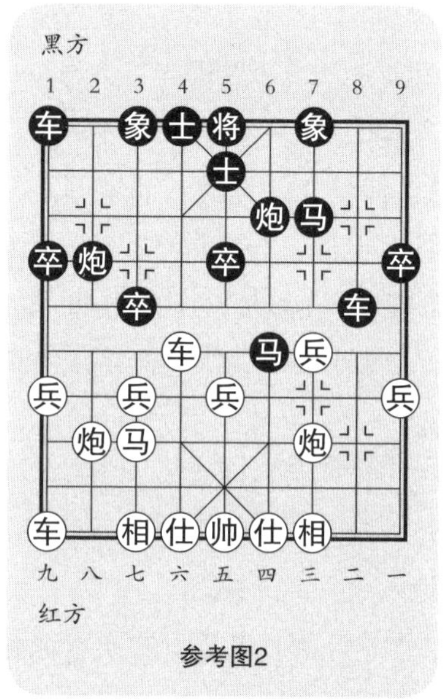

参考图2

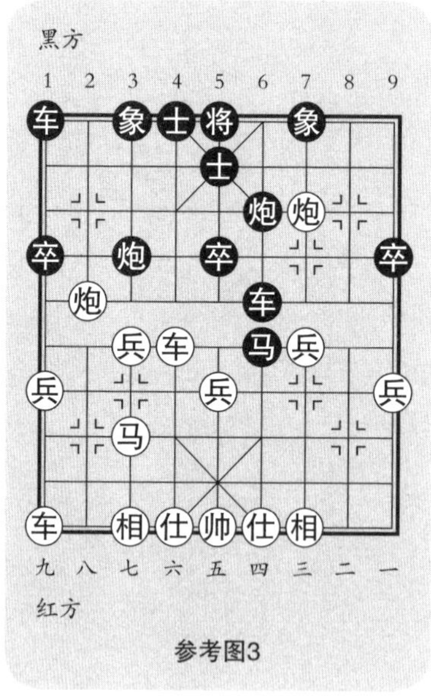

参考图3

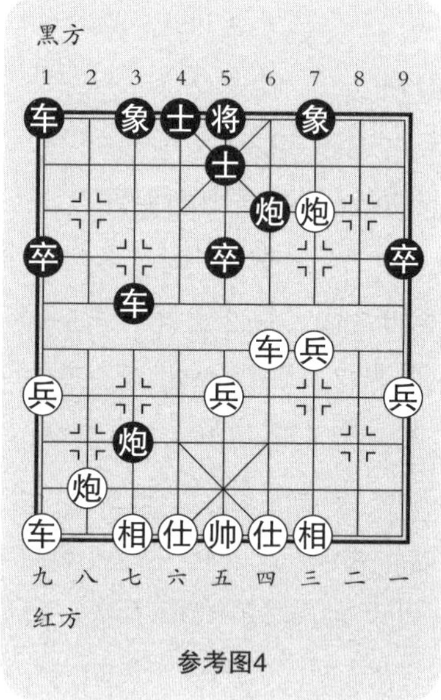

参考图4

想一想

根据基本图和对比图两图之中子力位置的不同之处，分析并写出产生棋形差异的原因。（布局提示：双方以顺炮横车对直车，红双横车变例布局，第 11 回合的结果图。）

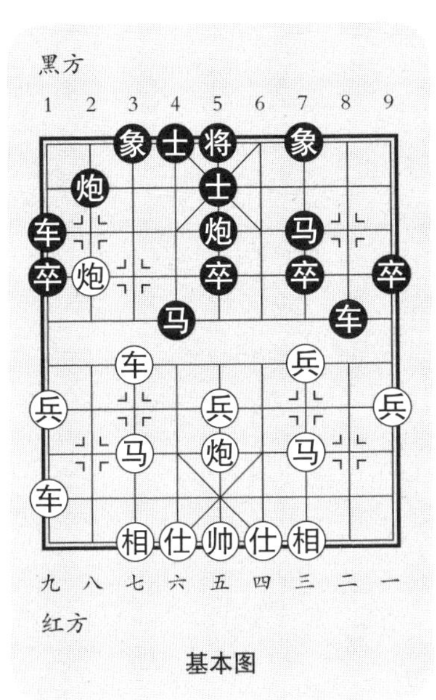

基本图

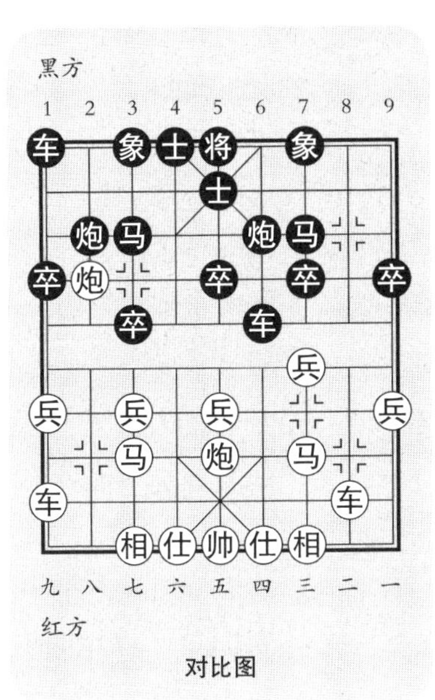

对比图

基本图的布局演变过程：

1. 炮二平五　炮 8 平 5　　2. 车一进一　马 8 进 7
3. 马二进三　车 9 平 8　　4. 车一平六　车 8 进 4
5. 马八进七　士 6 进 5　　6. 车九进一　马 2 进 3
7. 兵三进一　卒 3 进 1　　8. 车六进五　炮 2 进 2
9. 车六平七　车 1 进 2　　10. 兵七进一　卒 3 进 1
11. 车七退二　炮 2 退 3

产生差异的原因：

第 8 回合红方没有走车六进五，而是直接选择炮八进四，经过以下几个回合演变，形成对比图结果。

8. 炮八进四　炮 5 平 6　　9. 车六平二　车 8 平 6

打打谱

请同学们把下面两则实战对局的棋谱用棋盘摆出来，在打谱的过程中找一找与定式里讲的棋谱有哪些不同，不同之处在棋谱上标记出来。（注：“！”表示好棋，“？”表示疑问手。）

第1局　金海英 赵国荣　和　张国凤 于幼华

2008年第3届“常家庄园杯”全国冠军混双赛

1. 炮二平五	炮8平5	2. 马二进三	马8进7
3. 车一进一	车9平8	4. 车一平六	车8进4
5. 马八进七	士6进5	6. 兵三进一	马2进3
7. 马三进四	卒3进1	8. 马四进三	炮5平6
9. 车九进一	象3进5	10. 炮五平三	车8进2
11. 车六进三	车8平7	12. 车九平二	炮2进1
13. 车六进二	炮6进1	14. 车六退二	炮6退1
15. 车六进二	炮2进2	16. 车六平八	炮2平4？

红方主动。

第2局　河南 赵力　和　云南 赵剑

2004年“泰来众盈杯”全国象棋团体赛

1. 炮二平五	炮8平5	2. 马二进三	马8进7
3. 车一进一	车9平8	4. 车一平六	车8进4
5. 马八进七	士6进5	6. 兵三进一	马2进3
7. 马三进四	卒3进1	8. 马四进三	炮2进4
9. 马三进五？	象3进5	10. 车六进三	马7进6
11. 车六平八	炮2平5	12. 马七进五	马6进5
13. 车九进一	马3进4	14. 车八平六	车1平2
15. 炮八平六	车2进6	16. 车九平三	马4退3

大体均势。

试一试

第1题　下图轮到红方行棋，红方最佳应法是：

红方先行

1. 车六进三　……

进车巡河正着。如兵三进一，车8平7，炮五退一，卒3进1，炮五平三，车7平6，黑方阵形灵活，红方无趣。

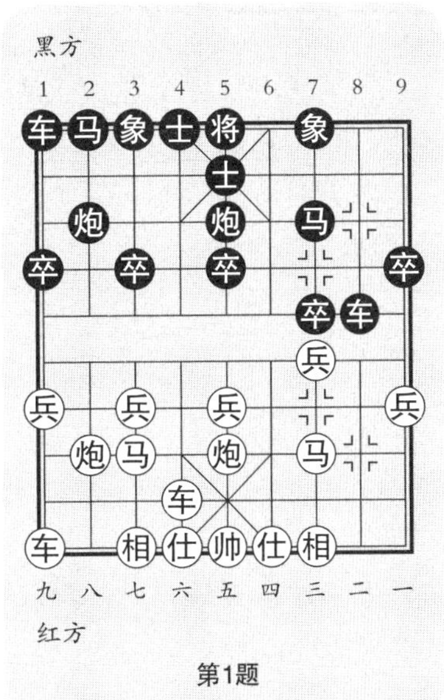

第1题

1. …… 马2进3

2. 车九进一 卒3进1

3. 车九平四 ……

红方迅速把双车调运至两肋。

3. …… 炮2进1

准备炮2平3攻击红方七路线。

4. 兵七进一 ……

如改走车六进二，则炮2进1，车六平七，车1进2，车四进三，炮5平6，黑方子力同样调动出来，红方双车反而位置不佳稍显尴尬。

4. …… 炮2平3 5. 相七进九 ……

飞相协助巡河车守住河口。

5. …… 卒3进1 6. 车六平七 炮3进4

7. 车七退二 马3进4 8. 炮八进三

红方先手。

第2题 下图局面中轮到黑方行棋，黑方最佳应法是什么？

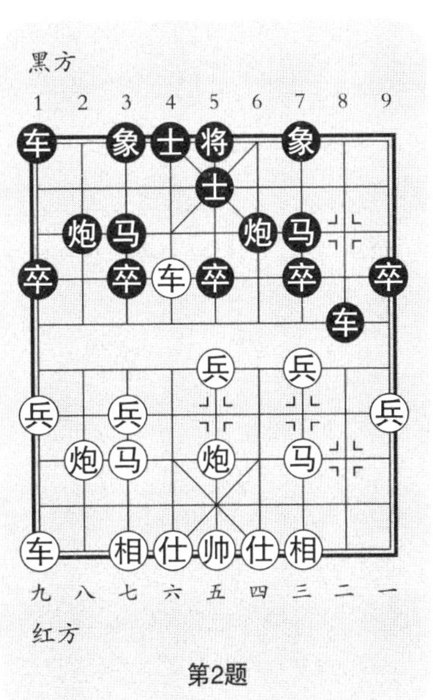

第2题

黑方先行

1. …… 象3进5

先补厚中路，稳健。

2. 马七进五 炮6进1

进炮打车再卒7进1兑卒，黑方6路炮明显要灵活得多。

3. 车六退二 卒7进1

4. 炮五退一 ……

退炮同样是攻防两利的好棋。

4. …… 炮2进4

5. 兵七进一 卒7进1

6. 马五进三　炮2平7

平炮攻击底相是黑方既定的计划。

7. 相三进五　炮6进5　　8. 炮五平八　炮6退2

双方对峙。

第4章　中炮过河车对屏风马平炮兑车

第1节　红进七路马型

第1局　黑骑河车式

记一记

定式基础：

1. 炮二平五　　马 8 进 7
2. 马二进三　　车 9 平 8
3. 车一平二　　卒 7 进 1
4. 车二进六　　马 2 进 3
5. 兵七进一　　炮 8 平 9
6. 车二平三　　炮 9 退 1
7. 马八进七　　士 4 进 5
8. 马七进六　　炮 9 平 7
9. 车三平四　　车 8 进 5

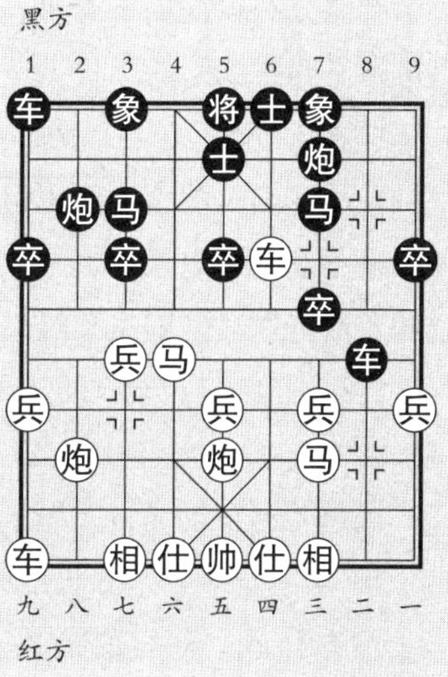

定式图

讲一讲

1. 炮二平五　　马 8 进 7　　　2. 马二进三　　车 9 平 8

3. 车一平二　　卒 7 进 1

黑抢挺 7 卒是一种布局去向，可避开红方采用进三兵等一系列的阵势。

4. 车二进六　　……

进车黑方卒行线，压住黑方车炮，限制了黑车炮活动空间，主要是为了避免黑方炮 8 进 4 封车。如果改走兵七进一，黑炮 8 进 4 封车后，红方不太满意。

4. ……　　　　马 2 进 3　　　5. 兵七进一　　……

挺七兵制住对方马路并为己方左马开拓前进道路，这是较为广泛采用的着法。

5. ……　　　　炮 8 平 9

平炮兑车是屏风马应付中炮过河车的重要手段，具有复杂多变的特点。

6. 车二平三　　……

平车压马的作用主要两个：一是不兑车，避免削弱进攻实力；二是牵制红方子力，威胁黑方左屏风马。

6. ……　　　　炮 9 退 1

黑方退炮，准备平炮驱车，减轻左翼压力，针锋相对之着。

7. 马八进七　　……

跳正马是先手方使两翼子力均衡展开的流行走法，很富有魅力。

7. ……　　　　士 4 进 5

补士是很关键的一着棋，利用黑士为纽带把左右两翼联络起来，以后红车没有进下二路线黑炮的骚扰。

8. 马七进六　　……（图4–1–1）

左马盘河，配合过河车组成攻势，这是一种长盛不衰的进取之道。至此，双方形成中炮过河车对屏风马平炮兑车红进河口马的变例。

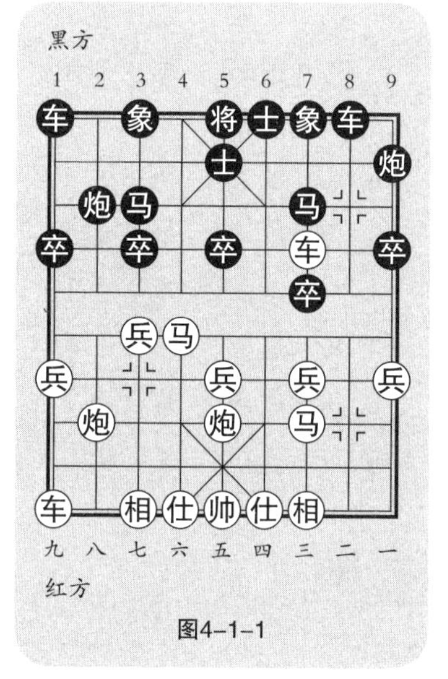

图4–1–1

8. ……　　　　炮 9 平 7

9. 车三平四　　车 8 进 5

黑进骑河车捉马，企图扰乱红方阵势。

10. 炮八进二　　象 3 进 5

黑方补象，稳健的走法。如改走车 8 进 3，则炮八平九，车 1 平 2，炮五平八，炮 2 平 1，炮九进三，象 3 进 1，红方主动。

11. 炮五平六　　……

移炮仕角是本路变化中一工稳下法，封黑右车同时准备相七进五调整。

11. ……　　　　卒 3 进 1

冲卒着法硬朗凶悍，如稍有示弱，改走车 8 进 3，则红方乘势仕六进五，黑八路车就无利可图，红优。

12. 兵三进一　　……

送兵及时，黑车不敢吃，因红有飞中相再退炮打死车的手段。

12. ……　　　　车 8 退 1

13. 兵七进一　象5进3

正着。如改走卒7进1,则红兵七进一，马3退4，相七进五，卒7进1，马三退五，红马曲径通幽，大占优势。

14. 炮八平七　……（图4-1-2）

攻马准备亮车，有力之着。如相七进五，则卒7进1，炮八平三，炮7进4，相五进三，车8平7，黑不难走。

图4-1-2

14. ……　　　马3进4

进马先弃后取，积极。如马3进2，则炮七平九，红方主动。

15. 炮六进三　……

进炮打马先得实惠，算准以后弃回一子争取先手。

15. ……　　　卒7进1　　16. 炮六进三　……

引离战术的典范，好棋。

16. ……　　　炮7平4

献还一炮，属可取之着。

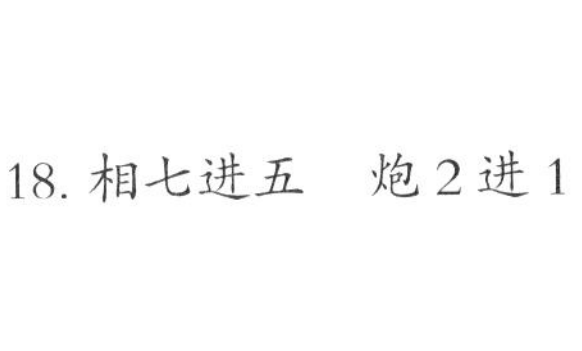

17. 炮七平三　车8平7　　18. 相七进五　炮2进1

19. 车四退二　象7进5

双方均势。

练一练

根据参考图提示，写出布局演变的过程及主要变着。

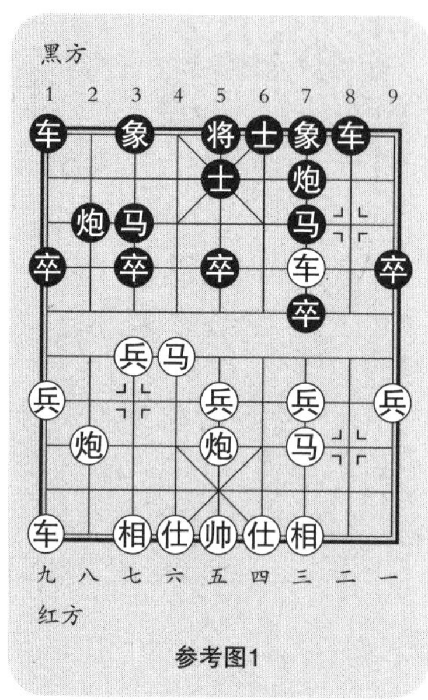

参考图1

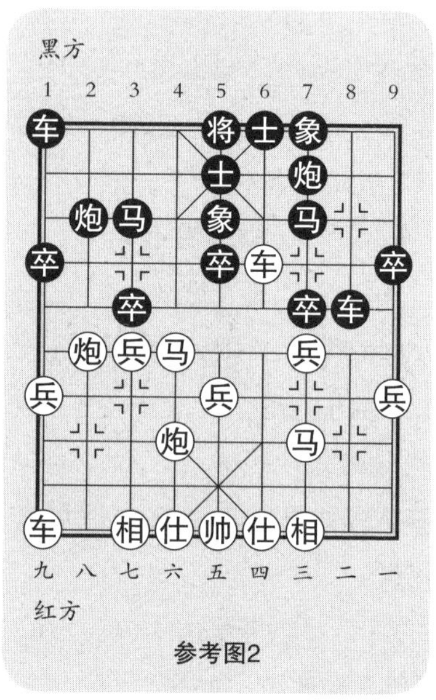

参考图2

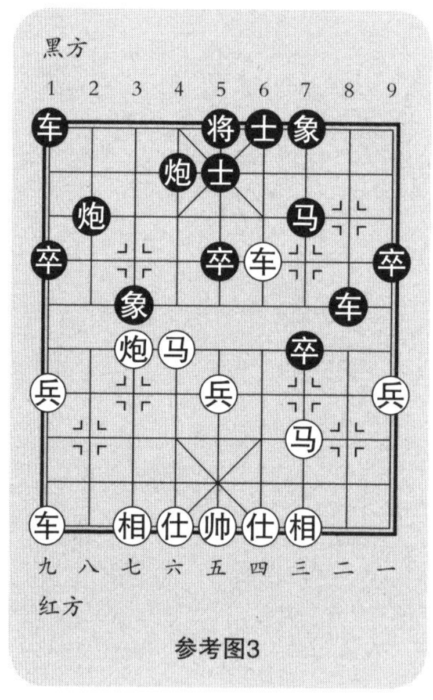

参考图3

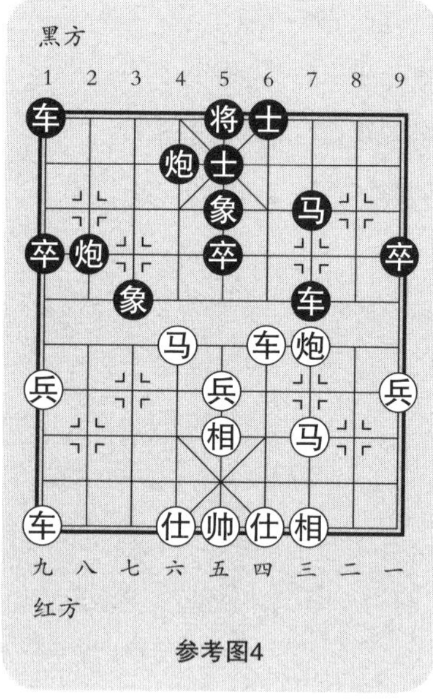

参考图4

想一想

根据基本图和对比图两图之中子力位置的不同之处，分析并写出产生棋形差异的原因。（布局提示：双方以中炮过河车对屏风马平炮兑车，红左马盘河黑进骑河车变例布局，第12回合的结果图。）

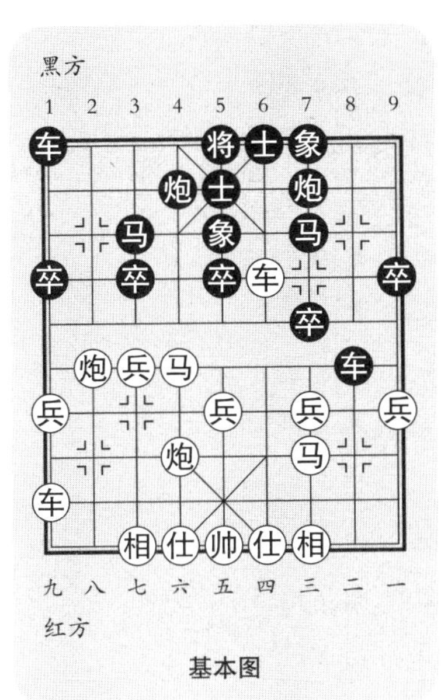

基本图

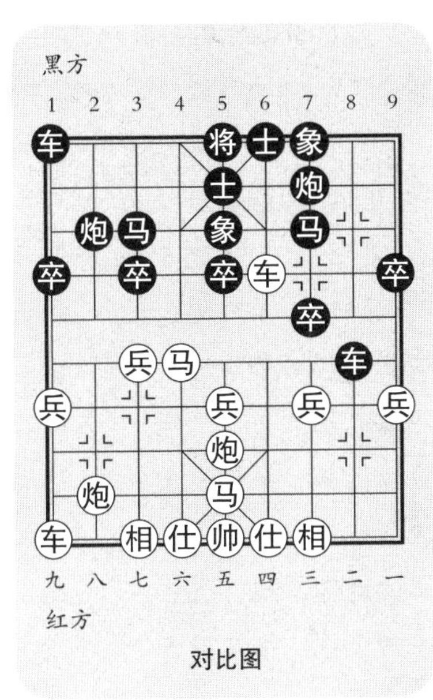

对比图

基本图的布局演变过程：

1. 炮二平五	马 8 进 7	2. 马二进三	车 9 平 8
3. 车一平二	马 2 进 3	4. 兵七进一	卒 7 进 1
5. 车二进六	炮 8 平 9	6. 车二平三	炮 9 退 1
7. 马八进七	士 4 进 5	8. 马七进六	炮 9 平 7
9. 车三平四	车 8 进 5	10. 炮八进二	象 3 进 5
11. 炮五平六	炮 2 退 1	12. 车九进一	炮 2 平 4

产生差异的原因：

第10回合黑方没有走象3进5，而是选择车8进3，经过以下几个回合演变，形成对比图结果。

10. ……	车 8 进 3	11. 马三退五	象 3 进 5
12. 炮八退三	车 8 退 3		

打打谱

请同学们把下面两则实战对局的棋谱用棋盘摆出来，在打谱的过程中找一找与定式里讲的棋谱有哪些不同，不同之处在棋谱上标记出来。（注：“！”表示好棋，“？”表示疑问手。）

第1局 黑龙江省 郝继超 和 浙江省 王天一

2021年第十四届全运会群众比赛象棋预赛

1. 炮二平五 马8进7 2. 马二进三 车9平8
3. 车一平二 马2进3 4. 兵七进一 卒7进1
5. 车二进六 炮8平9 6. 车二平三 炮9退1
7. 马八进七 士4进5 8. 马七进六 炮9平7
9. 车三平四 车8进5 10. 炮八进二 象3进5
11. 炮五平六 卒3进1 12. 兵三进一 车8退1
13. 兵七进一 象5进3 14. 炮八平七 马3进4
15. 炮六进三 卒7进1 16. 炮六进三 炮7平4
17. 炮七平三 车8平7 18. 相七进五 炮2进1
19. 车四退二 炮2进2 20. 马六进五 马7进5
21. 车四平八 象3退5 22. 仕六进五 马5进3

大体均势。

第2局 山东 李翰林 和 山东 赵金成

2014年第6届“杨官璘杯”全国象棋公开赛

1. 炮二平五 马8进7 2. 马二进三 车9平8
3. 车一平二 卒7进1 4. 车二进六 马2进3
5. 兵七进一 炮8平9 6. 车二平三 炮9退1
7. 马八进七 士4进5 8. 马七进六 炮9平7
9. 车三平四 车8进5 10. 炮八进二 象3进5
11. 炮五平六 卒3进1 12. 兵三进一 车8退1
13. 兵七进一 象5进3 14. 炮八平七 马3进4
15. 炮六进三 卒7进1 16. 炮六进三 炮7平4
17. 炮七平三 车8平7 18. 车四退二 炮2进3
19. 马六进五 马7进5 20. 车四平八 象3退5
21. 相七进五 马5进3 22. 马三进四 车1平4

23. 仕六进五　炮4平1　　24. 车九平七　炮1进5

大体均势。

试一试

第1题　下图轮到红方行棋，红方最佳应法是：

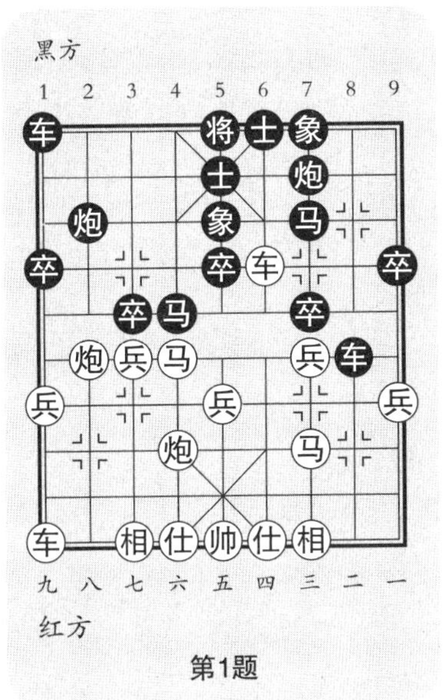

第1题

红方先行

1. 车四进二　车8退3

暗保7路马，正确。如改走炮2退1，则马三进二，炮2平6，兵七进一，卒7进1，兵七平六，卒7平8，相三进五，车1平3，炮八平七，红方阵形工整，子力占位灵活，红方先手。

2. 兵七进一　炮2退1

3. 车四退六　车1平3

先弃后取的选择。

4. 兵七平六　车3进5

5. 炮八退三　……

退炮重新构建防守体系，正确的选择。如马六进四，则车3平2，马四进三，车8平7，兵三进一，车7进2，黑方子力活跃，红方稍亏。

5. ……　车3平4

6. 炮八平六　车4平2

7. 兵三进一　炮7进3

8. 相三进五

红方主动。

第2题　下图局面中轮到黑方行棋，黑方最佳应法是什么?

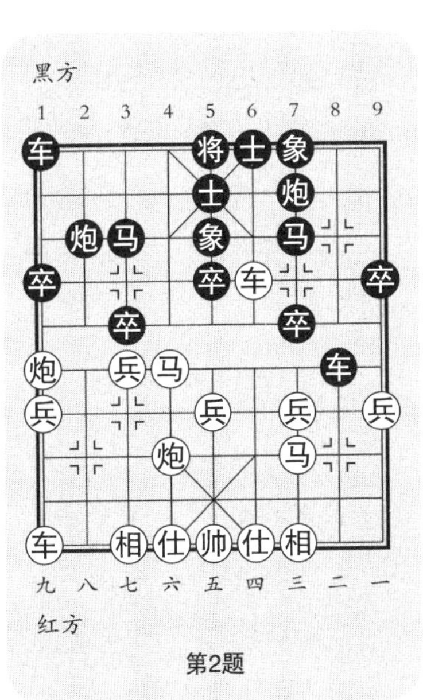

第2题

黑方先行

1. ……　车1平2

2. 车九平八　炮2进1

3. 车四进二　炮2退2

黑方利用顿挫战术，先手形成担子炮棋形。

4. 车四退六　卒1进1

进边卒攻炮，打散红方的河口阵地。如先走卒3进1，则马六进五，车8退2，马五进七，车2平3，炮六平七，红方以后还有马七进五破士抢攻的手段，黑方不利。

5. 马六进五　卒1进1　　6. 马五进七　车2平3

7. 马七退九　炮2平3　　8. 兵七进一　车3平4

先把黑车走到通路，正着。

9. 仕六进五　车8退2　　10. 马九进八　卒1进1

黑方先手。

第2局　黑跳外马式

记一记

定式基础：

1. 炮二平五　马8进7
2. 马二进三　车9平8
3. 车一平二　卒7进1
4. 车二进六　马2进3
5. 兵七进一　炮8平9
6. 车二平三　炮9退1
7. 马八进七　士4进5
8. 马七进六　炮9平7
9. 车三平四　马7进8

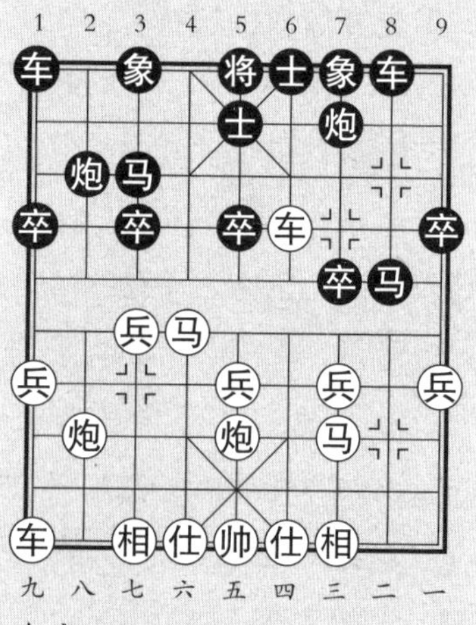

定式图

讲一讲

1. 炮二平五　马8进7　　2. 马二进三　车9平8

3. 车一平二　卒7进1　　4. 车二进六　马2进3

5. 兵七进一　炮8平9　　6. 车二平三　炮9退1

7. 马八进七　士4进5　　8. 马七进六　炮9平7

9. 车三平四　马7进8

黑方平炮打车以后，立即跳出左马，准备冲7卒捉车，进行反扑。这路着法有很强的对攻性，但中卒剩下单马守护，中路的防御也有所减弱。

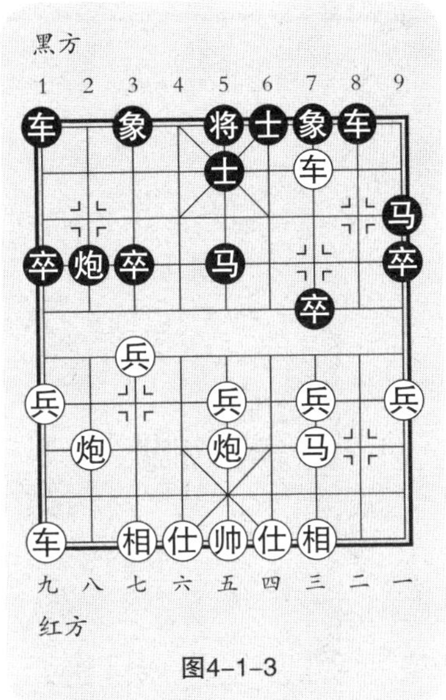

图4-1-3

10. 马六进五　……

马踏中卒是近年改进的着法。

10. ……　　炮2进1

11. 车四进二　马3进5

12. 车四平三　马8退9（图4-1-3）

退马困车，紧凑有力。如象3进5则行棋节奏偏缓，以下车三平四，炮2退2，车四退五，马5进4，兵五进一，炮2平4，双方大体均势。

13. 车三平一　……

平边车准备一车换双。

13. ……　　炮2退2

14. 炮五进四　象3进5

15. 车一退一　象7进9

16. 炮八平九　……（图4-1-4）

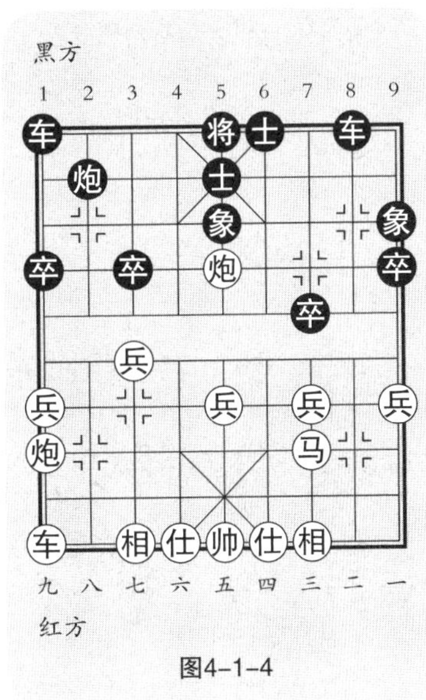

图4-1-4

正确，如炮八平五，则炮2进6，马三退五，车1平2，车九平八，车8进5，红方失先。

16. ……　　车1平2

17. 车九平八　炮2进5

双方大体均势。

练一练

根据参考图提示，写出布局演变的过程及主要变着。

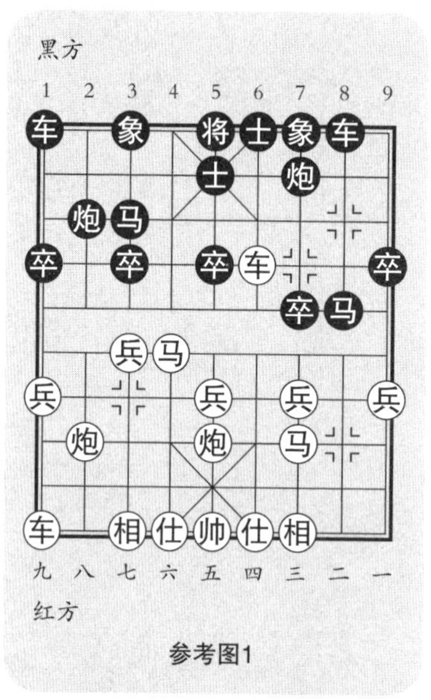

参考图1

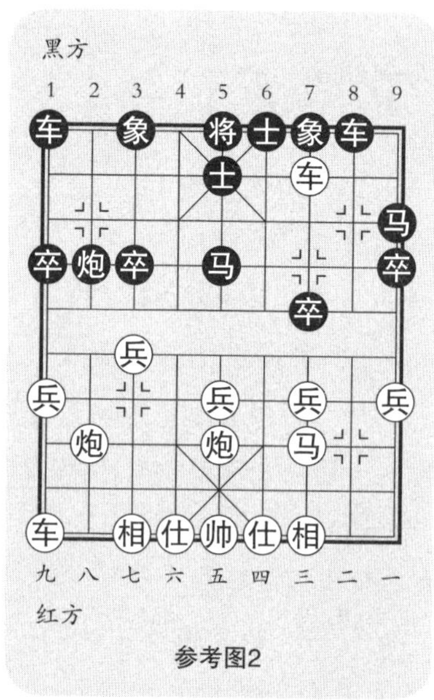

参考图2

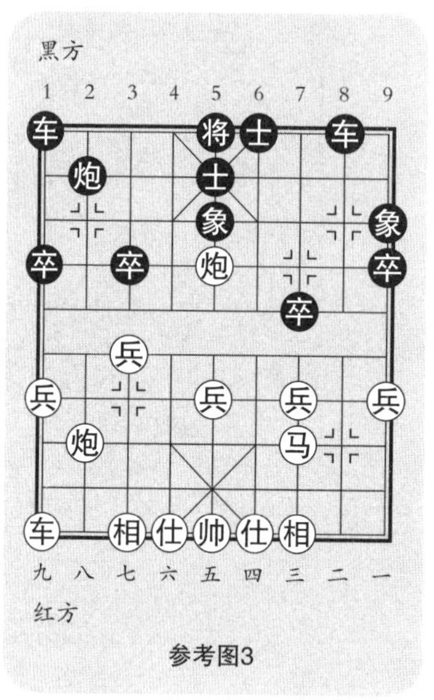

参考图3

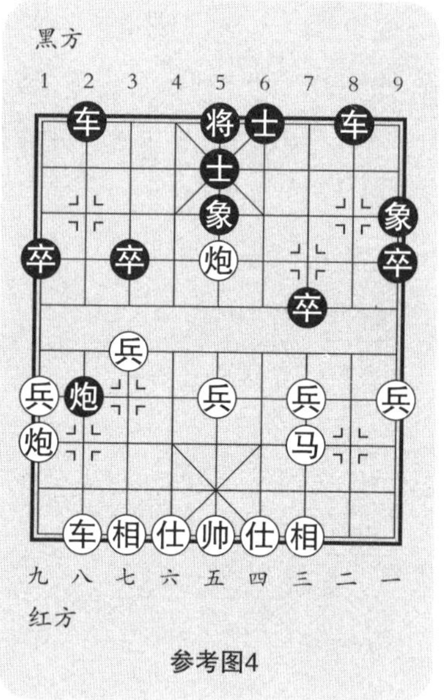

参考图4

想一想

根据基本图和对比图两图之中子力位置的不同之处，分析并写出产生棋形差异的原因。（布局提示：双方以中炮过河车对屏风马平炮兑车，红左马盘河黑跳外马变例布局，第12回合的结果图。）

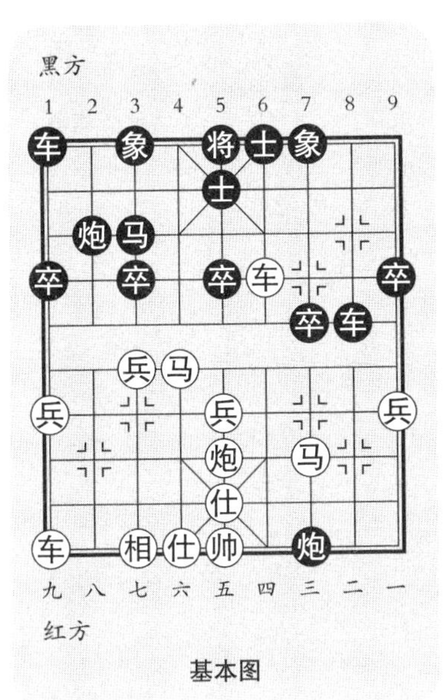

基本图

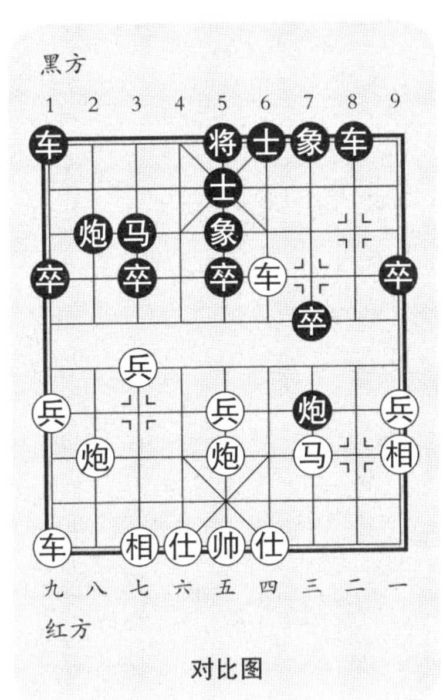

对比图

基本图的布局演变过程：

1. 炮二平五	马8进7	2. 马二进三	车9平8
3. 车一平二	马2进3	4. 兵七进一	卒7进1
5. 车二进六	炮8平9	6. 车二平三	炮9退1
7. 马八进七	士4进5	8. 马七进六	炮9平7
9. 车三平四	马7进8	10. 炮八进三	炮7进5
11. 炮八平二	炮7进3	12. 仕四进五	车8进4

产生差异的原因：

第10回合红方没有走炮八进三，而是直接选择马六进四，经过以下几个回合演变，形成对比图结果。

10. 马六进四	马8进7	11. 马四退三	炮7进5
12. 相三进一	象3进5		

打打谱

请同学们把下面两则实战对局的棋谱用棋盘摆出来，在打谱的过程中找一找与定式里讲的棋谱有哪些不同，不同之处在棋谱上标记出来。（注：“！”表示好棋，“？”表示疑问手。）

第1局　黑龙江 赵国荣　先胜　北京 蒋川

2012年“合力杯”全国象棋冠军邀请赛

1. 炮二平五　马8进7　　2. 马二进三　车9平8
3. 车一平二　马2进3　　4. 兵七进一　卒7进1
5. 车二进六　炮8平9　　6. 车二平三　炮9退1
7. 马八进七　士4进5　　8. 马七进六　炮9平7
9. 车三平四　马7进8　　10. 马六进五　炮2进1
11. 车四进二　马3进5　　12. 车四平三　马8退9
13. 车三平一　炮2退2　　14. 炮五进四　象3进5
15. 车一退一　象7进9　　16. 炮八平九　车1平2
17. 车九平八　炮2进7　　18. 相七进五　车8进3
19. 炮九进四！车8进4！　　20. 马三退五　车8进1

红方稍好。

第2局　安徽 梅娜　先负　黑龙江 王琳娜

2013—2014年全国象棋女子甲级联赛

1. 炮二平五　马8进7　　2. 马二进三　车9平8
3. 车一平二　马2进3　　4. 兵七进一　卒7进1
5. 车二进六　炮8平9　　6. 车二平三　炮9退1
7. 马八进七　士4进5　　8. 马七进六　炮9平7
9. 车三平四　马7进8　　10. 马六进四　卒7进1
11. 车四平三　马8退9　　12. 车三退二　象3进5
13. 炮八平七　车8进4　　14. 车九平八　车1平2
15. 车三平四　马9进7　　16. 车四退三　马7进8！
17. 车四平二　车8平6　　18. 车二进三　炮2进4！

黑方易走。

试一试

第 1 题　下图轮到红方行棋，红方最佳应法是什么?

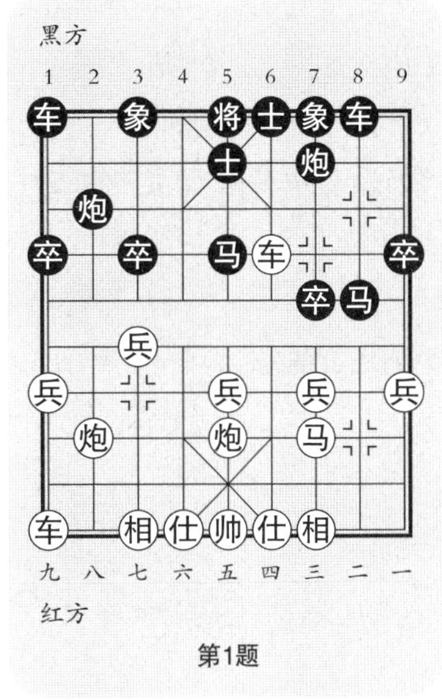

第1题

红方先行

1. 炮五进四　　象 7 进 5

2. 车四退二　　……

车离险地，正着。

2. ……　　　　马 8 退 7

3. 炮五退一　　车 8 进 3

高车随时策应中路，稳健。

4. 炮八平九　　炮 2 进 3

如炮 2 进 4，则车九平八，炮 2 平 7，相三进五，前炮平 8，车四进三，炮 8 平 7，车四进一，后炮退 1，车八进六，红方先手。

5. 车四进三　　马 7 退 9　　　6. 车九平八　　车 1 平 2

7. 车四进一　　炮 7 进 5　　　8. 相三进一　　……

不能吃马，否则黑方车炮抽将，有得回失子的机会。

8. ……　　　　马 9 进 7　　　9. 车四退五　　车 8 进 3

10. 相七进五

红方主动。

第 2 题　下图局面中轮到黑方行棋，黑方最佳应法是什么?

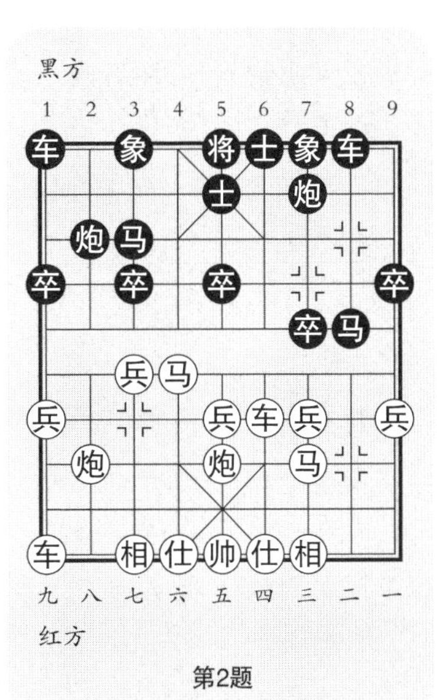

第2题

黑方先行

1. ……　　　　象 3 进 5

补象是加强中路防御，同时 1 路车随时可以平 4 路捉马，黑方寓攻于守，对攻机会很多。

2. 炮八平六　　车 1 平 2

抓时机先把右车开动出来，以后确保可以有一个车在通路上。

3. 车九平八　　炮 7 进 5

4. 相三进一　　炮 2 进 4

5. 车四进五　　……

不能兵五进一，否则炮2平5，红方失车。

5. ……　　　　车8进2

高车保象攻守兼备。

6. 仕四进五　　炮7平8

伏有卒7进1的先手。

7. 马六进四　　车2平4　　　8. 兵五进一　　车4进6

黑方满意。

第2节　红急进中兵型

第1局　黑补右士式

记一记

定式基础：

1. 炮二平五　　马8进7
2. 马二进三　　车9平8
3. 车一平二　　卒7进1
4. 车二进六　　马2进3
5. 兵七进一　　炮8平9
6. 车二平三　　炮9退1
7. 兵五进一　　士4进5
8. 兵五进一　　炮9平7

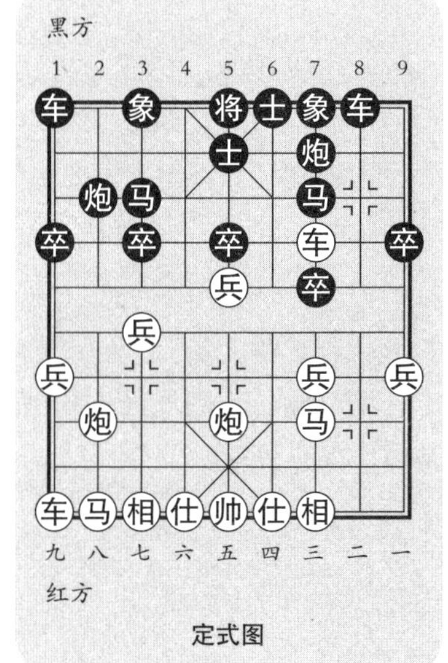

定式图

讲一讲

1. 炮二平五　　马8进7

2. 马二进三　　车9平8

3. 车一平二　　卒7进1　　　4. 车二进六　　马2进3

5. 兵七进一　　炮8平9　　　6. 车二平三　　炮9退1

7. 兵五进一　　……（图4-2-1）

至此，形成中炮过河车急进中兵对屏风马平炮兑车的布局阵势。这个布局源远流长，经过几代棋手的不断实践，至今已成为中炮对屏风马的一个主要攻防体系。

7. ……　　　　士4进5

8. 兵五进一　　……

续冲中兵是中炮过河车对屏风马平炮兑车的一路主要攻法。

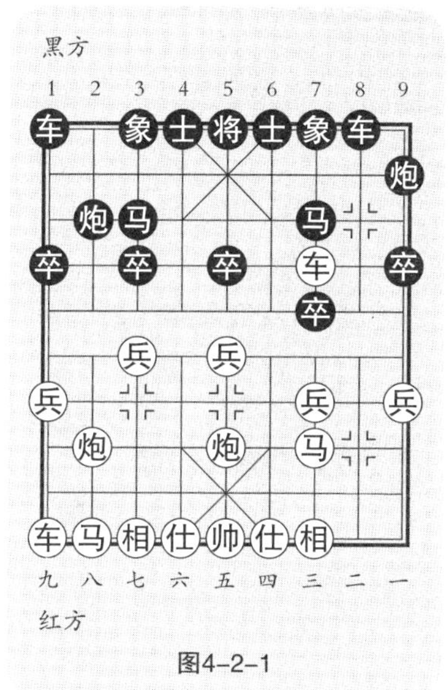

图4-2-1

8. ……　　　　炮9平7

9. 车三平四　　卒7进1

红方连冲中兵，攻势猛烈。黑方冲渡七卒，意在打通红方右翼屏障，着法积极。

10. 马三进五　　……

放弃三兵，单马盘头，加强中路攻势，是一种急攻战术。

10. ……　　　　卒7进1

11. 马五进六　　车8进8

进车下二路，既卡住红方三路相眼，又能随时右移，增强右翼攻防力量。

12. 马八进七　　马7进8（图4-2-2）

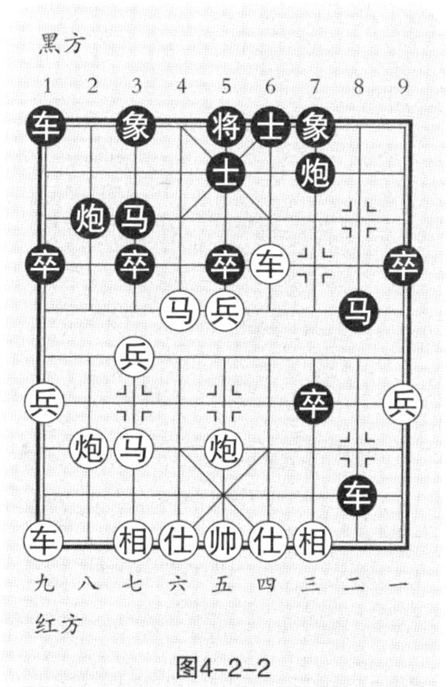

图4-2-2

黑自马7进8起步至抽吃红车连续运动达五步。

13. 车四平三　　马8进6

14. 车三进二　　马6进4

15. 仕四进五　　马4进3

16. 帅五平四　　马3进1

17. 马六进七　　卒5进1

黑方虽然得到了红车，但是红方同样也争取到了右马过河吃掉黑马，双方子力基本扳平，但是黑中路薄弱，必然受到攻击。红方形势稍好。

练一练

根据参考图提示，写出布局演变的过程及主要变着。

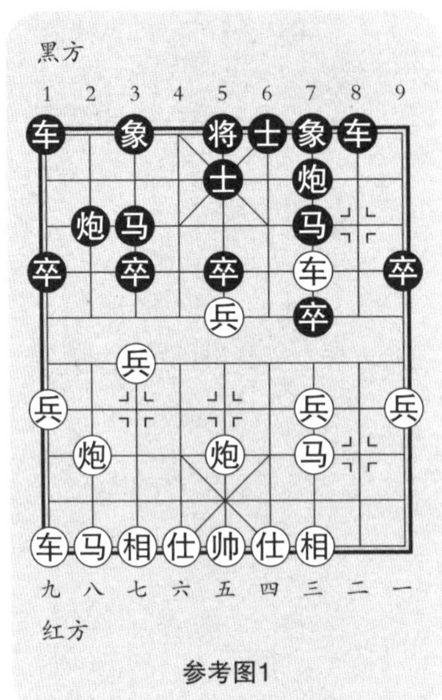

参考图1

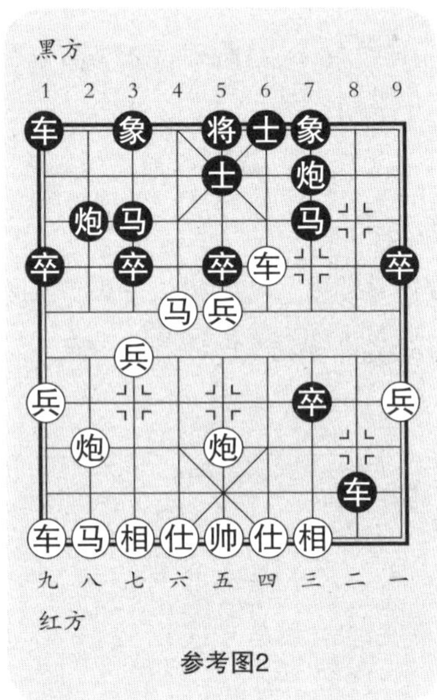

参考图2

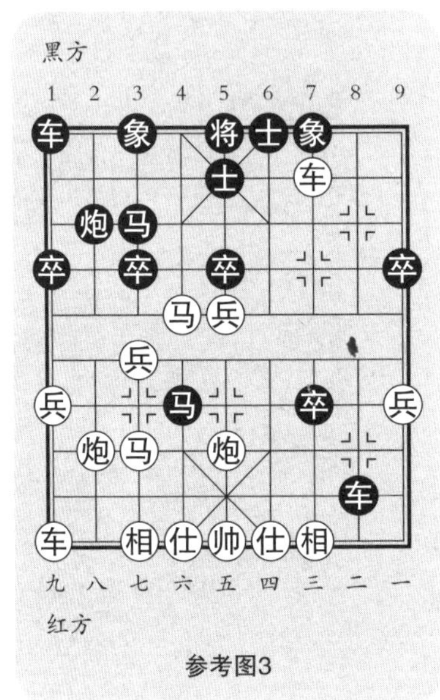

参考图3

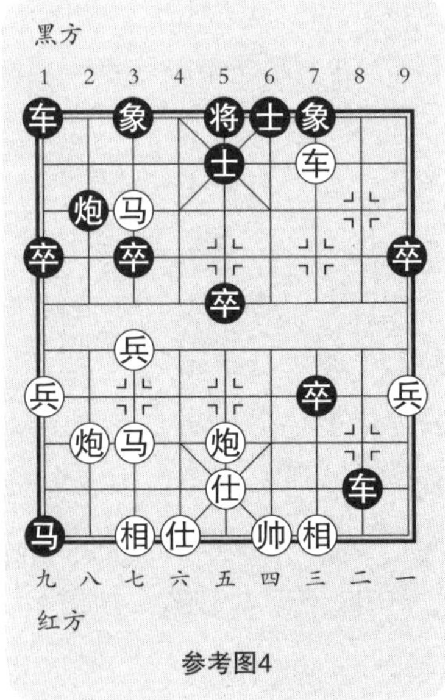

参考图4

想一想

根据基本图和对比图两图之中子力位置的不同之处，分析并写出产生棋形差异的原因。（布局提示：双方以中炮过河车对屏风马平炮兑车，红急进中兵黑补右士变例布局，第12回合的结果图。）

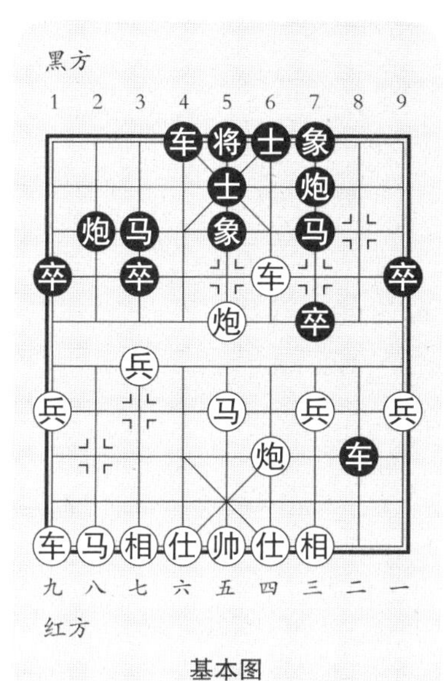

基本图

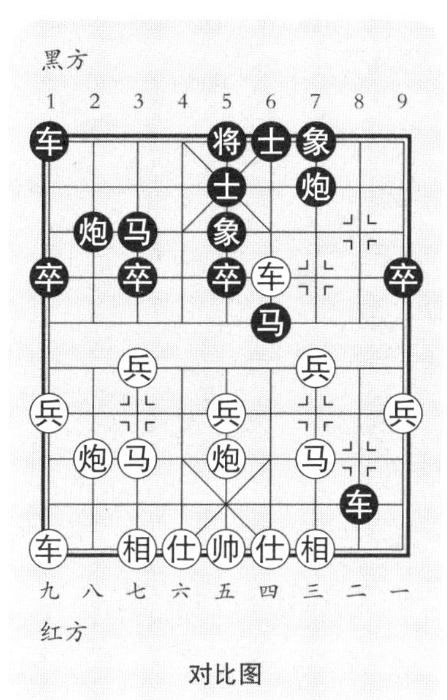

对比图

基本图的布局演变过程：

1. 炮二平五　马8进7　　2. 马二进三　车9平8
3. 车一平二　卒7进1　　4. 车二进六　马2进3
5. 兵七进一　炮8平9　　6. 车二平三　炮9退1
7. 兵五进一　士4进5　　8. 兵五进一　炮9平7
9. 车三平四　象3进5　　10. 马三进五　卒5进1
11. 炮五进三　车1平4　　12. 炮八平四　车8进7

产生差异的原因：

第9回合黑方没有走象3进5，而是直接选择卒7进1，经过以下几个回合演变，形成对比图结果。

9. ……　卒7进1　　10. 兵三进一　象3进5
11. 兵五平四　车8进8　　12. 马八进七　马7进6

打打谱

请同学们把下面两则实战对局的棋谱用棋盘摆出来，在打谱的过程中找一找与定式里讲的棋谱有哪些不同，不同之处在棋谱上标记出来。（注：“！”表示好棋，“？”表示疑问手。）

第 1 局　厦门 郝继超　和　广东 郑惟桐

2021 年全国象棋甲级联赛

1. 炮二平五	马 8 进 7	2. 马二进三	车 9 平 8
3. 车一平二	马 2 进 3	4. 兵七进一	卒 7 进 1
5. 车二进六	炮 8 平 9	6. 车二平三	炮 9 退 1
7. 兵五进一	士 4 进 5	8. 兵五进一	炮 9 平 7
9. 车三平四	卒 5 进 1	10. 马三进五	象 3 进 5
11. 炮五进三	卒 7 进 1	12. 马五进三	炮 7 进 4
13. 兵三进一	车 8 进 4	14. 炮五退四	卒 3 进 1

双方对峙。

第 2 局　上海 孙勇征　胜　北京 陆伟韬

2019 年全国象棋甲级联赛

1. 炮二平五	马 8 进 7	2. 马二进三	车 9 平 8
3. 车一平二	马 2 进 3	4. 兵七进一	卒 7 进 1
5. 车二进六	炮 8 平 9	6. 车二平三	炮 9 退 1
7. 兵五进一	士 4 进 5	8. 兵五进一	炮 9 平 7
9. 车三平四	卒 7 进 1	10. 兵三进一	象 3 进 5
11. 兵五平四	车 8 进 6	12. 兵四平三	卒 3 进 1？
13. 兵七进一	车 8 平 3	14. 前兵进一	马 7 退 9
15. 炮八平六	炮 7 进 4	16. 马三进四	车 3 退 2

红方略优。

试一试

第 1 题　下图轮到红方行棋，红方最佳应法是什么？

红方先行

1. 马八进七　马 7 进 8　2. 车四退三　……

退车守住兵林线的同时不给黑方冲卒闪击的机会。如车九进一，卒 7 进 1，车四进二，车 1 进 1，炮八进二，卒 3 进 1，车九平四，卒 7 平 6，黑方有对攻的机会，红方不易控制局面。

2. ……　　　　车 8 进 2

高车左右策应，攻守兼备。

3. 车九进一　　……

黑方窝心炮始终是一个弱点，红方高车以后准备车九平四抢先发动进攻。

3. ……　　　　车 8 平 6

兑车稳健，如炮 5 进 4，则马三进五，卒 5 进 1，车四进二！马 8 进 7，车四平五，车 8 平 5，车五平三，马 7 进 5，相七进五，黑方阵形局促，红方满意。

第1题

4. 车九平四　　车 6 进 4　　　5. 车四进二　　车 1 进 1

6. 马七进六　　……

加快子力调动节奏，如仕四进五，则车 1 平 4，炮八进二，车 4 进 3，双方对峙。

6. ……　　　　车 1 平 4　　　7. 马六进七

红方多兵易走。

第 2 题　下图局面中轮到黑方行棋，黑方最佳应法是什么？

黑方先行

1. ……　　　　卒 3 进 1

考虑到红方左翼子力出动速度稍缓，右翼的叠兵虽然厚实，但是攻击速度不快。黑方进 3 卒意在通过先弃后取，加快子力出动速度。

2. 兵七进一　　车 8 平 3

3. 前兵进一　　……

如改走炮八平七，则炮 2 进 1，车四退二，车 3 退 2，炮七进五，车 3 退 2，马八进九，车 3 进 2，黑方满意。

3. ……　　　　车 3 退 2

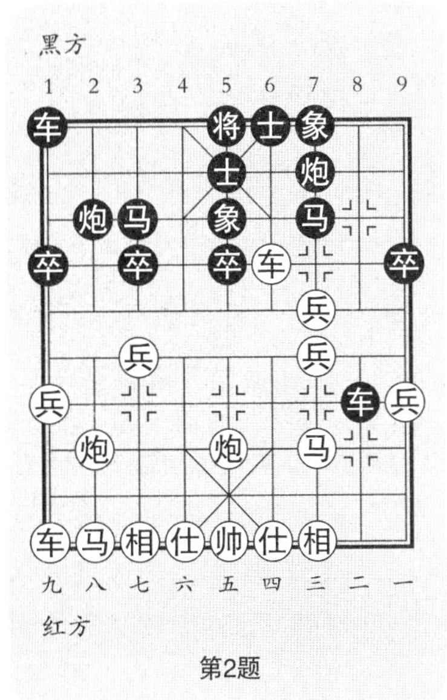

第2题

如改走车3进3杀底相，则炮八平七，车1平4，仕四进五，马3进2，兵七平八，炮2进7，炮五平六，红优。

4. 前兵进一　　马3进4　　5. 车四平五　　炮2平7

6. 车五退一　　……

退车限马次序正确。如先走马八进九，则车3进3，炮八进四，前炮进5，黑优。

6. ……　　车1平2　　7. 炮八平六　　炮7进5

简明，如车2进8，则马三进四，红方弃底相，积极与黑方纠缠，演变下去红方主动。

8. 炮六平三　　炮7进6　　9. 马八进九　　炮7退1

双方大体均势。

第2局　黑退窝心马式

记一记

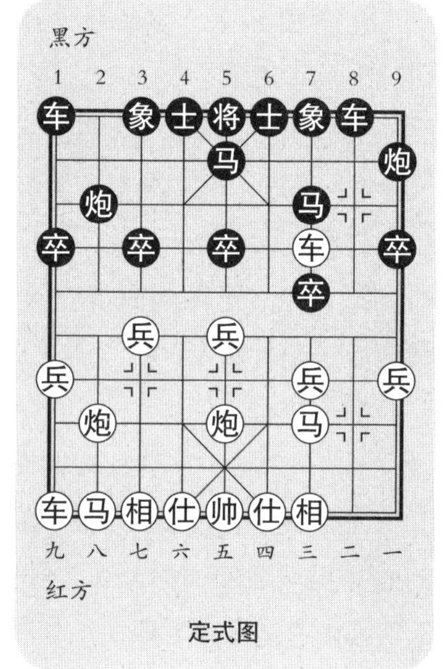

定式图

定式基础：

1. 炮二平五　　马8进7
2. 马二进三　　车9平8
3. 车一平二　　卒7进1
4. 车二进六　　马2进3
5. 兵七进一　　炮8平9
6. 车二平三　　炮9退1
7. 兵五进一　　马3退5

讲一讲

1. 炮二平五　　马8进7
2. 马二进三　　车9平8
3. 车一平二　　卒7进1　　4. 车二进六　　马2进3
5. 兵七进一　　炮8平9　　6. 车二平三　　炮9退1
7. 兵五进一　　马3退5

退窝心马增加黑右炮的灵活性的同时直接威胁红方过河车，局面充满对抗性。

8. 炮八进四　……

进炮过河威胁中路是红方最犀利的进攻选择。

8. ……　　卒 3 进 1

流行变化，是黑方反击的精华。

9. 兵七进一　炮 9 平 7

10. 车三平二　……（图4-2-3）

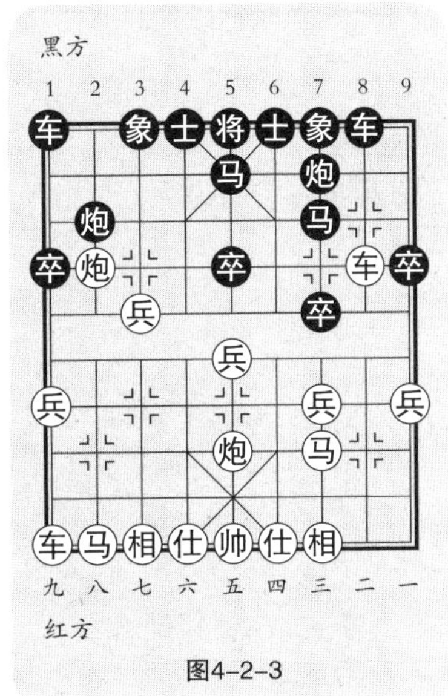

图4-2-3

兑车是稳健的走法，意在延缓黑方的反击节奏。如炮五进四，象 3 进 5，车三平四，马 7 进 5，车四平五，车 1 平 3，兵七进一，卒 7 进 1，对攻中红方不易控制局面。

10. ……　　车 8 进 3

11. 炮八平二　马 5 进 6

先进马给红方施加必要的压力，正确。如果直接走炮 2 平 5，则马八进七，车 1 平 2，车九进一，炮 5 进 3，马三进五，卒 5 进 1，兵七平六，车 2 进 4，兵六平五，炮 5 进 2，相七进五，车 2 平 5，车九平四，黑方阵形太过局促，红方满意。

12. 炮二平五　……

适时出动左翼子力，正确。如兵五进一，炮 2 平 5，兵五进一，炮 5 进 5，相三进五，马 6 进 5，马三进五，马 7 进 5，黑方满意。

12. ……　　马 7 进 5

13. 兵五进一　……（图4-2-4）

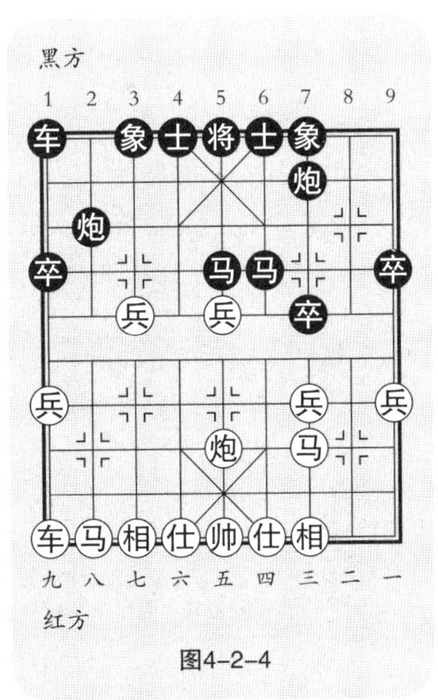

图4-2-4

此时走炮五进四，则马 6 进 5，仕四进五，马 5 退 3，炮五退四，马 3 进 2，马八进九，卒 1 进 1，红方虽有空头炮，但是后续子力无法持续进攻，黑优。

13. ……　　炮 2 平 5

14. 兵五进一　炮 5 进 5

交换以后，黑方少兵，但有兵种和子力出动速度上的优势。

15. 相七进五　马 6 进 5　　16. 马八进六　马 5 退 3

黑方随时可以通过车 1 进 2 出动最后一枚落后子力，黑方稍好。

练一练

根据参考图提示，写出布局演变的过程及主要变着。

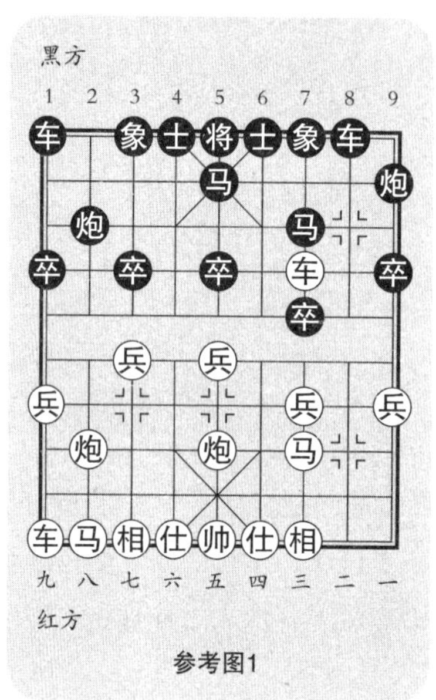

参考图1

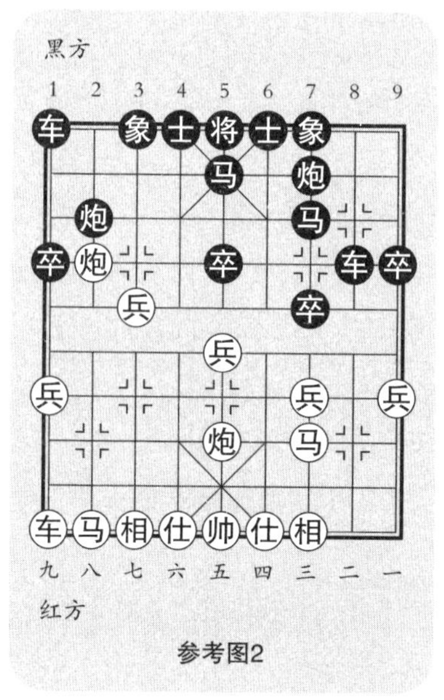

参考图2

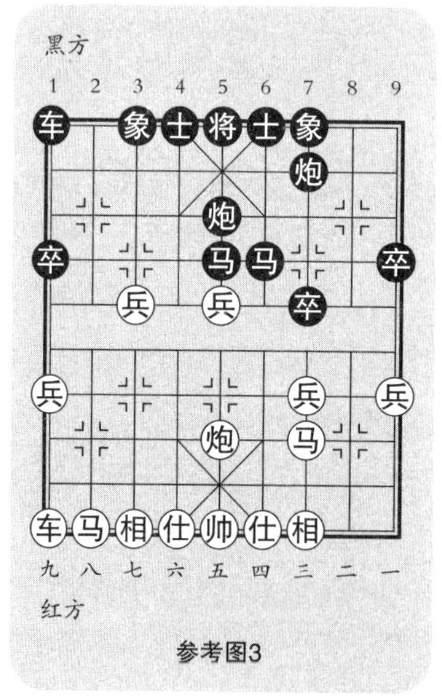

参考图3

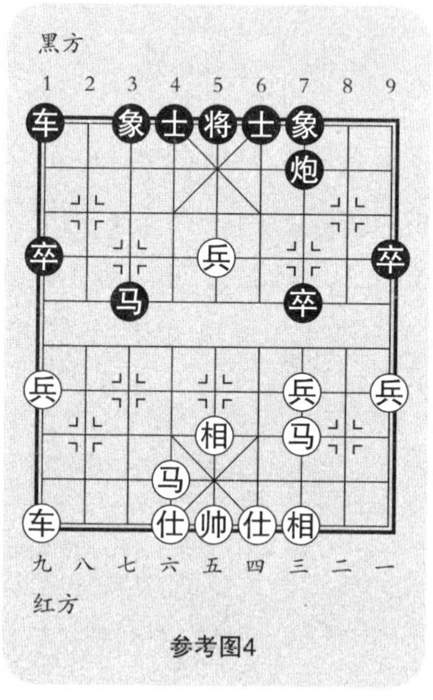

参考图4

想一想

根据基本图和对比图两图之中子力位置的不同之处，分析并写出产生棋形差异的原因。（布局提示：双方以中炮过河车对屏风马平炮兑车，红急进中兵黑退窝心马变例布局，第10回合的结果图。）

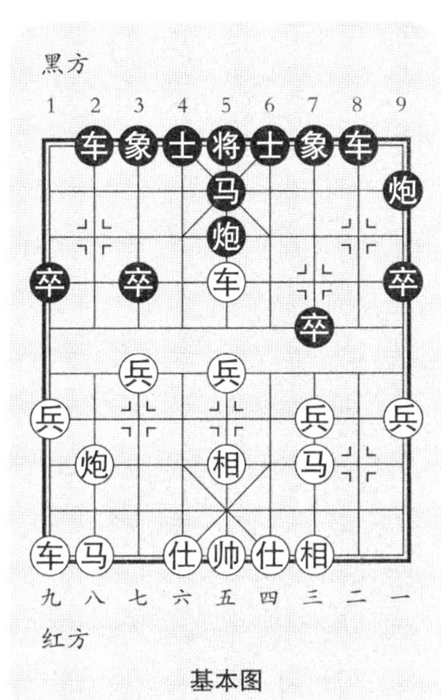

基本图

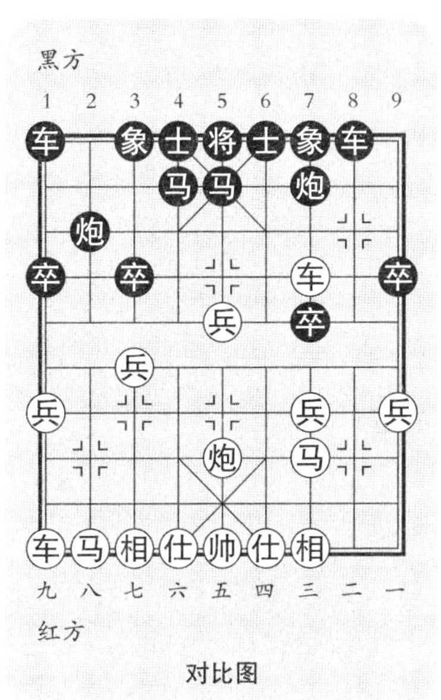

对比图

基本图的布局演变过程：

1. 炮二平五	马8进7	2. 马二进三	车9平8
3. 车一平二	马2进3	4. 兵七进一	卒7进1
5. 车二进六	炮8平9	6. 车二平三	炮9退1
7. 兵五进一	马3退5	8. 炮五进四	马7进5
9. 车三平五	炮2平5	10. 相七进五	车1平2

产生差异的原因：

第8回合红方没有走炮五进四，而是选择兵五进一，经过以下几个回合演变，形成对比图结果。

8. 兵五进一	炮9平7	9. 炮五进四	马7进5
10. 炮八平五	马5退4		

打打谱

请同学们把下面两则实战对局的棋谱用棋盘摆出来，在打谱的过程中找一找与定式里讲的棋谱有哪些不同，不同之处在棋谱上标记出来。（注：“！”表示好棋，“？”表示疑问手。）

第 1 局　河北 张婷婷　胜　云南 赵冠芳

2020 年第三届“溱湖杯”全国象棋女子名人赛

1. 炮二平五　马 8 进 7　　2. 马二进三　车 9 平 8
3. 车一平二　马 2 进 3　　4. 兵七进一　卒 7 进 1
5. 车二进六　炮 8 平 9　　6. 车二平三　炮 9 退 1
7. 兵五进一　马 3 退 5　　8. 炮八进四　卒 3 进 1
9. 兵七进一　炮 9 平 7　　10. 炮五进四　象 3 进 5
11. 车三进一　炮 2 平 7　　12. 兵五进一　车 1 平 2
13. 炮八平七　前炮进 4　　14. 马三进五　前炮平 8
15. 相七进五　炮 8 进 3！　16. 马八进七？车 8 进 7

双方对峙。

第 2 局　上海 谢靖　胜　江苏 孙逸阳

2013 年全国象棋甲级联赛

1. 炮二平五　马 8 进 7　　2. 马二进三　马 2 进 3
3. 车一平二　车 9 平 8　　4. 兵七进一　卒 7 进 1
5. 车二进六　炮 8 平 9　　6. 车二平三　炮 9 退 1
7. 兵五进一　马 3 退 5　　8. 炮八进四　卒 3 进 1
9. 兵七进一　炮 9 平 7　　10. 炮五进四　象 7 进 5
11. 车三平四　马 7 进 5　　12. 车四平五　马 5 进 7
13. 车五平四　车 1 进 1　　14. 相七进五　马 7 进 8
15. 兵五进一　卒 7 进 1　　16. 车四平六　卒 7 进 1

大体均势。

试一试

第 1 题　下图轮到红方行棋，红方最佳应法是什么？

红方先行

1. 仕六进五　……

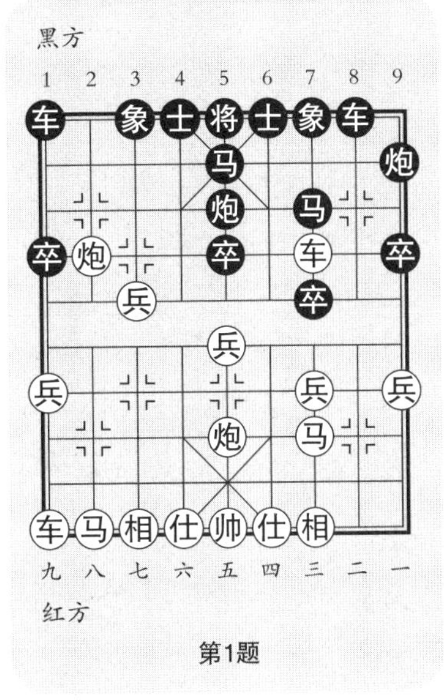

第1题

先补中路，稳中求进。

1. ……　　　车8进5

如改走车1进1，则兵七进一，炮9平7，车三平四，炮5进3，车四进一，卒5进1，车九进二，车1平4，炮五进一，以后再相七进五，红方优势。

2. 马八进七　……

准备双马从中路盘出。

2. ……　　　炮9平7
3. 车三平四　炮5平3
4. 车四进二　炮3退1
5. 车四退一　……

利用顿挫战术继续压缩黑方阵形空间。

5. ……　　　炮3进6　　6. 车九进二　车1进2

如误走炮3平7，则炮五进四，马5进3，炮五退一，车8平5，车九平五，红方以后得回失子，大优。

7. 炮五进四　马5进6　　8. 炮五退一　车8平5
9. 车四平五　马7退5　　10. 车五平九　车5退1
11. 车九平四

红优。

第2题　下图局面中轮到黑方行棋，黑方最佳应法是什么？

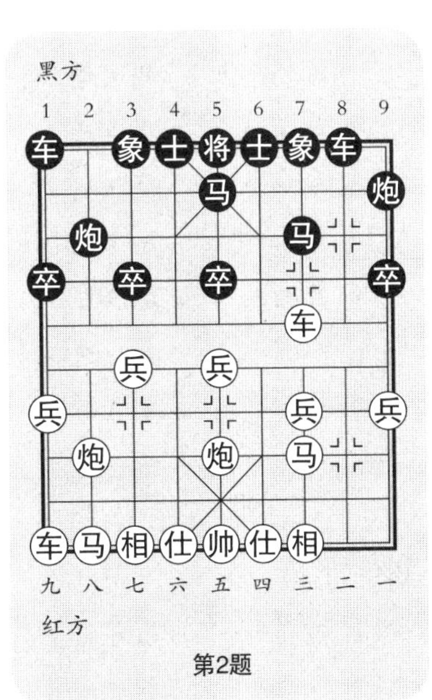

第2题

黑方先行

1. ……　　　炮2平5

平中炮是退窝心马的后续手段。如炮9平7先打车，则车三平六，象3进5，马八进七，马5进3，兵五进一，黑方窝心马作用没有发挥出来，红方主动。

2. 马八进七　车1平2
3. 车九平八　炮9平7
4. 车三平六　车2进6

控制红方兵林线，好棋。如炮5进3，则马三进五，炮5进2，相七进五，车2进6，车六进二，红车在黑方阵地中干扰作用很强，红方易走。

5. 炮八平九　……

如炮八退一，车8进8，仕六进五，车8退2，炮八平六，车2进3，马七退八，马5进3，黑方主动。

5. ……　车2进3　6. 马七退八　车8进6

7. 炮五退一　……

准备强攻中路。

7. ……　炮5进3　8. 相七进五　炮5进3

9. 仕六进五　车8平7

双方大体均势。

第3节　黑高车保马型

第1局　黑退右炮式

记一记

定式基础：

1. 炮二平五　马8进7
2. 马二进三　车9平8
3. 车一平二　卒7进1
4. 车二进六　马2进3
5. 兵七进一　炮8平9
6. 车二平三　车8进2
7. 马八进七　象3进5
8. 马七进六　炮2退1

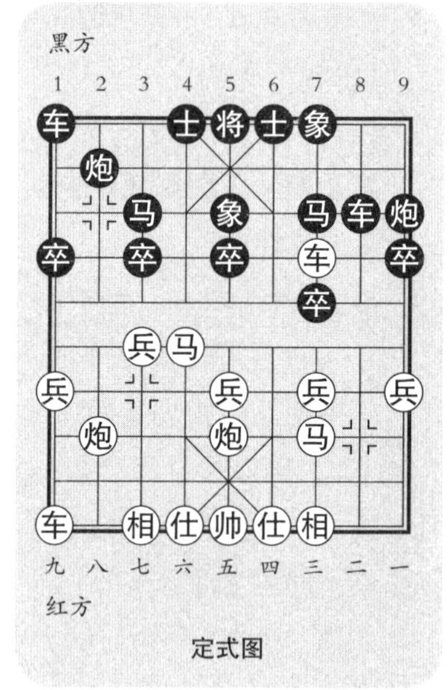

定式图

讲一讲

1. 炮二平五　马8进7
2. 马二进三　车9平8

3. 车一平二　　卒7进1

4. 车二进六　　马2进3

5. 兵七进一　　炮8平9

6. 车二平三　　车8进2（图4-3-1）

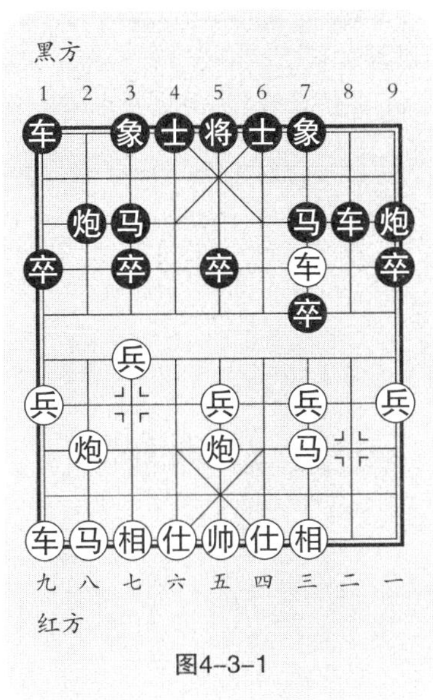

图4-3-1

黑方7路有马，黑又车8进2高车保护，看似有蛇足之感，实则不然，虽多花了一手棋，但灵活了马以后棋步选择，可以炮2退1，也可炮2进1，甚至再炮9退1也无不可。黑方变化相当复杂，弹性较大，有很强的反攻潜力。

7. 马八进七　　……

左马正出是缓攻性全面开动子力的下法，较稳健。

7. ……　　象3进5

8. 马七进六　　……

红方跃马河口，以后有摆七路炮再车九平八等手段，策应并配合过河车展开攻势。

8. ……　　炮2退1

退炮准备左移，以解脱7路马被困状态，进而跃马对攻。

9. 炮八进四　　……

进炮瞄住中卒，牵制黑马行动，将来可造成多兵优势。

9. ……　　炮2平7

10. 车三平四　车8进4（图4-3-2）

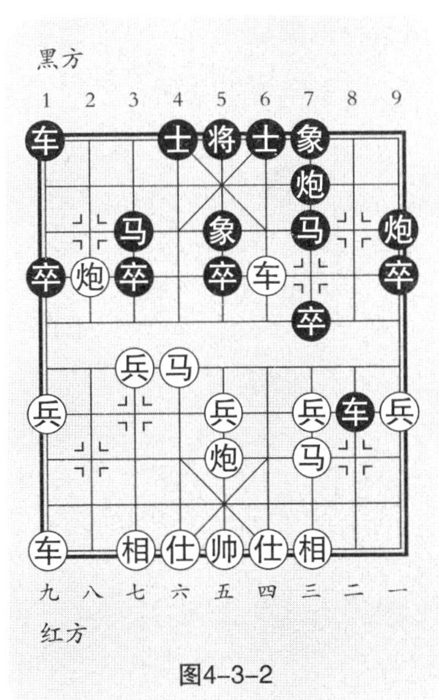

图4-3-2

右车先不定位，左车过河是近年兴起的走法。如车1平2，则车九平八，炮7平4，车四退二，车8进6，炮五平七，车8平4，仕四进五，红方子力灵活占优。

11. 炮五平七　车1进1

12. 相七进五　车1平2

黑方虽然多花费一手棋，但2路车随时可以借助7路炮生根。

13. 车九平八　卒 3 进 1　　　14. 兵七进一　象 5 进 3

双方对峙，黑方可战。

练一练

根据参考图提示，写出布局演变的过程及主要变着。

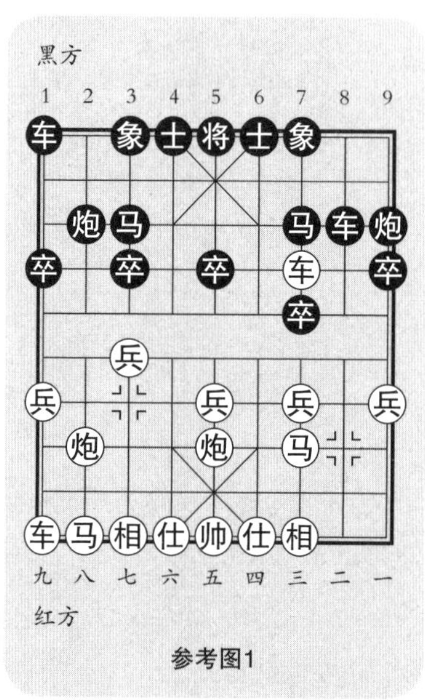

参考图1

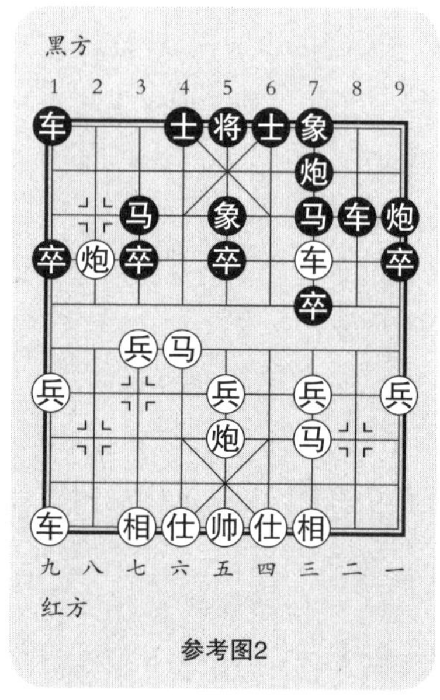

参考图2

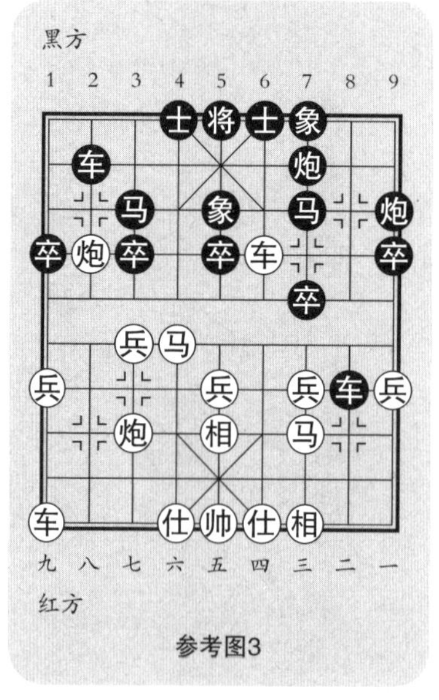

参考图3

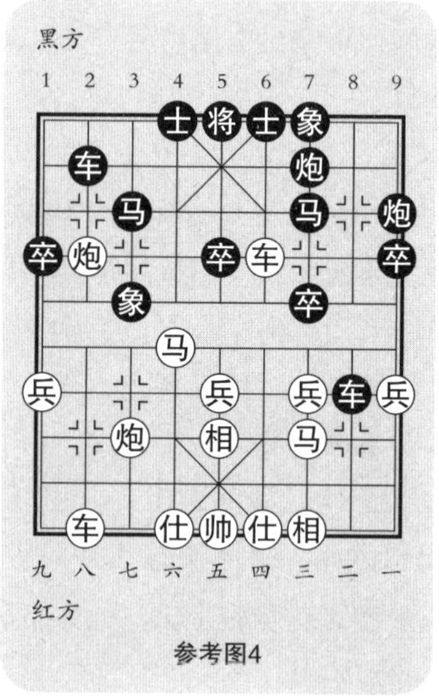

参考图4

想一想

根据基本图和对比图两图之中子力位置的不同之处，分析并写出产生棋形差异的原因。（布局提示：双方以中炮过河车对屏风马高车保马，红左马盘河黑退右炮变例布局，第 13 回合的结果图。）

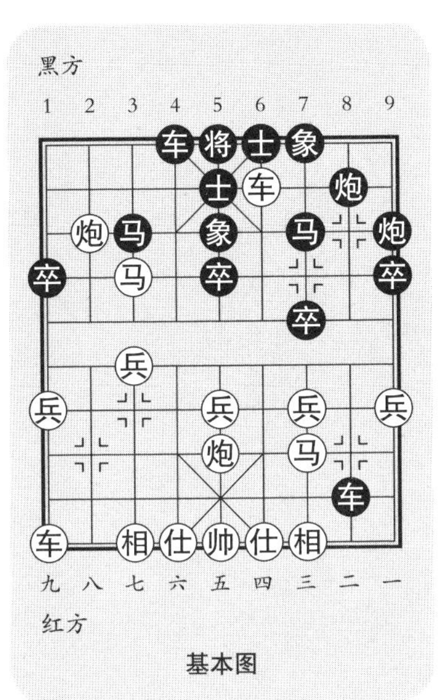

基本图

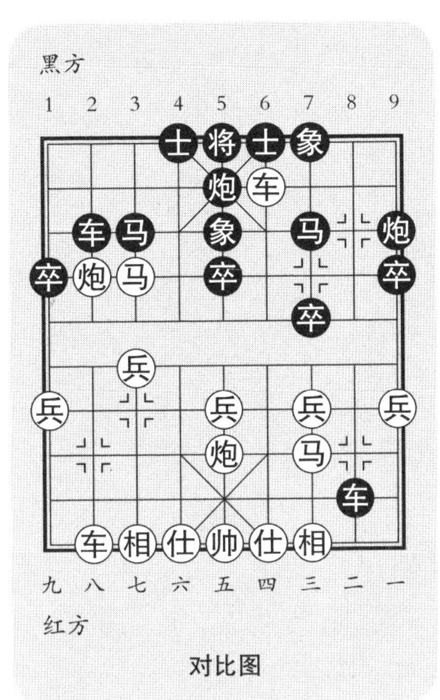

对比图

基本图的布局演变过程：

1. 炮二平五	马 8 进 7	2. 马二进三	车 9 平 8
3. 车一平二	卒 7 进 1	4. 车二进六	马 2 进 3
5. 兵七进一	炮 8 平 9	6. 车二平三	车 8 进 2
7. 马八进七	象 3 进 5	8. 马七进六	炮 2 退 1
9. 炮八进四	炮 2 平 7	10. 车三平四	士 4 进 5
11. 车四进二	车 1 平 4	12. 马六进七	炮 7 平 8
13. 炮八进一	车 8 进 6		

产生差异的原因：

第 10 回合黑方没有走士 4 进 5，而是选择车 1 平 2，经过以下几个回合演变，形成对比图结果。

10. ……	车 1 平 2	11. 车九平八	炮 7 平 5
12. 马六进七	车 2 进 2	13. 车四进二	车 8 进 6

打打谱

请同学们把下面两则实战对局的棋谱用棋盘摆出来，在打谱的过程中找一找与定式里讲的棋谱有哪些不同，不同之处在棋谱上标记出来。（注：“！”表示好棋，“？”表示疑问手。）

第1局 河北 张婷婷 先和 浙江 唐思楠

2019年“棋王酒业杯”全国象棋个人赛

1. 炮二平五 马8进7 2. 马二进三 车9平8
3. 车一平二 马2进3 4. 兵七进一 卒7进1
5. 马八进七 象3进5 6. 车二进六 炮8平9
7. 车二平三 车8进2 8. 马七进六 炮2退1
9. 炮八进四 炮2平7 10. 车三平四 马7进8
11. 车四进二 炮7进5 12. 相三进一 士4进5
13. 车九进一? 卒7进1? 14. 车九平二 车1平4
15. 马六进五 马3进5 16. 炮八平五 卒7平6

双方均势。

第2局 江西 刘昱 和 湖北 刘宗泽

2008年“荥阳楚河汉界杯”象棋棋王争霸赛

1. 炮二平五 马2进3 2. 马二进三 马8进7
3. 车一平二 车9平8 4. 兵七进一 卒7进1
5. 马八进七 象3进5 6. 车二进六 炮8平9
7. 车二平三 车8进2 8. 马七进六 炮2退1
9. 炮八进四 炮2平7 10. 车三平四 车8进3
11. 马六进五! 马7进5 12. 炮八平五 马3进5
13. 炮五进四 炮7平5 14. 炮五平一 卒7进1?
15. 兵三进一 车8平7 16. 车九进二! 炮5平7

红方优势。

试一试

第1题 下图轮到红方行棋，红方最佳应法是什么？

红方先行

1. 车九平八 车1进1 2. 炮五进四 马7进5

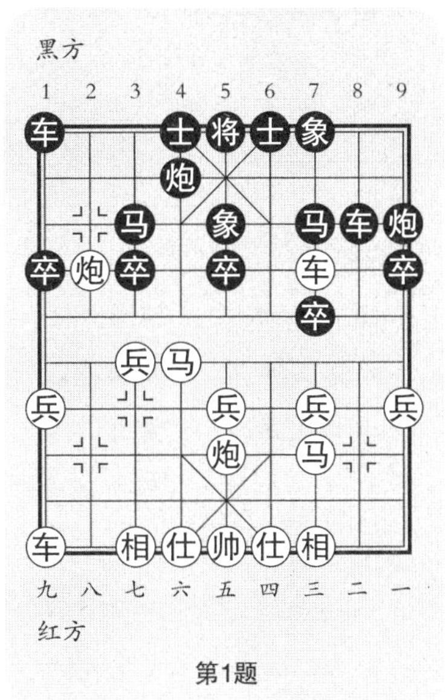

第1题

交换正确。如炮4平5，则炮五进二，士6进5，马三退五，车1平4，马五进七，黑方子受制，红方大优。

3. 马六进五　　马3进5

4. 炮八平五　　炮4平5

5. 炮五平一　　……

红方取得兵种优势以后，再谋卒扩大物质优势。

5. ……　　　　车1平4

6. 炮一平七　　车4进4

7. 车八进八　　象5退3

如改走车4平3，则车三平六，炮5平8，相七进五，车3退1，车八退二，红方利用黑方窝心炮的弱点积极扩大先手。

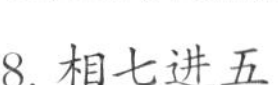

8. 相七进五

红优。

第2题　下图局面中轮到黑方行棋，黑方最佳应法是什么？

黑方先行

1. ……　　　　车8平7

2. 马三退五　　车1进1

3. 炮八进三　　马3退2

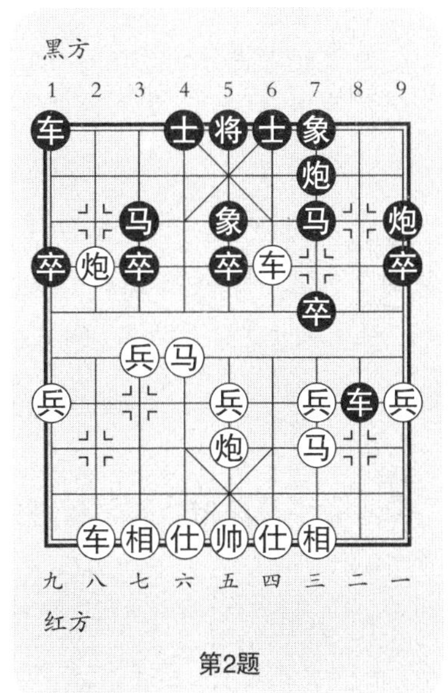

第2题

交换简明，如改走象5退3则中间空虚，红方有机会从中路冲破。

4. 车八进九　　车1平4

先手守住肋线，正确。

5. 马五进七　　炮9进4

6. 炮五平六　　车7平5

准备一车换双，瓦解红方攻势。

7. 相七进五　　车5平4

8. 马六进七　　前车进1

9. 前马进六　　车4退6

黑方足可抗衡。

第2局 黑右横车式

记一记

定式基础：

1. 炮二平五　马8进7
2. 马二进三　车9平8
3. 车一平二　卒7进1
4. 车二进六　马2进3
5. 兵七进一　炮8平9
6. 车二平三　车8进2
7. 马八进七　象3进5
8. 马七进六　车1进1

定式图

讲一讲

1. 炮二平五　马8进7　　2. 马二进三　车9平8
3. 车一平二　卒7进1　　4. 车二进六　马2进3
5. 兵七进一　炮8平9
6. 车二平三　车8进2
7. 马八进七　象3进5
8. 马七进六　车1进1

黑方高横车，准备捉马争先，正着。如改走炮2进4，则兵五进一，炮2退1，马六进七，炮2平5，马三进五，炮9进4，炮五进二，炮9平5，兵九进一，红占主动。

9. 炮八平六　……

红方平仕角炮封车，稳健的走法。

9. ……　炮2进4
10. 马六进四　车1平6
11. 车九平八　炮2平4（图4-3-3）

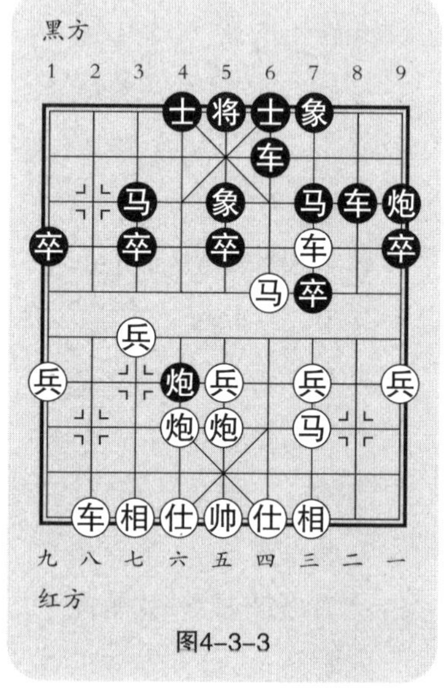

图4-3-3

黑方平肋炮避捉，正着。如改走炮 2 平 3，则车八进三，车 6 进 3，车八平七，士 6 进 5（如炮 9 退 1，则炮六进五），兵五进一，炮 9 退 1，兵五进一，卒 5 进 1，车三平七，马 3 退 1，后车平五，马 7 进 8，仕六进五，红占主动。

12. 车八进三　车 6 进 3　　13. 车八平六　炮 9 退 1

14. 兵五进一　……

红方冲中兵，预通马路。如车六进四，则炮 9 平 7，车三平一，车 8 进 4，车一退二，马 3 退 1，炮六进一，士 6 进 5，车六退一，马 1 退 3，双方大体均势。

14. ……　　炮 9 平 7

15. 兵五进一　车 6 进 4（图4-3-4）

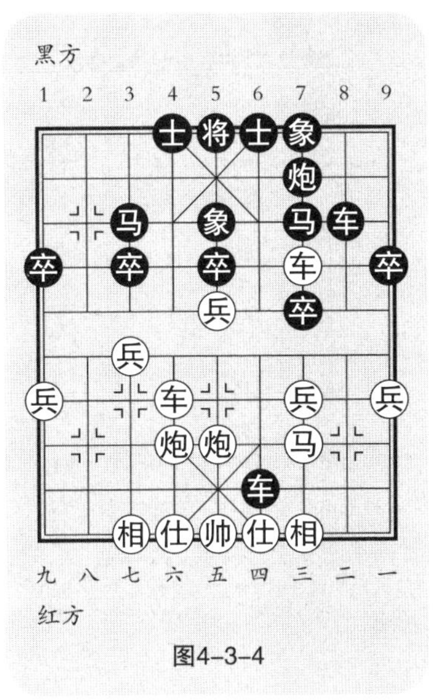

图4-3-4

躲车正着。如炮 7 进 2，则兵五平四，车 8 进 4，兵四平三，炮 7 进 3，仕四进五，红方大优。

16. 车三平一　车 8 进 4

17. 车一退二　卒 5 进 1

双方大体均势。

练一练

根据参考图提示，写出布局演变的过程及主要变着。

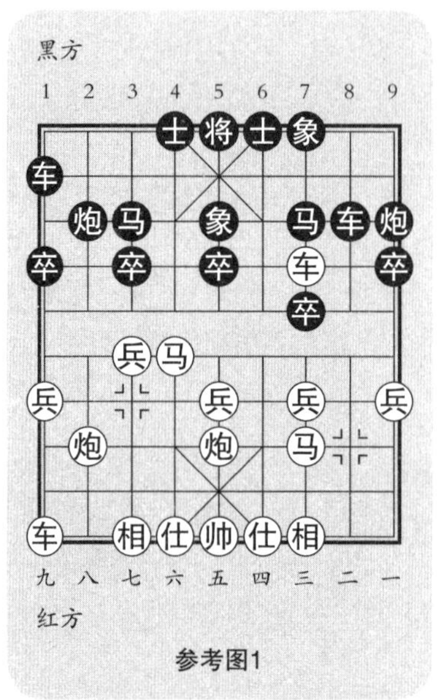

参考图1

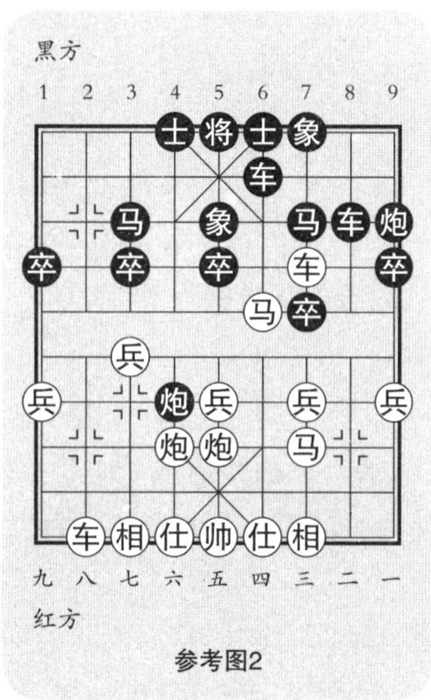

参考图2

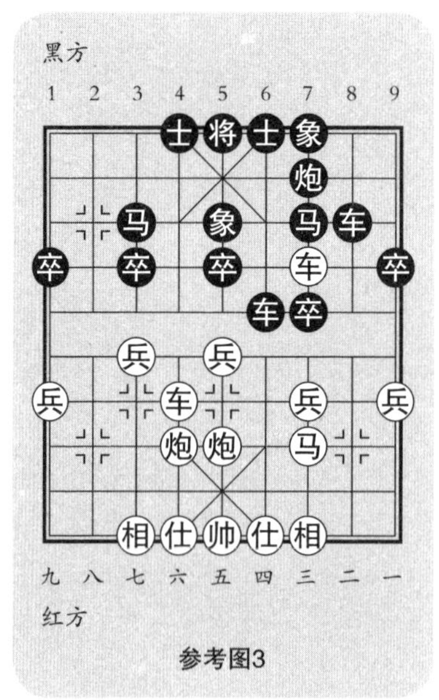

参考图3

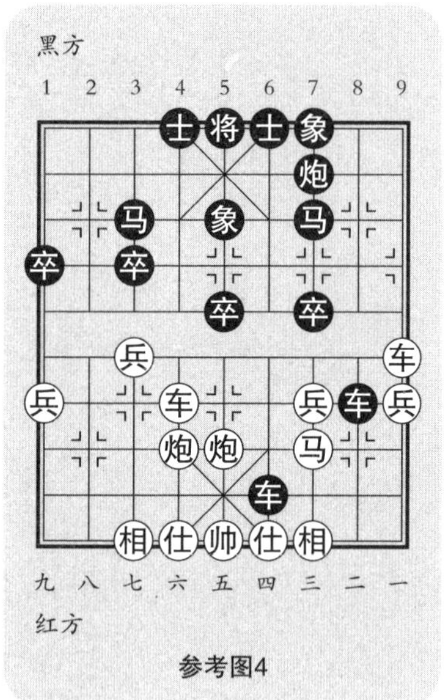

参考图4

想一想

根据基本图和对比图两图之中子力位置的不同之处，分析并写出产生棋形差异的原因。（布局提示：双方以中炮过河车对屏风马高车保马，红左马盘河黑右横车变例布局，第12回合的结果图。）

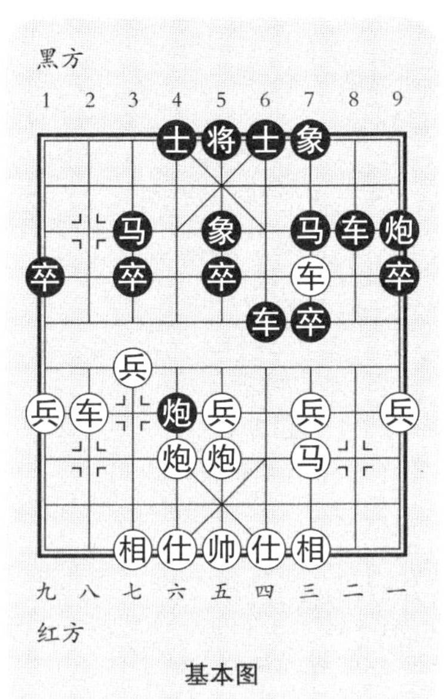

基本图

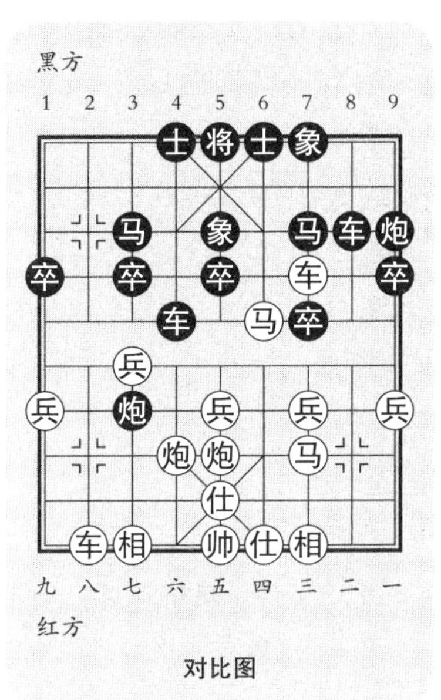

对比图

基本图的布局演变过程：

1. 炮二平五　马8进7　2. 马二进三　车9平8

3. 车一平二　马2进3　4. 兵七进一　卒7进1

5. 马八进七　象3进5　6. 车二进六　炮8平9

7. 车二平三　车8进2　8. 马七进六　车1进1

9. 炮八平六　炮2进4　10. 马六进四　车1平6

11. 车九平八　炮2平4　12. 车八进三　车6进3

产生差异的原因：

第10回合黑方没有走车1平6，而是选择车1平4，经过以下几个回合演变，形成对比图结果。

10. ……　车1平4　11. 仕六进五　车4进3

12. 车九平八　炮2平3

打打谱

请同学们把下面两则实战对局的棋谱用棋盘摆出来，在打谱的过程中找一找与定式里讲的棋谱有哪些不同，不同之处在棋谱上标记出来。（注：“！”表示好棋，“？”表示疑问手。）

第 1 局　上海 赵玮　先胜　辽宁 钟少鸿

2018 年“宝宝杯”象棋大师公开邀请赛

1. 炮二平五　马 8 进 7　　2. 马二进三　车 9 平 8
3. 车一平二　马 2 进 3　　4. 兵七进一　卒 7 进 1
5. 马八进七　象 3 进 5　　6. 车二进六　炮 8 平 9
7. 车二平三　车 8 进 2　　8. 马七进六　车 1 进 1
9. 炮八平六　炮 2 进 4　　10. 马六进四　车 1 平 6
11. 车九平八　炮 2 平 3　　12. 车八进三　车 6 进 3
13. 车八平七　士 4 进 5　　14. 兵五进一　炮 9 退 1

双方均势。

第 2 局　浙江 唐思楠　先胜　河北 王子涵

2019—2020 年“乐昌桃花杯”全国象棋女子甲级联赛

1. 炮二平五　马 8 进 7　　2. 马二进三　车 9 平 8
3. 车一平二　马 2 进 3　　4. 兵七进一　卒 7 进 1
5. 马八进七　象 3 进 5　　6. 车二进六　炮 8 平 9
7. 车二平三　车 8 进 2　　8. 马七进六　车 1 进 1
9. 炮八平六　炮 2 进 4　　10. 马六进四　车 1 平 4？
11. 仕六进五　车 4 进 3　　12. 车九平八　炮 2 退 6
13. 兵七进一　卒 3 进 1　　14. 马四进三　炮 9 平 7

红方主动。

试一试

第 1 题　下图轮到红方行棋，红方最佳应法是什么？

红方先行

1. 车八进三　车 4 平 6　　2. 车八平七　士 4 进 5
3. 炮六进六　……

进炮伏有车七平八再炮六平七，红车在底线叫将扩大先手的手段。

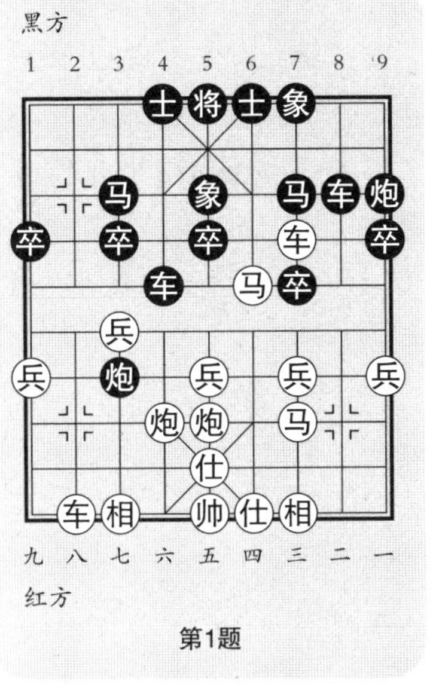

第1题

3. ……　　　　车6平2

不能让红车抢到车七平八的路线。

4. 兵五进一　　……

准备兵五进一，卒5进1，车三平七实战右车左移。

4. ……　　　　马7退8

5. 炮五平七　　……

平炮威胁黑方3路线是正确选择。如仍走兵五进一，车2平5，车七平八，车5平4，炮六平七，车8进4，黑势不弱。从这里不难看出上一着马7退8后解除黑方8路车的拴牵，黑方左翼弱点消除，退马的步数损失得到补偿。

5. ……　　　　车8进3

6. 兵三进一　　车8退1

如车8平7，则车七平五，车7进2？相三进五，车7进1，炮六退七，黑车被捉死。

7. 相七进五　　卒7进1

8. 车三退二

红方先手。

第2题　下图局面中轮到黑方行棋，黑方最佳应法是什么?

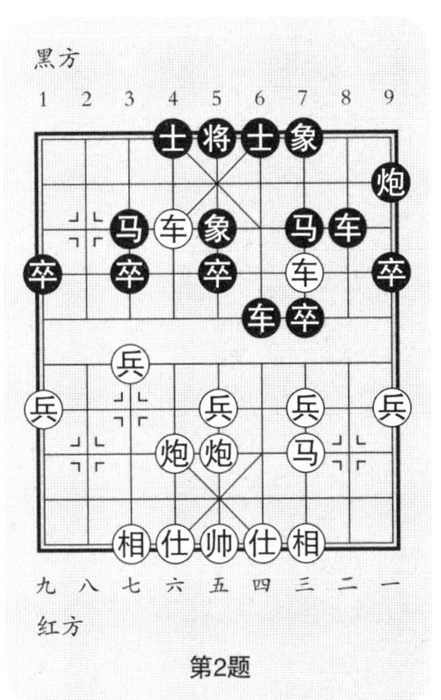

第2题

黑方先行

1. ……　　　　炮9平7

2. 车三平一　　车8进4

3. 车一退二　　马3退1

黑方通过连续攻车为退马赢得最好的时机。

4. 炮六进一　　车8进2

防止红方兵三进一抢攻。

5. 炮五平六　　士6进5

6. 车六退一　　卒3进1

兑3卒为8路车转移寻找路线。

7. 相七进五　车8平3　　8. 车六平七　车3退2

9. 炮六进三　车6平4　　10. 仕四进五　卒1进1

不给红方前炮平九的机会。至此，双方势必会出现兑子交换，双方大体均势。

第5章　中炮过河车对屏风马左马盘河

第1节　黑飞右象型

第1局　红高左炮式

记一记

定式基础：

1. 炮二平五　马8进7
2. 马二进三　车9平8
3. 车一平二　卒7进1
4. 车二进六　马2进3
5. 兵七进一　马7进6
6. 马八进七　象3进5
7. 炮八进一

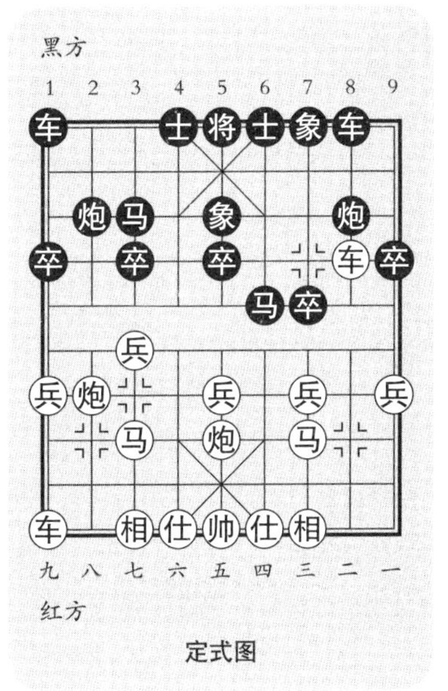

定式图

讲一讲

1. 炮二平五　马8进7
2. 马二进三　车9平8
3. 车一平二　卒7进1　　4. 车二进六　马2进3
5. 兵七进一　马7进6

黑方进左马意在威胁红方的过河车，伺机反击。

6. 马八进七　象3进5（图5-1-1）

至此，双方形成“中炮过河车对屏风马左马盘河”的经典阵势。黑飞右象着法稳正，子力配置更为合理。

7. 炮八进一　……

红方高左炮的作用是：先护三兵，再平车驱马，逼迫黑方的盘河马尽早离位，从而使自己的左马有出战之可能。

7. ……　　　　卒7进1

冲7卒逐车，对攻之着。

8. 车二平四　　……

平车捉马，容易促成激烈的对攻局面。

8. ……　　　　马6进7

黑方进马踩兵，正着。如马6进8，则马三退五，卒7进1，炮八平三，红方主动。

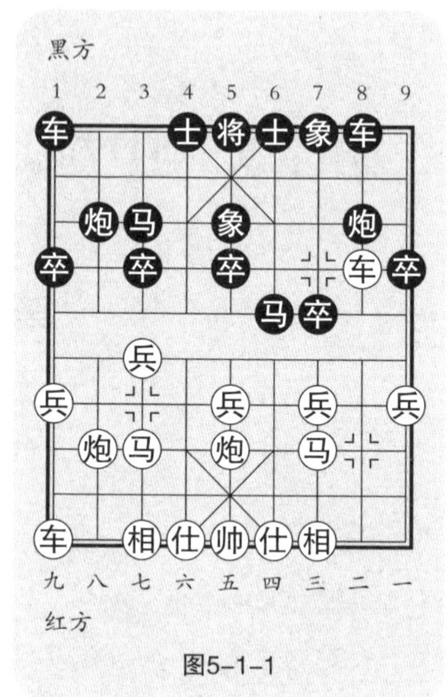

图5-1-1

9. 炮五平六　　……

平六路炮准备联相困马，双方对攻激烈。如改走炮五平四，则双方局势平稳。

9. ……　　　　炮8进5

黑借伸炮兑炮之机，防止红车四平二牵制。

10. 相七进五　炮2进2

右炮巡河准备左移助攻。

11. 马七进六　炮2平7

加强对方右翼的威胁。

12. 车四进二　……（图5-1-2）

进车压象眼，积极主动。如车九进二，则车1平2，炮八平七，车2进6，车九平七，士6进5，车四进二，车8进2，黑方足可以抗衡。

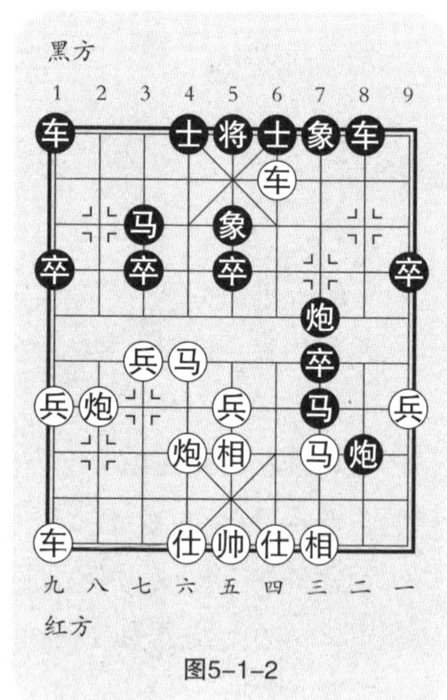

图5-1-2

12. ……　　　　马7进5

黑方弃马吃象，反击要点。

13. 相三进五　炮8平9

14. 车九平八　炮9进2

15. 帅五进一　炮7进3

16. 炮六退一　……

退炮守住二路线，正着。

16. ……　　　　士4进5

双方对攻激烈。

练一练

根据参考图提示，写出布局演变的过程及主要变着。

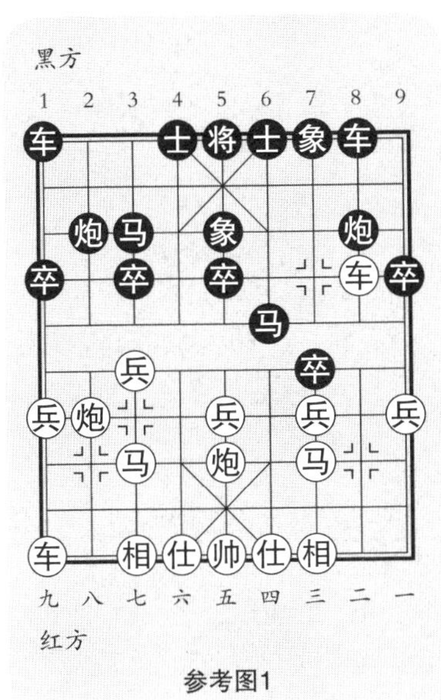

参考图1

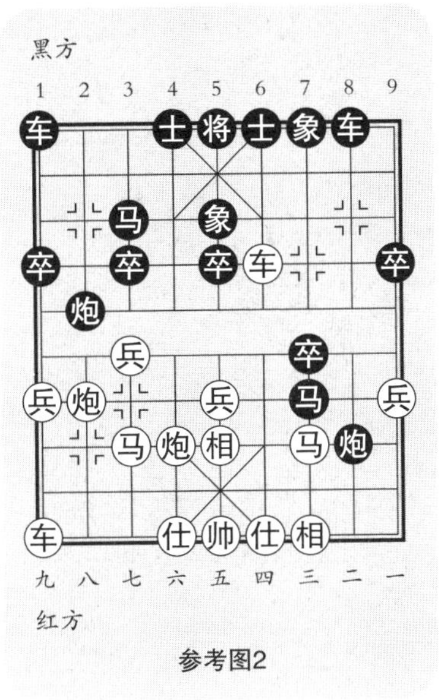

参考图2

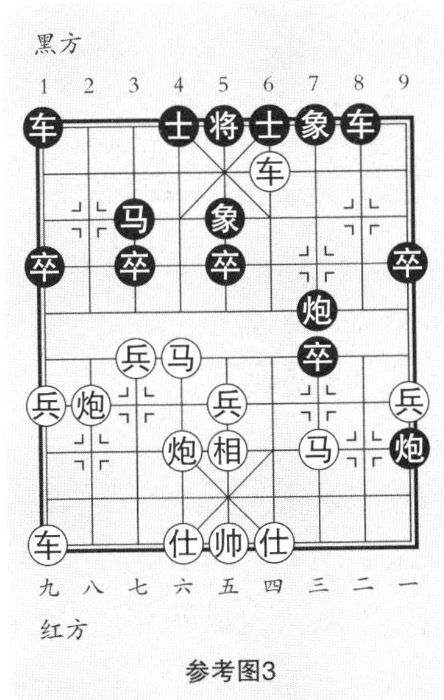

参考图3

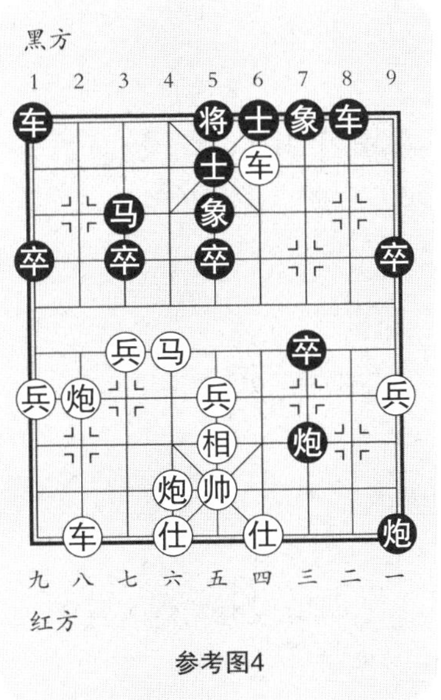

参考图4

想一想

根据基本图和对比图两图之中子力位置的不同之处，分析并写出产生棋形差异的原因。（布局提示：双方以中炮过河车对屏风马左马盘河，黑方飞象红高左炮变例布局，第12回合的结果图。）

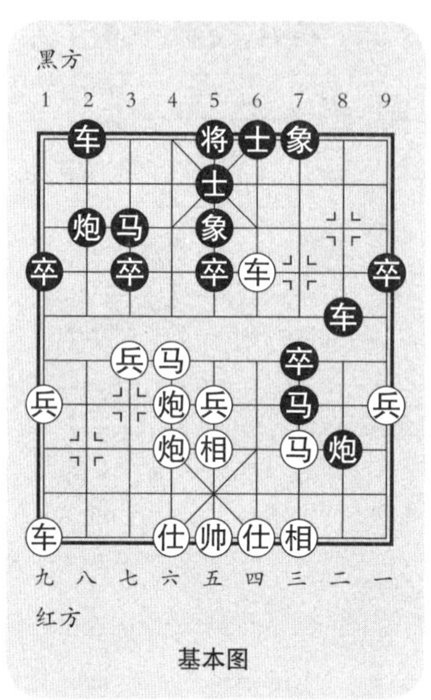

基本图

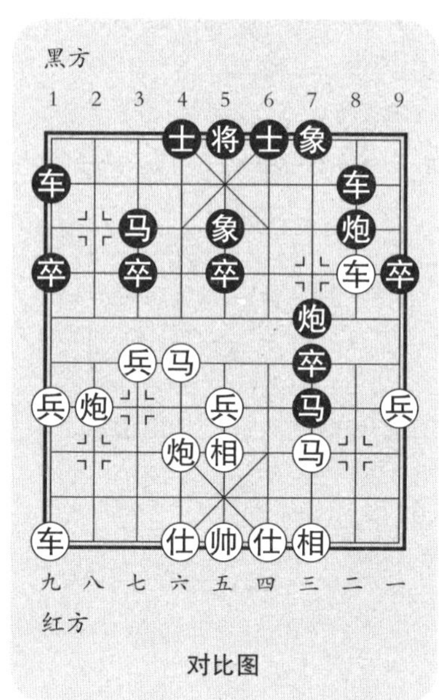

对比图

基本图的布局演变过程：

1. 炮二平五	马8进7	2. 马二进三	车9平8
3. 车一平二	马2进3	4. 兵七进一	卒7进1
5. 车二进六	马7进6	6. 马八进七	象3进5
7. 炮八进一	卒7进1	8. 车二平四	马6进7
9. 炮五平六	炮8进5	10. 相七进五	士4进5
11. 马七进六	车8进4	12. 炮八平六	车1平2

产生差异的原因：

第9回合黑方没有走炮8进5，而是选择炮2进2，经过以下几个回合演变，形成对比图结果。

9. ……	炮2进2	10. 相七进五	炮2平7
11. 车四平二	车1进1	12. 马七进六	车8进1

打打谱

请同学们把下面两则实战对局的棋谱用棋盘摆出来，在打谱的过程中找一找与定式里讲的棋谱有哪些不同，不同之处在棋谱上标记出来。（注：“！”表示好棋，“？”表示疑问手。）

第1局　河北 王思源　和　安徽 梅娜

2011年“五龙杯”全国象棋团体赛

1. 炮二平五　马8进7　　2. 马二进三　卒7进1
3. 车一平二　车9平8　　4. 车二进六　马2进3
5. 兵七进一　象3进5　　6. 马八进七　马7进6
7. 炮八进一　卒7进1　　8. 车二平四　马6进7
9. 炮五平六　士4进5　　10. 炮八进一　炮8进5
11. 炮六平二　车8进7　　12. 炮八平三　炮2进4！
13. 车九平八　车1平2　　14. 马七进八？　马7退5！
15. 兵五进一　车8平7　　16. 车四平三　炮2平7

黑方易走。

第2局　河北 申鹏　和　黑龙江 王琳娜

2010年“伊泰杯”全国象棋精英赛

1. 炮二平五　马8进7　　2. 马二进三　车9平8
3. 车一平二　马2进3　　4. 兵七进一　卒7进1
5. 车二进六　马7进6　　6. 马八进七　象3进5
7. 炮八进一　卒7进1　　8. 车二平四　马6进7
9. 炮五平四　车1进1　　10. 相七进五　车1平7
11. 马七进六　士6进5　　12. 马六进四　炮2进1！
13. 相五进三　车7进4　　14. 炮八平三　炮8平6！

黑方易走。

试一试

第1题　下图轮到红方行棋，红方最佳应法是什么？

红方先行

1. 车二平四　马6退4　　2. 车四退二　……

退车不给黑方4路马调整的机会，以后利用此马位置不佳弱点，制造进攻的机会。

2. …… 炮8平7

3. 车四平六 马4退3

4. 炮五平六 ……

平肋炮一着两用，既可封锁肋线，又可相七进五调形。

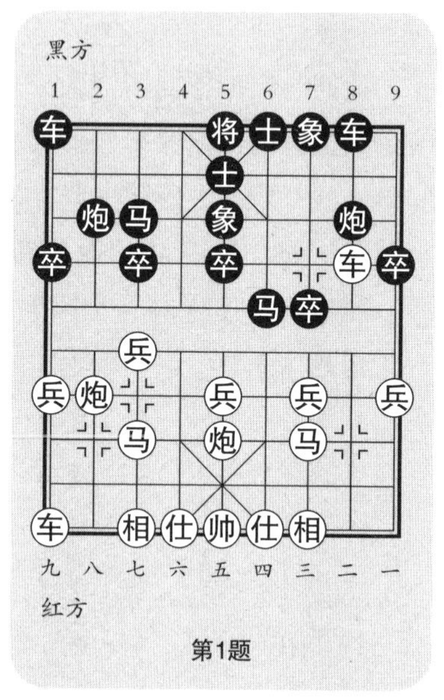

第1题

4. …… 卒5进1

5. 车六进二 ……

控制卒林线，保持对黑方右翼的压制。

5. …… 卒3进1

准备强行兑子，打破僵局。

6. 兵七进一 马3进2

7. 车六平七 ……

如车六退二，炮2进4，兵七平八，车1平2，红兵被捉死，并且无形之中加快了黑方出子速度，红方无趣。

7. …… 炮2进4 8. 兵七平八 马3进1

9. 车七平六

红方先手。

第2题 下图局面中轮到黑方行棋，黑方最佳应法是什么？

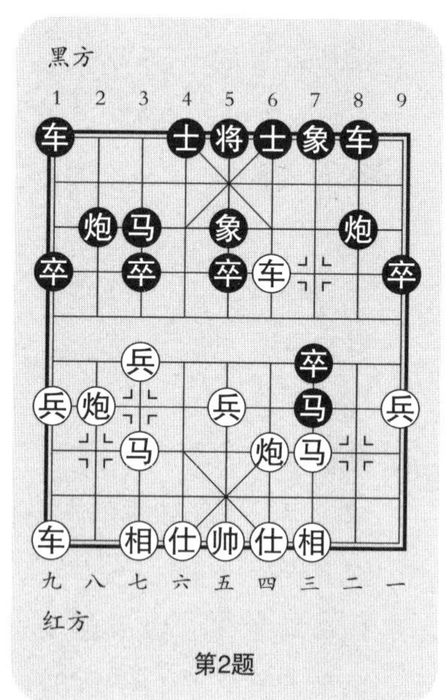

第2题

黑方先行

1. …… 炮2进2

2. 相七进五 炮2平5

牵制红方中相，保留过河卒，这是保留变化的选择。

3. 马七进六 ……

如改走炮四进七，则车8进1，车九平八，炮8进6，炮八平三，卒7进1，车八进七，卒7进1，车八平七，炮8进1，黑方有攻势。

3. …… 车1平2

4. 车九平八 炮8进6

5. 马六进四　　士 4 进 5　　6. 车四平二　　……

及时兑车，减轻右翼的防守压力。

6. ……　　卒 7 平 8

这是一步巧着。

7. 车二进三　　马 7 退 6　　8. 马三进二　　……

如改走车二平一，则马 6 进 5 制造攻势。

8. ……　　马 6 进 5　　9. 马二进三　　前马进 3

10. 马三退五　　马 3 进 2　　11. 车二退八　　卒 5 进 1

12. 车二平八　　马 2 退 4　　13. 车八平六　　车 2 进 6

大体均势。

第 2 局　红左横车式

记一记

定式基础：

1. 炮二平五　　马 8 进 7
2. 马二进三　　车 9 平 8
3. 车一平二　　卒 7 进 1
4. 车二进六　　马 2 进 3
5. 兵七进一　　马 7 进 6
6. 马八进七　　象 3 进 5
7. 车九进一　　士 4 进 5

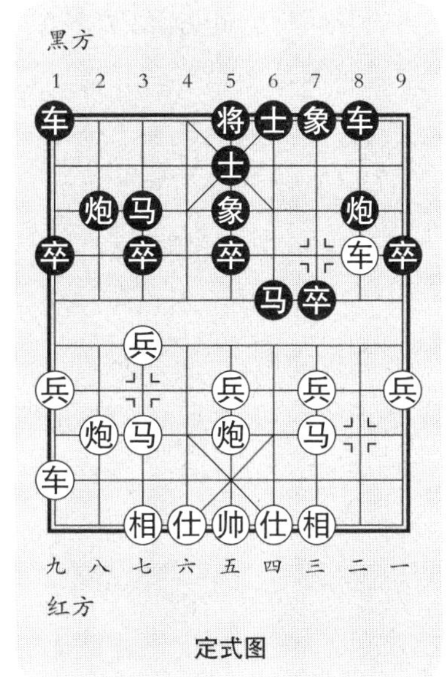

定式图

讲一讲

1. 炮二平五　　马 8 进 7

2. 马二进三　　车 9 平 8

3. 车一平二　　卒 7 进 1　　4. 车二进六　　马 2 进 3

5. 兵七进一　　马 7 进 6　　6. 马八进七　　象 3 进 5

7. 车九进一　　……

至此，形成中炮过河车对屏风马左马盘河红高左横车的变例，红方高左横车准备抢占肋线，灵活多变。

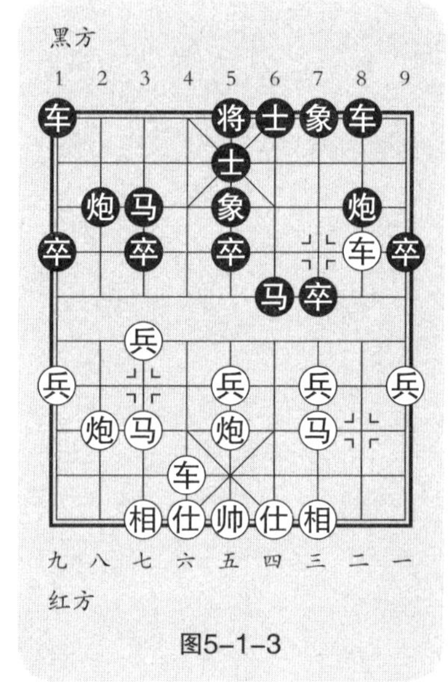

图5-1-3

7. ……　　　　士4进5

黑先补士象，然后伺机送7卒逐车，展开反击，比较稳健。

8. 车九平六　　……（图5-1-3）

平车在左肋线上，稳健。如车九平四，则炮8平6，车二进三，炮6进6，炮五平四，炮6平7，车二退五，炮7退2，相三进五，车1平4，黑方反先。

8. ……　　　　炮2进2

黑方升炮巡河，策应河口马。

9. 兵五进一　　……

红方冲中兵攻击黑方中路，简明。

9. ……　　　　卒7进1

利用盘河马闪击红方过河车，是黑方常用战术。

10. 车二平四　马6进7

11. 兵五进一　卒5进1

12. 马三进五　卒7平6

献卒延缓红方攻势。

13. 炮五进三　……（图5-1-4）

炮打中卒正确。如车四退二，则炮8平7，车四平三，象5进7，炮五进三，马3进5，车三平四，象7退5，马五进三，卒3进1，车六平五，炮2平5，车五进四，马5进7，黑方子力活跃，黑满意。

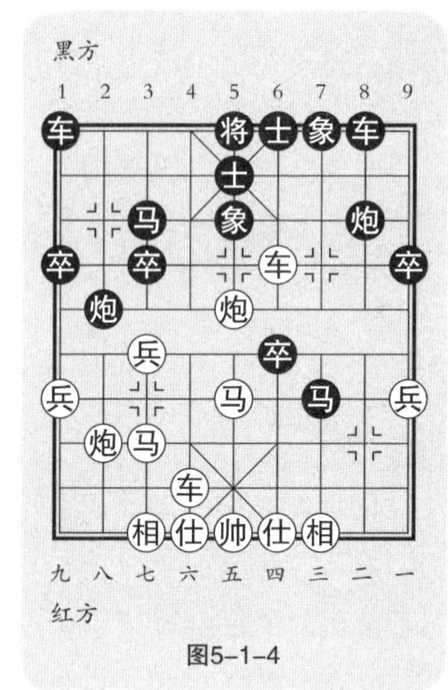

图5-1-4

13. ……　　　　炮8进4

14. 车四退二　车8进4

15. 车六平三　车8平7

双方对峙。

练一练

根据参考图提示，写出布局演变的过程及主要变着。

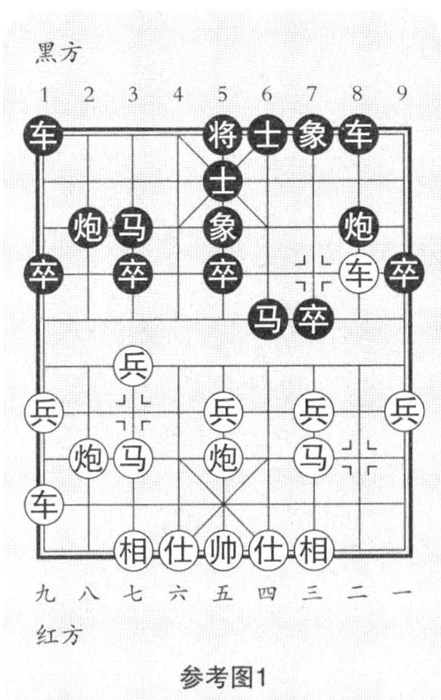

参考图1

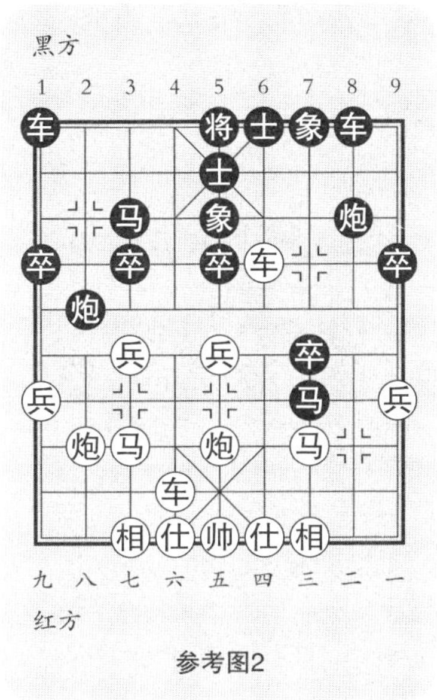

参考图2

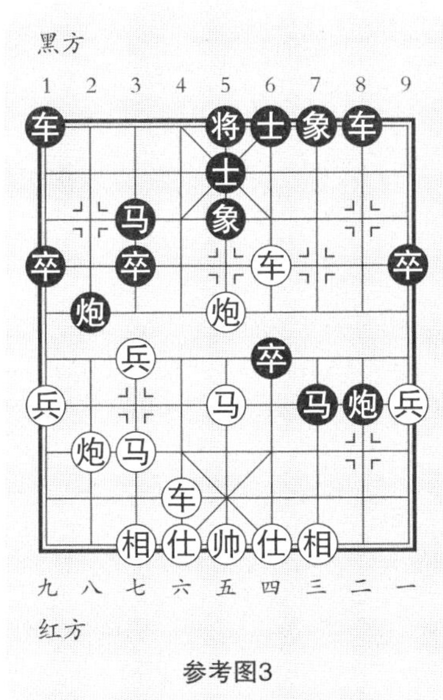

参考图3

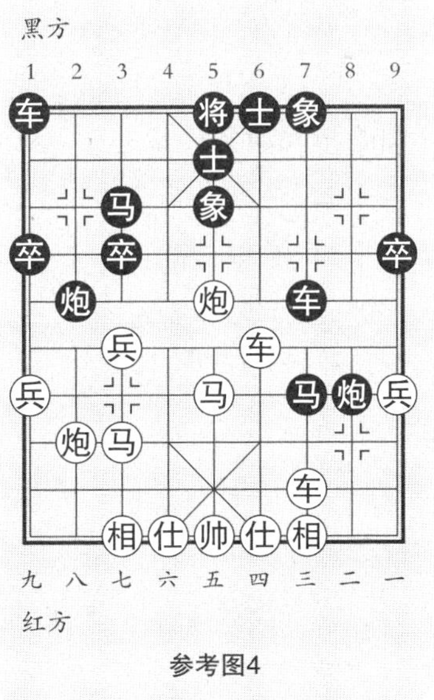

参考图4

想一想

根据基本图和对比图两图之中子力位置的不同之处，分析并写出产生棋形差异的原因。（布局提示：双方以中炮过河车对屏风马左马盘河，黑飞右象红左横车变例布局，第12回合的结果图。）

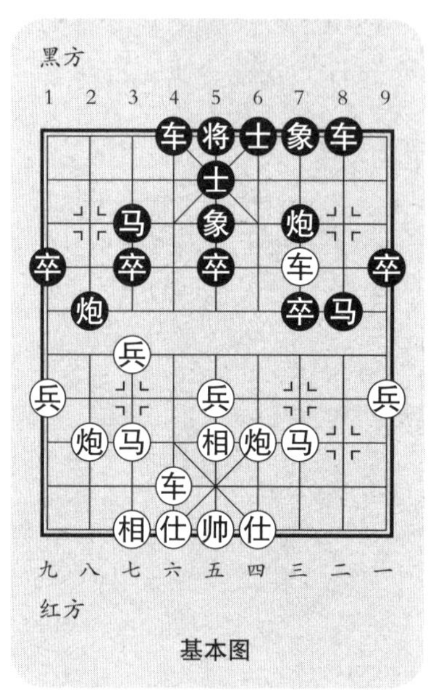

基本图

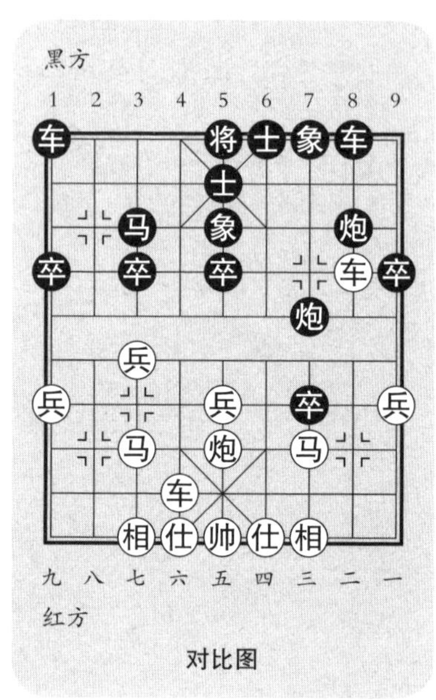

对比图

基本图的布局演变过程：

1. 炮二平五　马8进7　　2. 马二进三　车9平8
3. 车一平二　马2进3　　4. 兵七进一　卒7进1
5. 车二进六　马7进6　　6. 马八进七　象3进5
7. 车九进一　士4进5　　8. 车九平六　炮2进2
9. 车二平四　马6进7　　10. 炮五平四　炮8平7
11. 车四平三　马7退8　　12. 相三进五　车1平4

产生差异的原因：

第9回合红方没有走车二平四，而是选择炮八进一，经过以下几个回合演变，形成对比图结果。

9. 炮八进一　卒7进1　　10. 车二平四　马6进7
11. 车四平二　炮2平7　　12. 炮八平三　卒7进1

打打谱

请同学们把下面两则实战对局的棋谱用棋盘摆出来，在打谱的过程中找一找与定式里讲的棋谱有哪些不同，不同之处在棋谱上标记出来。（注：“！”表示好棋，“？”表示疑问手。）

第1局　江苏 徐超　先负　浙江 于幼华

2010年第5届“后肖杯”象棋大师精英赛

1. 炮二平五　马8进7　　2. 马二进三　车9平8
3. 车一平二　马2进3　　4. 兵七进一　卒7进1
5. 车二进六　马7进6　　6. 马八进七　象3进5
7. 车九进一　士4进5　　8. 车九平六　炮2进2
9. 炮八进二？　卒7进1　　10. 车二平四　卒7进1
11. 马三退一　炮8进5？　　12. 车四退一　炮8平3
13. 车四平八　卒3进1　　14. 炮八平九　马3进2

红方略优。

第2局　江苏 徐超　先和　黑龙江 陶汉明

2010年“楠溪江杯”全国象棋甲级联赛

1. 炮二平五　马8进7　　2. 马二进三　车9平8
3. 车一平二　马2进3　　4. 兵七进一　卒7进1
5. 车二进六　马7进6　　6. 马八进七　象3进5
7. 车九进一　士4进5　　8. 车九平六　炮2进2
9. 炮八进二　卒7进1　　10. 车二平四　马6进7
11. 车四平二　马7进5　　12. 相三进五　卒7进1
13. 马三退五　车8进1　　14. 炮八退一！　卒7平6
15. 炮八平四　车8平6　　16. 炮四进三　炮8平9

红方略优。

试一试

第 1 题　下图轮到红方行棋，红方最佳应法是什么?

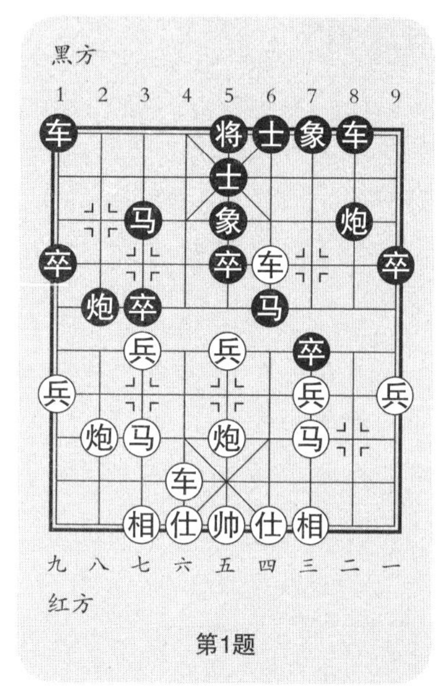

第1题

红方先行

1. 兵七进一　　象 5 进 3

2. 兵三进一　　炮 8 平 7

3. 兵三进一　　……

进三兵先弃后取，好棋。

3. ……　　　　炮 7 进 5

4. 炮五进四　　马 3 进 5

5. 炮八平三

黑方双马必失其一，红方大优。

第 2 题　下图局面中轮到黑方行棋，黑方最佳应法是什么?

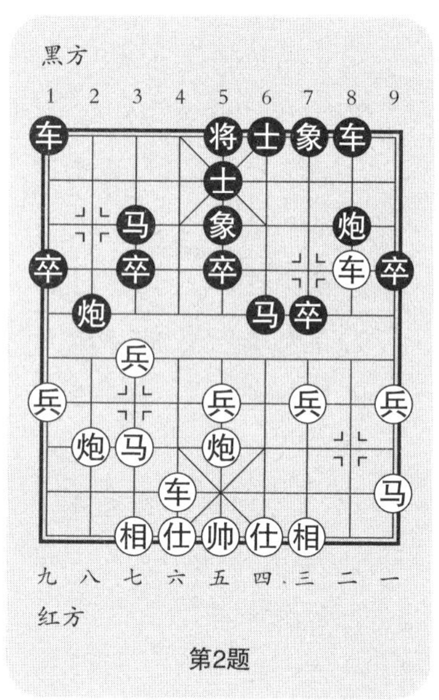

第2题

黑方先行

1. ……　　　　卒 7 进 1

冲 7 卒企图摆脱牵制。

2. 车二平四　　炮 8 平 7

3. 兵三进一　　……

稳健，如车四退一，则卒 3 进 1，车四进一，卒 3 进 1，车四平三，卒 3 进 1，马七退五，炮 7 平 6，马一进三，卒 3 进 1，炮八进二，卒 7 进 1，车三退三，炮 2 平 7，黑方弃子有攻势，双方各有千秋。

3. ……　　　　马 6 进 7

4. 车四平三　　炮 7 平 6

5. 马一进三　　炮 6 进 5

进炮串打是打破僵局的好棋。

6. 车六平七　　马 7 进 5

黑马作用已经不大，交换简洁。

7. 相七进五　　炮 2 进 2　　　8. 车三平四　　炮 2 平 3

9. 马七退五　　炮6平2　　　10. 车七进二　　车8进4

红方多兵，但黑方保持兵种优势，双方互有顾忌。

第3局　红五九炮式

记一记

定式基础：

1. 炮二平五　　马8进7
2. 马二进三　　车9平8
3. 车一平二　　马2进3
4. 兵七进一　　卒7进1
5. 车二进六　　马7进6
6. 马八进七　　象3进5
7. 炮八平九　　车1平2
8. 车九平八　　卒7进1

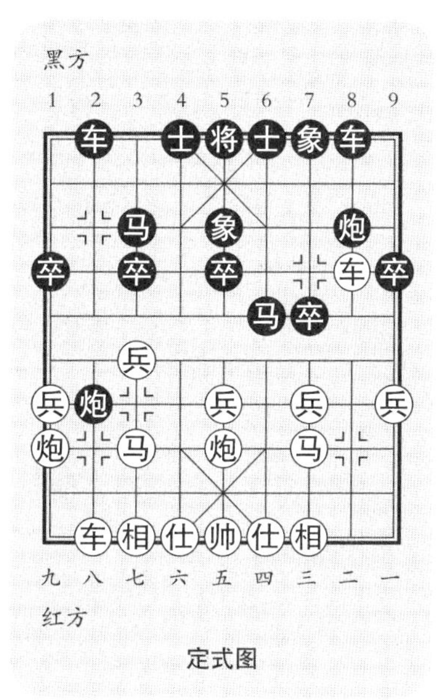

定式图

讲一讲

1. 炮二平五　　马8进7
2. 马二进三　　车9平8
3. 车一平二　　马2进3
4. 兵七进一　　卒7进1
5. 车二进六　　马7进6
6. 马八进七　　象3进5
7. 炮八平九　　……（图5-1-5）

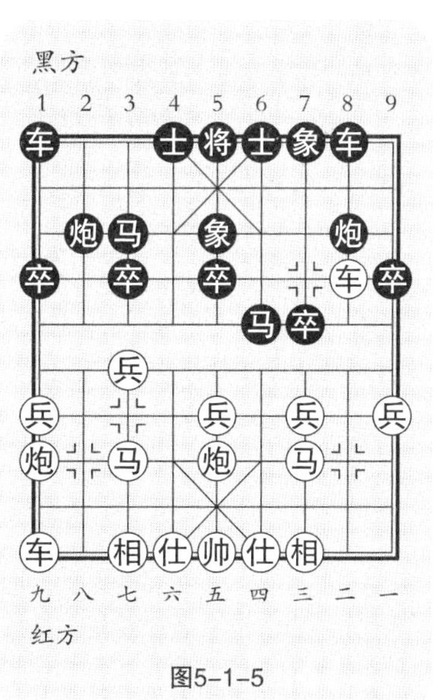

图5-1-5

至此，形成五九炮过河车对屏风马左马盘河的经典阵势。红方通过五九炮，快速亮出左车，保持两翼均衡发展，对屏风马进行攻击。

7. ……　　　　车1平2
8. 车九平八　　卒7进1

黑方先平车，有静观其变之意。红方也不急于作出选择而开右车，以其人之道还治其人之身也。现在黑方挺卒拉开了激战的序幕。

9. 车二退一　……

与传统的车二平四走法相比,车二退一的走法双方更易导向复杂尖锐的变化。

9. ……　马6退7

如直接走卒7进1，则车二平四，卒7进1，车四平二，拴牵黑方8路线上无根车、炮，红方满意。

10. 车二进一　卒7进1　11. 马三退五　炮8平9

红方二路车是红方在右翼攻守的关键子，平炮兑车争先意图明显。

12. 车二平三　车8进2

13. 马七进六　……

进马好棋,使黑方不能炮9退1进行反击，否则马六进四占优。

13. ……　卒7平6（图5-1-6）

诱使红方马六退四，使其阵形不整，是保持变化的选择。

14. 马六进四　炮2进1

15. 兵七进一　……

红方献七兵是上一着马六进四的后续手段，红方由此展开攻势。

15. ……　卒3进1

如象5进3，则阵形散乱，易受攻击。

16. 马四进六　炮9进4

黑方不甘心苦守，炮打边卒伺机反击。布局至此，双方各有千秋。

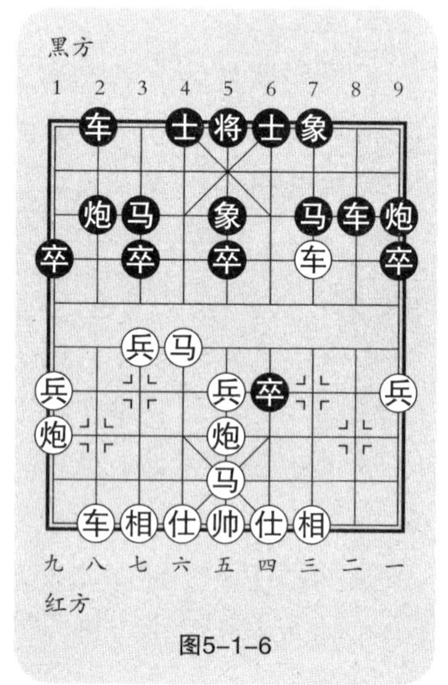

图5-1-6

练一练

根据参考图提示，写出布局演变的过程及主要变着。

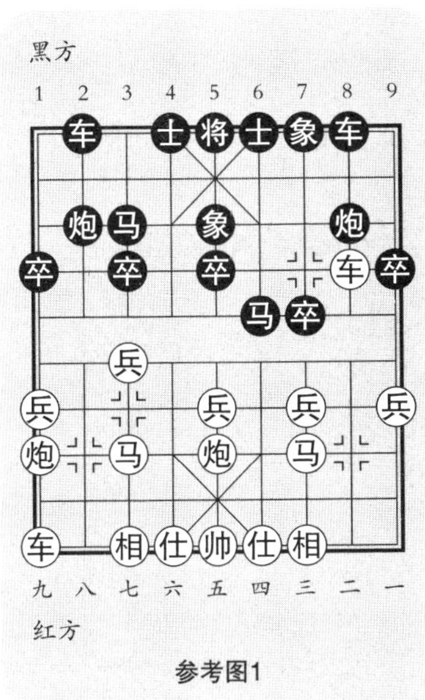

参考图1

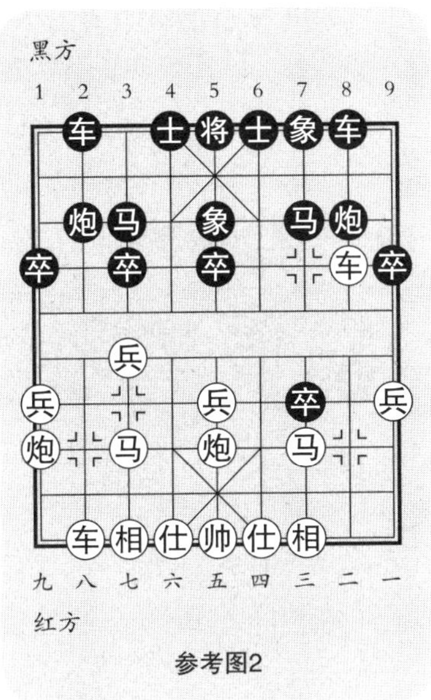

参考图2

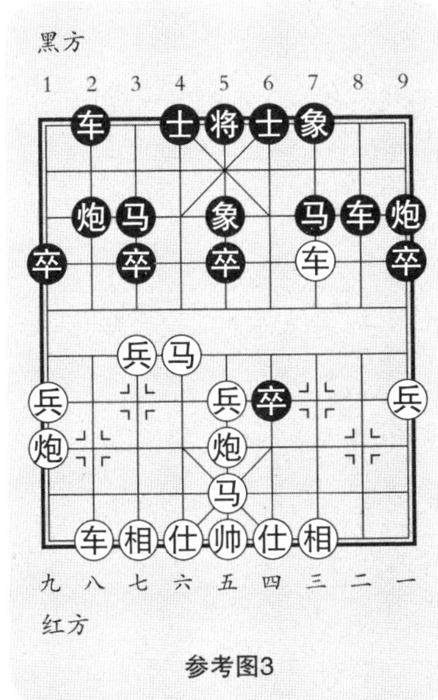

参考图3

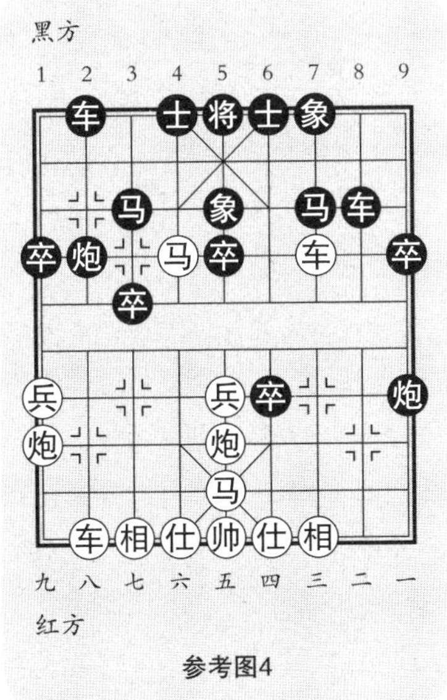

参考图4

想一想

根据基本图和对比图两图之中子力位置的不同之处，分析并写出产生棋形差异的原因。（布局提示：双方以中炮过河车对屏风马左马盘河，黑飞右象红五九炮变例布局，第14回合的结果图。）

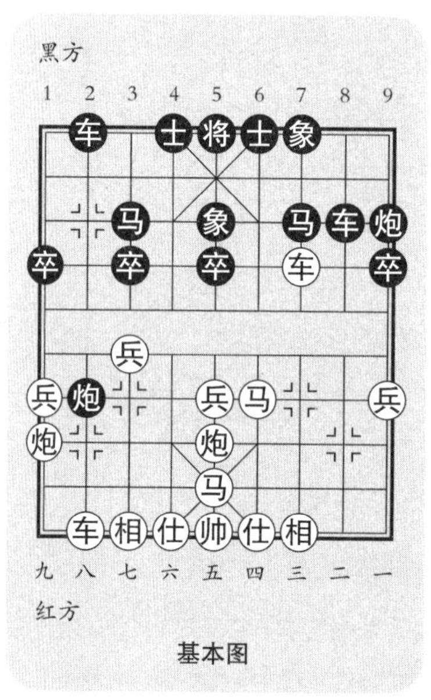

基本图

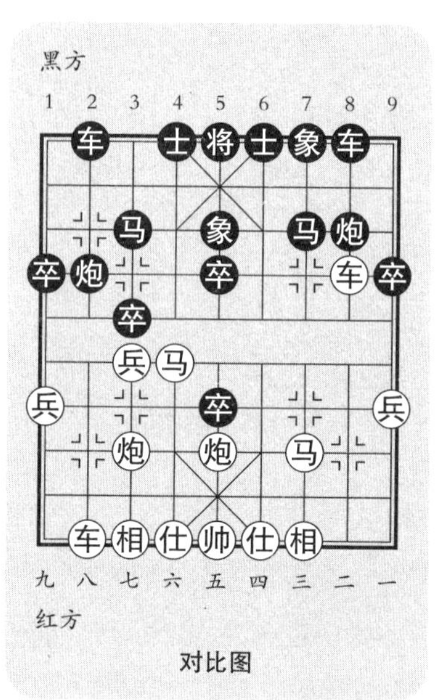

对比图

基本图的布局演变过程：

1. 炮二平五	马8进7	2. 马二进三	卒7进1
3. 车一平二	车9平8	4. 车二进六	马2进3
5. 兵七进一	马7进6	6. 马八进七	象3进5
7. 炮八平九	车1平2	8. 车九平八	卒7进1
9. 车二退一	马6退7	10. 车二进一	卒7进1
11. 马三退五	炮8平9	12. 车二平三	车8进2
13. 马七进六	卒7平6	14. 马六退四	炮2进4

产生差异的原因：

第11回合黑方没有走炮8平9，而是选择卒7平6，经过以下几个回合演变，形成对比图结果。

11. ……	卒7平6	12. 马七进六	卒6平5

13. 炮九平七　炮2进1　　14. 马五进三　卒3进1

打打谱

请同学们把下面两则实战对局的棋谱用棋盘摆出来，在打谱的过程中找一找与定式里讲的棋谱有哪些不同，不同之处在棋谱上标记出来。（注：“！”表示好棋，“？”表示疑问手。）

第1局　河北 赵殿宇　胜　黑龙江 陶汉明

2014年全国象棋甲级联赛

1. 炮二平五　马8进7　　2. 马二进三　车9平8
3. 车一平二　卒7进1　　4. 车二进六　马2进3
5. 兵七进一　马7进6　　6. 马八进七　象3进5
7. 炮八平九　车1平2　　8. 车九平八　卒7进1
9. 车二平四　马6进8　　10. 马三退五　卒7进1
11. 马七进六　炮8平9　　12. 车八进六　士4进5
13. 炮九进四　炮2平1　　14. 车八进三　马3退2
15. 炮九平五　炮9进4　　16. 马五进七　炮9进3？

红方主动。

第2局　北京 蒋川　负　湖北 洪智

2021年“深圳华侨城·象棋贺岁杯”象棋冠军快棋邀请赛

1. 炮二平五　马8进7　　2. 马二进三　车9平8
3. 车一平二　卒7进1　　4. 车二进六　马2进3
5. 马八进七　马7进6　　6. 兵七进一　象3进5
7. 炮八平九　车1平2　　8. 车九平八　卒7进1
9. 车二退一　马6退7　　10. 车二进一　卒7进1
11. 马三退五　炮8平9　　12. 车二平三　车8进2
13. 炮五平四　士6进5　　14. 车八进六　炮9退1

红方易走。

试一试

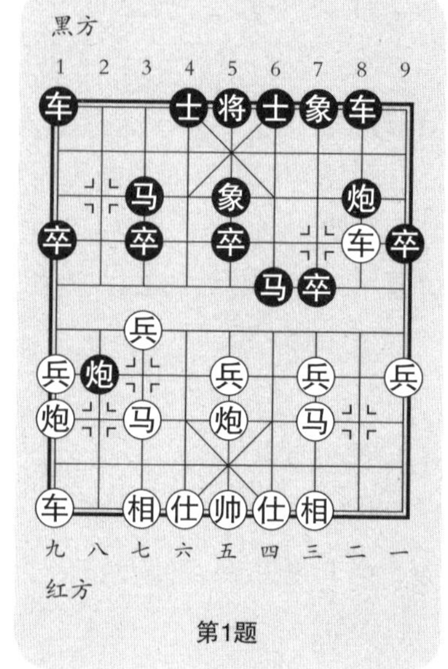

第1题

第 1 题　下图轮到红方行棋，红方最佳应法是什么？

红方先行

1. 车二平四　……

捉马正确，通过驱赶盘河马，红方在局部实现两个战术目标：一是马七进六的位置；二是不给黑方炮2平7的机会。

1. ……　　马 6 进 7

2. 马七进六　炮 8 进 4

如改走马 7 进 5，则相七进五，炮 8 平 7，马三进四，红方双马活跃，布局满意。

3. 炮五进四　……

准备强行打通黑方卒林线。红方此时如马六进五，则马 7 进 5，相七进五，马 3 进 5，车四平五，红方也可打通卒林线，但是子力简化，局势发展易陷入平淡。

3. ……　　马 3 进 5　　4. 车四平五　……

红方还有保持兵七进一的闪击机会。

4. ……　　车 1 平 2　　5. 车九平八　炮 2 进 2

6. 马六进七

红方多兵占优。

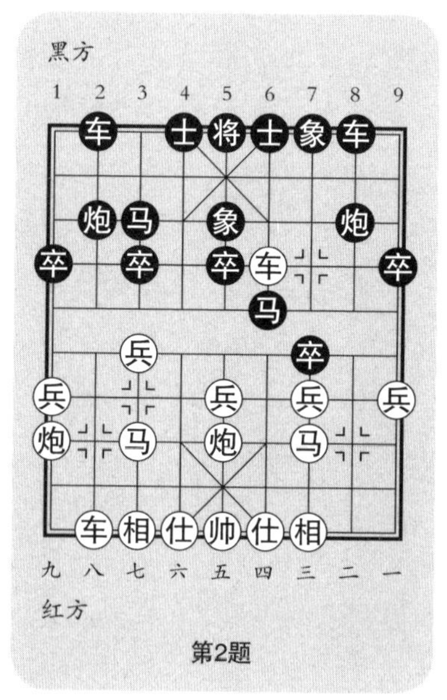

第2题

第 2 题　下图局面中轮到黑方行棋，黑方最佳应法是什么？

黑方先行

1. ……　　马 6 进 8

如改走马 6 进 7，则车四平三，马 7 进 5，相七进五，炮 8 平 6，仕四进五，炮 2 进 6，车三退二，以后红方再马三进四，红方主动。

2. 马三退五　……

退窝心马准备通过马七进六再马五进七调整。

2. ……　　卒 7 进 1

3. 马七进六　炮 8 平 9

平炮闪出车位的同时，伏有炮 9 进 4 的手段。

4. 车八进六　士 4 进 5　　5. 炮九进四　炮 2 平 1

平炮削弱红方进攻力量，稳健。

6. 车八进三　马 3 退 2　　7. 炮五平八　……

准备协调阵形。如炮九平五，则炮 1 平 3，马五进七，炮 9 平 7，马七退五，马 2 进 4，红方窝心马不能顺利跳出来，黑方满意。

7. ……　马 2 进 4　　8. 马五进七　车 8 进 4

黑方主动。

第 2 节　黑飞左象型

第 1 局　红冲中兵式

记一记

定式基础：

1. 炮二平五　马 8 进 7
2. 马二进三　车 9 平 8
3. 车一平二　马 2 进 3
4. 兵七进一　卒 7 进 1
5. 车二进六　马 7 进 6
6. 马八进七　象 7 进 5
7. 兵五进一　卒 7 进 1
8. 车二平四　马 6 进 7

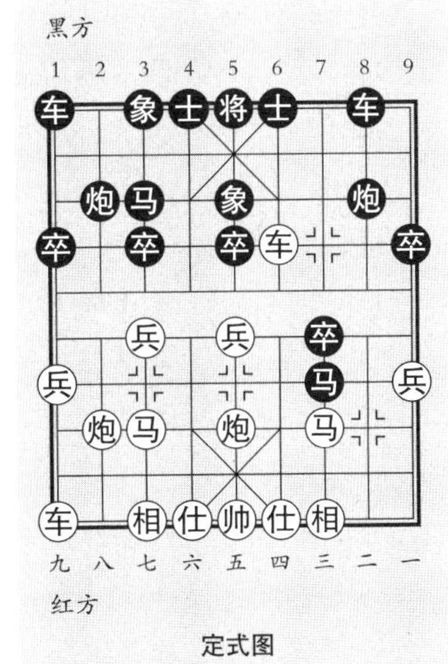

定式图

讲一讲

1. 炮二平五　马 8 进 7
2. 马二进三　车 9 平 8
3. 车一平二　马 2 进 3　　4. 兵七进一　卒 7 进 1
5. 车二进六　马 7 进 6　　6. 马八进七　象 7 进 5

飞左象与飞右象的作用有相同之处，但是在战术细节上却有很大的不同。

7. 兵五进一　　……（图5-2-1）

挺中兵攻黑中路，着法激烈，变化复杂，是中炮过河车对屏风马左马盘河局中较为流行的一路变化。

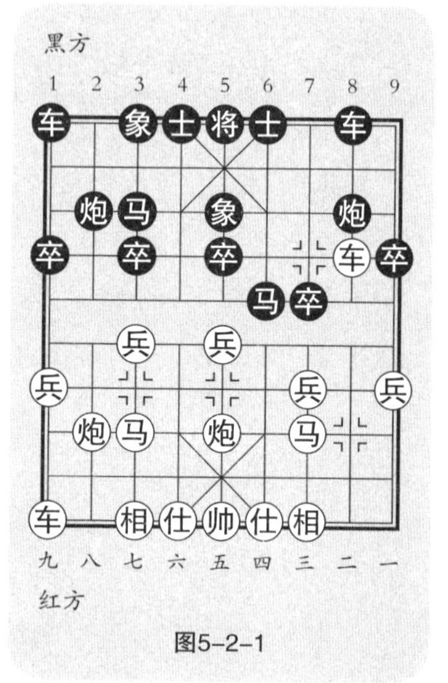

图5-2-1

7. ……　　　　卒7进1

8. 车二平四　　马6进7

黑方用马踩卒，保持复杂变化。

9. 马三进五　　炮8进7

黑方进底炮，是对攻性较强的走法。

10. 车九进一　　……

红方高横车，可以掩护右翼底线，稳健。

10. ……　　　　炮8平9　　　　11. 车九平三　　车8进9

12. 兵五进一　　……

冲中兵强硬，双方由此展开对攻。

12. ……　　　　炮9平7

13. 帅五进一　　……（图5-2-2）

利用三路车的防守作用，上帅是稳健的走法，也是当前唯一的应法。

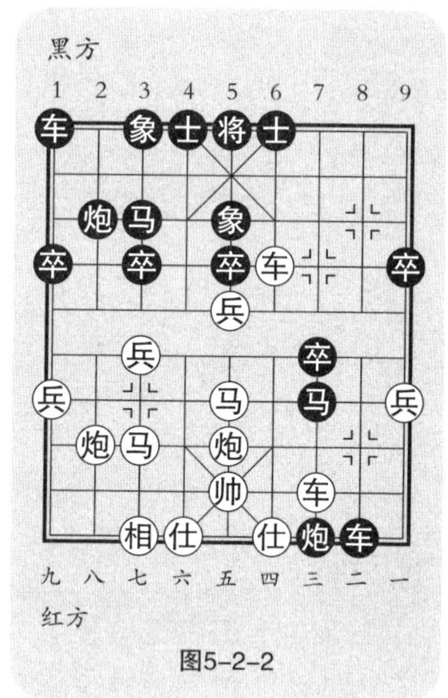

图5-2-2

13. ……　　　　车1进1

14. 马五进三　　马7进5

15. 炮八平五　　炮2进6

16. 兵五进一　　……

弃车抢攻，局面进入白热化。

16. ……　　　　士4进5

17. 兵五进一　　象3进5

18. 帅五平四　　将5平4

双方对攻激烈。

练一练

根据参考图提示，写出布局演变的过程及主要变着。

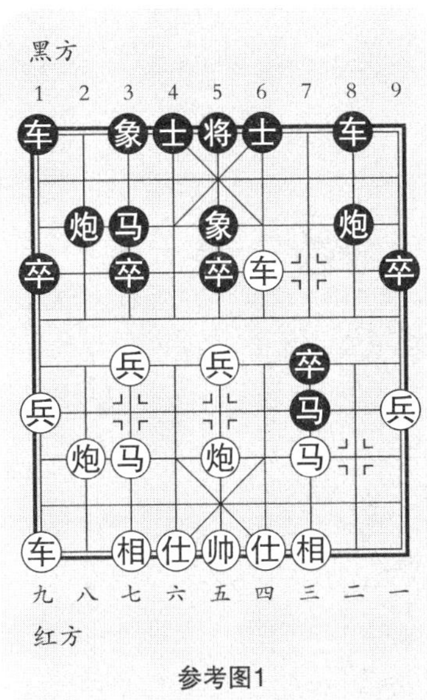

参考图1

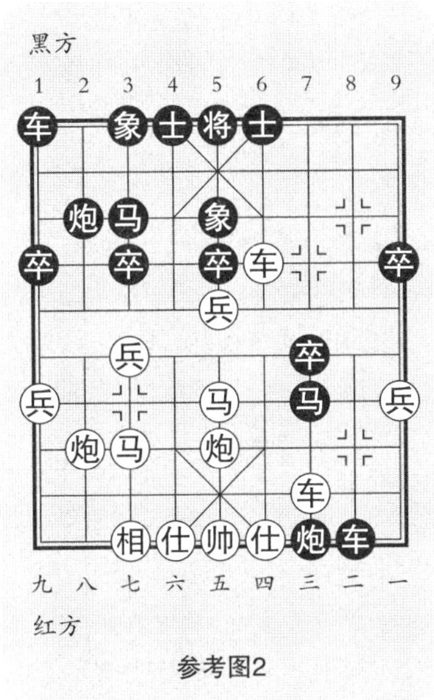

参考图2

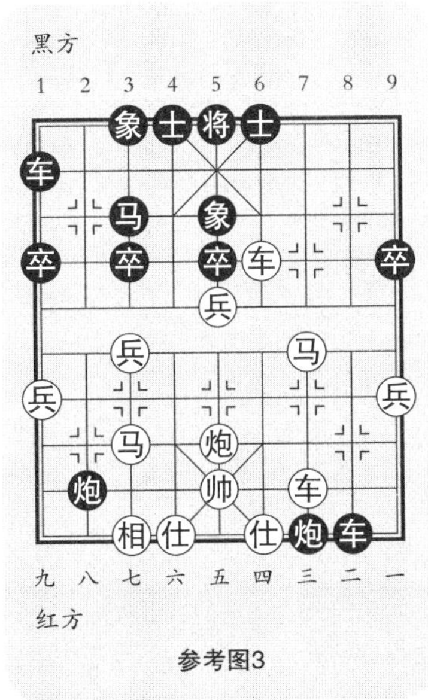

参考图3

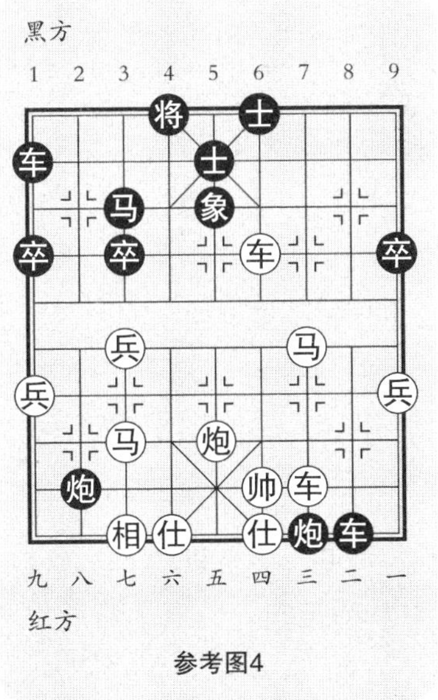

参考图4

想一想

根据基本图和对比图两图之中子力位置的不同之处，分析并写出产生棋形差异的原因。（布局提示：双方以中炮过河车对屏风马左马盘河，黑飞右象红进中兵变例布局，第 14 回合的结果图。）

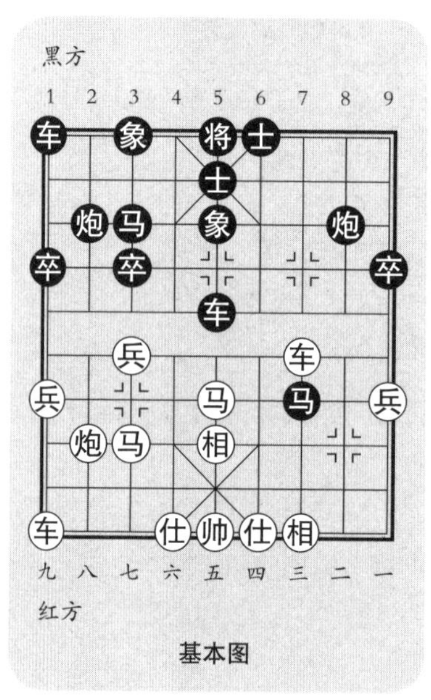

基本图

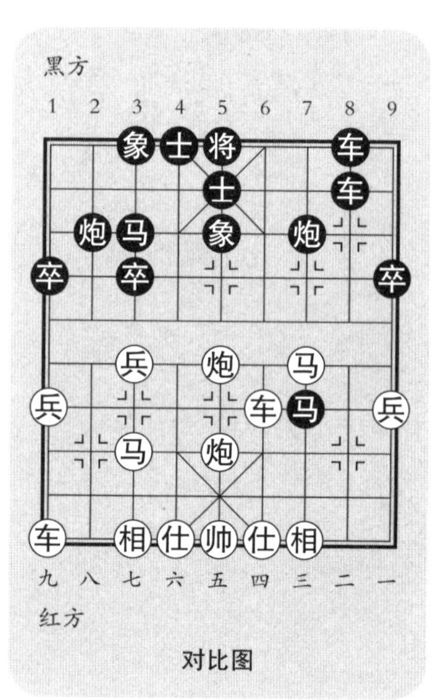

对比图

基本图的布局演变过程：

1. 炮二平五　马 2 进 3　　2. 马二进三　马 8 进 7

3. 车一平二　车 9 平 8　　4. 兵七进一　卒 7 进 1

5. 车二进六　马 7 进 6　　6. 马八进七　象 7 进 5

7. 兵五进一　卒 7 进 1　　8. 车二平四　马 6 进 7

9. 兵五进一　卒 5 进 1　　10. 马三进五　车 8 平 7

11. 炮五进三　士 4 进 5　　12. 相七进五　卒 7 平 6

13. 车四退二　车 7 进 4　　14. 车四平三　车 7 平 5

产生差异的原因：

第 10 回合黑方没有走车 8 平 7，而是选择卒 5 进 1，经过以下几个回合演变，形成对比图结果。

10. ……　卒 5 进 1　　11. 马五进三　车 1 进 1

12. 车四退三　炮8平7　　13. 炮八进二　车1平8
14. 炮八平五　士6进5

打打谱

请同学们把下面两则实战对局的棋谱用棋盘摆出来，在打谱的过程中找一找与定式里讲的棋谱有哪些不同，不同之处在棋谱上标记出来。（注：“！”表示好棋，“？”表示疑问手。）

第1局　河北金环建设 王子涵　胜　湖北 左文静
2021年“即墨杯”全国象棋团体赛

1. 炮二平五　马8进7　　2. 马二进三　车9平8
3. 车一平二　卒7进1　　4. 兵七进一　马2进3
5. 车二进六　马7进6　　6. 马八进七　象7进5
7. 兵五进一　卒7进1　　8. 车二平四　马6进7
9. 马三进五　炮8进7　　10. 兵五进一　炮8平9
11. 炮五平二　炮2进1　　12. 马五进三　车8进5！
13. 炮二平三　车8进4！　14. 相七进五　卒5进1

大体均势。

第2局　北京 金波　负　杭州 王天一
2020年腾讯棋牌天天象棋全国象棋甲级联赛

1. 炮二平五　马8进7　　2. 马二进三　车9平8
3. 车一平二　马2进3　　4. 兵七进一　卒7进1
5. 车二进六　马7进6　　6. 马八进七　象7进5
7. 兵五进一　卒7进1　　8. 车二平四　马6进7
9. 兵五进一　卒5进1　　10. 马三进五　卒5进1
11. 马五进三　炮8平7　　12. 车四退三？车1进1
13. 炮八进二　车1平8　　14. 炮八平五　士6进5

黑方易走。

试一试

第1题　下图轮到红方行棋，红方最佳应法是什么？

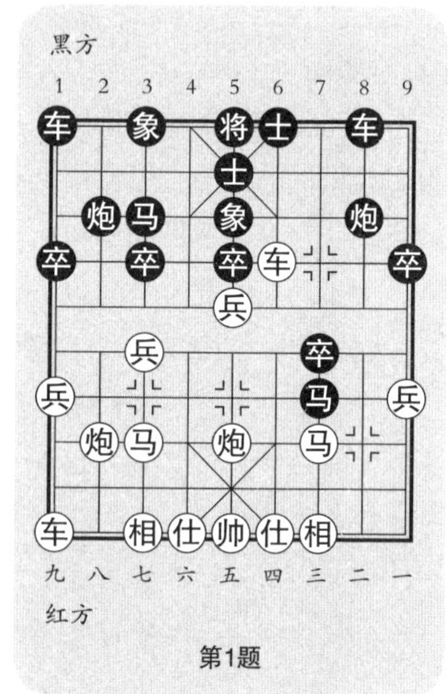

第1题

红方先行

1. 马三进五　……

进马强化中路进攻力量。

1. ……　　炮8进5
2. 炮八进二　马7进5

如炮8平3，马五退七，卒5进1，马七进五，卒7平6，马五进六，马3退4，车四平七，红优。

3. 相七进五　卒5进1
4. 车四平七　……

正确的次序。

4. ……　　马3退4
5. 相五进三　象5退7

准备右炮左移，攻击红方右翼。

6. 仕六进五　炮2平7
7. 相三退一

红方子力活跃，略优。

第2题　下图局面中轮到黑方行棋，黑方最佳应法是什么？

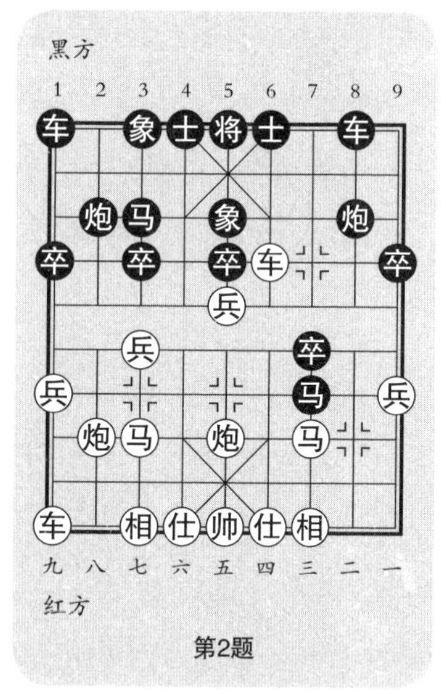

第2题

黑方先行

1. ……　　卒5进1
2. 马三进五　卒5进1
3. 马五进三　炮8平7

平炮亮车的同时，牵制红方三路马，正确。

4. 炮八进二　车1进1

如改走车8进5，则炮五平三，车8进2，炮三平五，黑方无趣。

5. 车四平三　车1平7

车藏炮后，以后车7退1生根，保持对红方三路线的牵制。

6. 马三进四　车7退1　　7. 马四退五　马7退5
8. 炮八平五　士6进5

双方大体均势。

第2局　黑右炮巡河式

记一记

定式基础：

1. 炮二平五　马8进7
2. 马二进三　卒7进1
3. 车一平二　车9平8
4. 车二进六　马2进3
5. 兵七进一　马7进6
6. 马八进七　象7进5
7. 车二退二　炮2进2

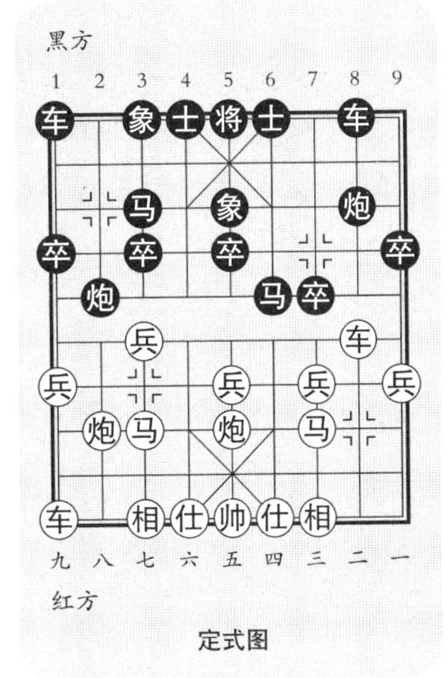

定式图

讲一讲

1. 炮二平五　马8进7
2. 马二进三　卒7进1
3. 车一平二　车9平8　　4. 车二进六　马2进3
5. 兵七进一　马7进6　　6. 马八进七　象7进5
7. 车二退二　炮2进2（图5-2-3）

右炮巡河是近年兴起的走法。如马6进7，则炮八进一，马7进5，相七进五，车1进1，炮八平七，车1平8，炮七进三，红方先手。

8. 车九进一　……

高车准备配合兵五进一形成盘头马横车的阵势。红方如车二平四顶马，则卒3进1，兵七进一，象5进3，黑方子力位置开扬。

8. ……　马6进7
9. 车九平四　……

很有预见性的一着棋。主是要考虑黑马7退8以后，车二平六，双车可以各占一肋，位置灵活。

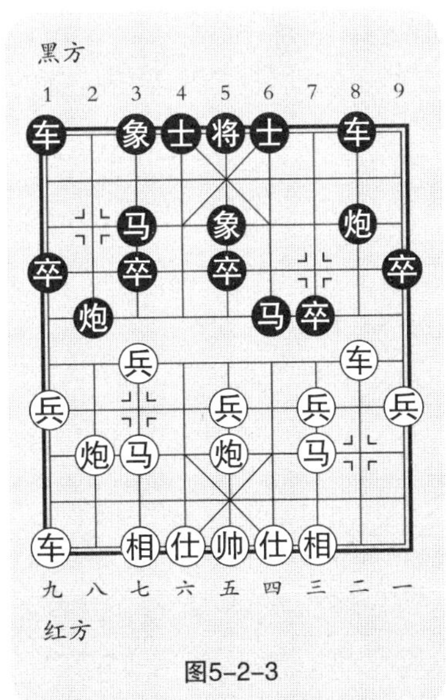

图5-2-3

9. …… 车 1 进 1

10. 车四进五 ……

进车卒林线可以更好地发挥肋车的效率。通常这是红方肋车的最佳落点之一。

10. …… 车 1 平 8（图5-2-4）

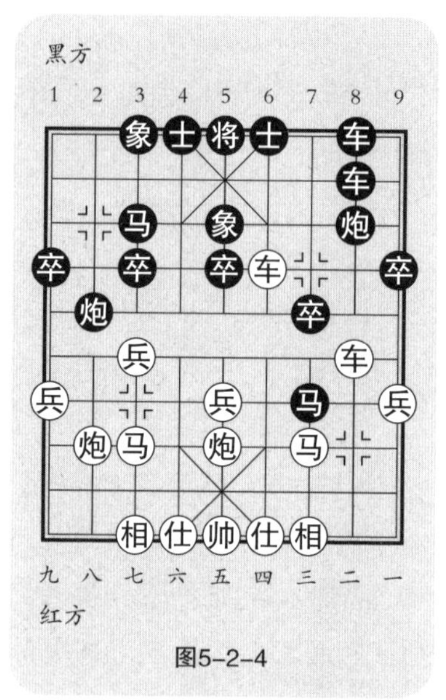

图5-2-4

黑方联成霸王车，解决 8 路线上车炮无根的弱点。如改走车 1 平 7，则炮五进四，马 3 进 5，车四平五，卒 7 进 1，车二进一，炮 2 进 2，马七进六，对攻中红主动。

11. 炮五进四 马 3 进 5

12. 车四平五 炮 8 平 7

13. 车二进四 车 8 进 1

14. 马七进六 ……

红方子力随时在中路集结，黑方子力则在左翼集结，双方形成各攻一翼之势。

14. …… 马 7 退 8 15. 马三退五 ……

正着，如相七进五，则卒 7 进 1，黑方反先。

15. …… 卒 7 进 1 16. 车五平三 卒 7 进 1

红方稍好。

练一练

根据参考图提示，写出布局演变的过程及主要变着。

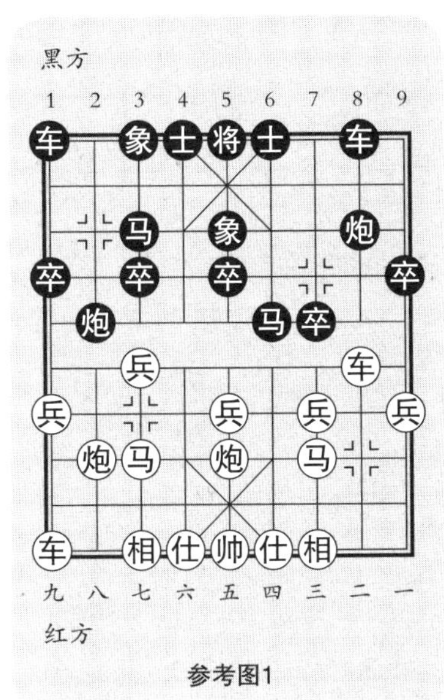

参考图1

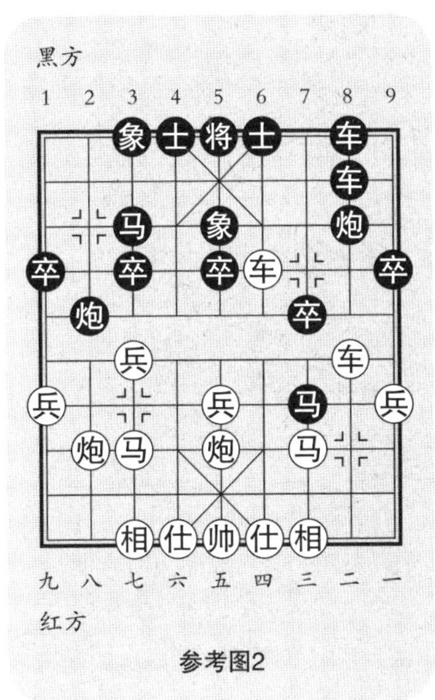

参考图2

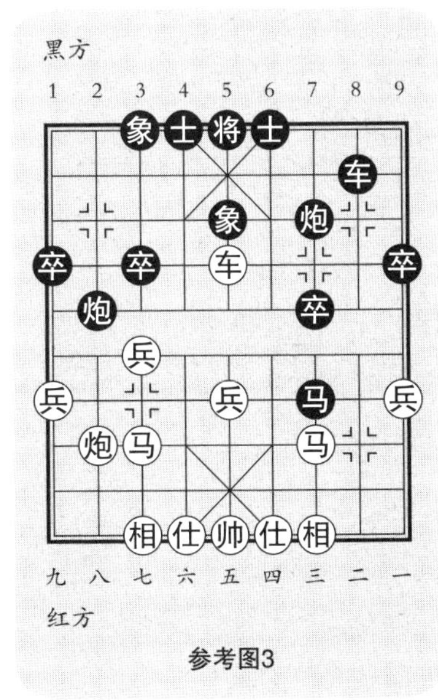

参考图3

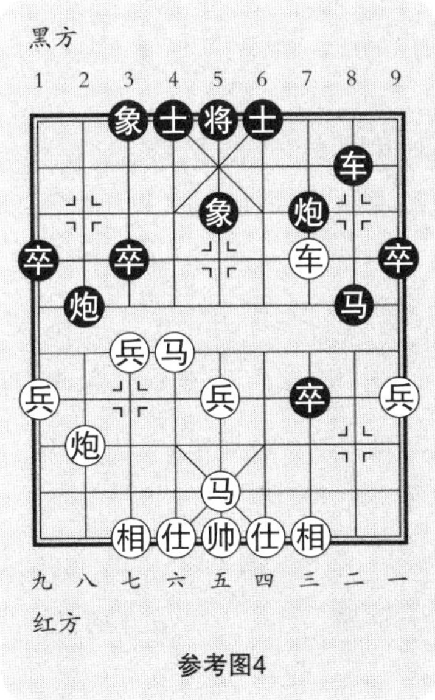

参考图4

想一想

根据基本图和对比图两图之中子力位置的不同之处，分析并写出产生棋形差异的原因。（布局提示：双方以顺炮直车进三兵对横车黑进 3 卒变例布局，第 10 回合的结果图。）

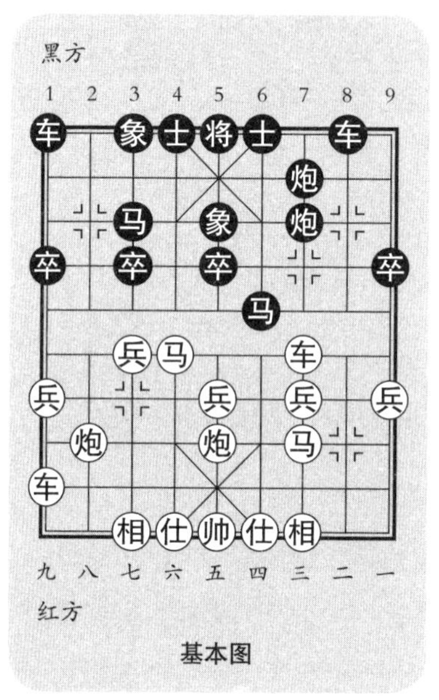

基本图

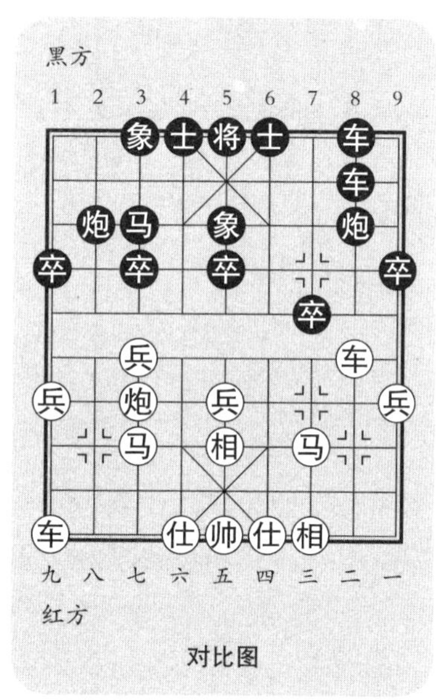

对比图

基本图的布局演变过程：

1. 炮二平五	马 8 进 7	2. 马二进三	车 9 平 8
3. 车一平二	卒 7 进 1	4. 车二进六	马 2 进 3
5. 兵七进一	马 7 进 6	6. 马八进七	象 7 进 5
7. 车二退二	卒 7 进 1	8. 车二平三	炮 8 平 7
9. 车九进一	炮 2 退 1	10. 马七进六	炮 2 平 7

产生差异的原因：

第 7 回合黑方没有走卒 7 进 1，而是选择马 6 进 7，经过以下几个回合演变，形成对比图结果。

7. ……	马 6 进 7	8. 炮八进一	马 7 进 5
9. 相七进五	车 1 进 1	10. 炮八平七	车 1 平 8

打打谱

请同学们把下面两则实战对局的棋谱用棋盘摆出来，在打谱的过程中找一找与定式里讲的棋谱有哪些不同，不同之处在棋谱上标记出来。（注：“！”表示好棋，“？”表示疑问手。）

第1局　武汉 万科　和　成都 李艾东

2019年全国象棋甲级联赛预选赛

1. 炮二平五	马8进7		2. 马二进三	卒7进1
3. 车一平二	车9平8		4. 车二进六	马2进3
5. 兵七进一	马7进6		6. 马八进七	象7进5
7. 车二退二	马6进7		8. 炮八进一	马7进5
9. 相七进五	马3退5？		10. 兵五进一！	马5进7
11. 炮八平五！	炮8退1		12. 马三进四	车1进1
13. 马四进五	炮8平9？		14. 车二进五	马7退8

红方优势。

第2局　辽宁 范思远　负　山西 韩强

2017年“玉祁酒业杯”全国象棋团体赛

1. 炮二平五	马8进7		2. 马二进三	卒7进1
3. 车一平二	车9平8		4. 车二进六	马2进3
5. 兵七进一	马7进6		6. 马八进七	象7进5
7. 车二退二	炮2进2		8. 车二平四	马6退7
9. 车四进二	车1进1		10. 兵九进一	炮8进2
11. 车九进三	卒3进1！		12. 兵七进一	炮8平3
13. 马七进六	马3进4		14. 车四退三	炮2退2

大体均势。

试一试

第1题　下图轮到红方行棋，红方最佳应法是什么?

红方先行

1. 车二平三　炮8平7

平7路炮对红方三路车有牵制。如改走炮8平6，则车九进一，炮2进4，兵五进一，以后红方通过兵五进一先弃后取，从中路打开局面，演变下去红方主动。

2. 车九进一　　炮2退1

退炮是炮8平7的后续手段。

3. 马七进六　　……

兑马同时给三路马生根。

3. ……　　炮2平7

4. 马六进四　　……

准备一车换双，谋势之着。

4. ……　　后炮进4

5. 马四进三　　车8平7

6. 兵三进一　　车7进2

7. 马三进四　　车1平2

正着。如车7进3,则马四进六,车1平2，炮八进四，车2进2后红方有炮五平八打车再相三进五的调形的先手。

8. 炮八平九

红方主动。

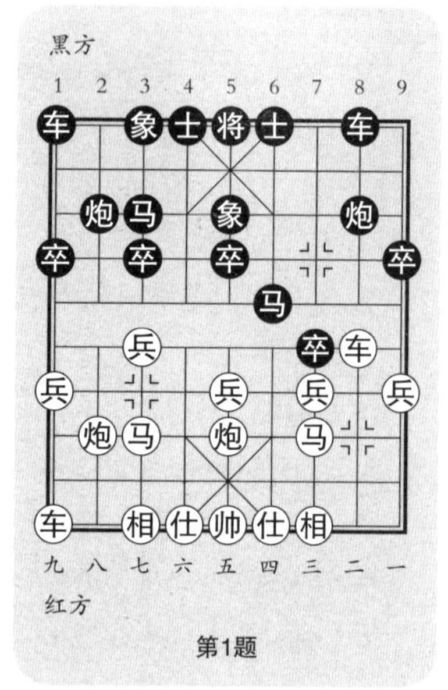

第1题

第2题　下图局面中轮到黑方行棋，黑方最佳应法是什么?

黑方先行

1. ……　　车1进1

起横车，准备形成各攻一翼的局面。

2. 仕六进五　　……

补仕增强右翼防守厚度。如兵三进一，则车8平7，兵三进一，车7进4，马三进二，车7进5，仕六进五，炮6进7，仕五退四，马6进8，车六平四，车八平二，车1平6，马8退7，黑方大优。

2. ……　　车8进1

保留车1平4抢兑红方肋车的选择。

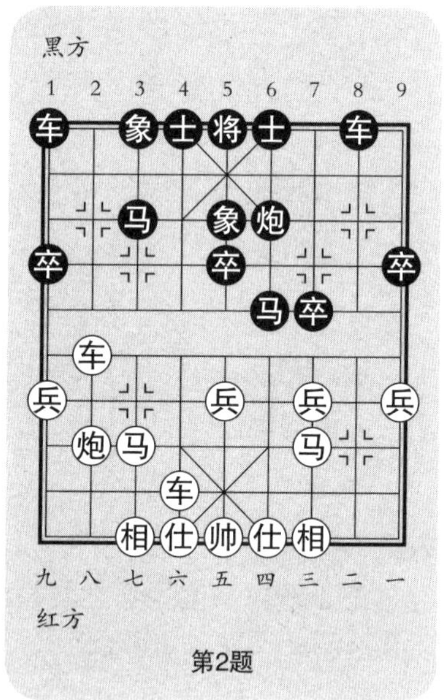

第2题

3. 车八平七　　马6进7　　4. 车六进五　　马7退6

5. 车六平七　　车1平2

引红方跳外马后再平肋车，必要过门手段。

6. 马七进八　　车 2 平 4　　　7. 炮八平六　　车 4 进 4

兑车好棋，给 6 路马找到好位置。

8. 后车平六　　马 6 进 4　　　9. 车七退二　　马 4 退 6

黑方主动。

第 3 节　黑右横车型

第 1 局　红冲中兵式

记一记

定式基础：

1. 炮二平五　　马 8 进 7
2. 马二进三　　车 9 平 8
3. 车一平二　　卒 7 进 1
4. 车二进六　　马 2 进 3
5. 兵七进一　　马 7 进 6
6. 马八进七　　车 1 进 1
7. 兵五进一　　卒 7 进 1

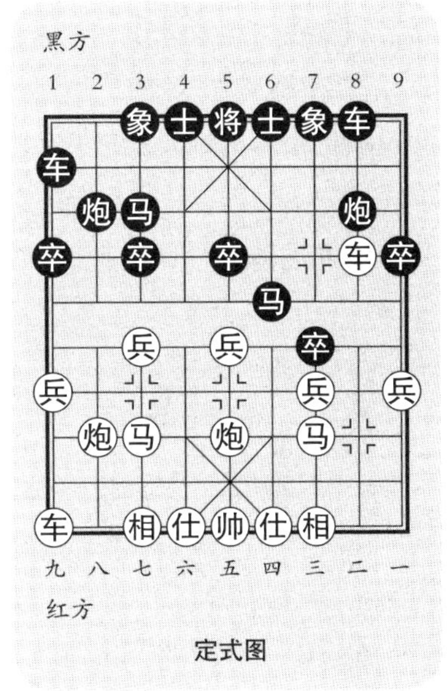

定式图

讲一讲

1. 炮二平五　　马 8 进 7
2. 马二进三　　车 9 平 8
3. 车一平二　　卒 7 进 1　　　4. 车二进六　　马 2 进 3
5. 兵七进一　　马 7 进 6　　　6. 马八进七　　车 1 进 1

横车是对攻性较强的下法，通过把主力第一时间投入战斗，将局面引向复杂化。

7. 兵五进一　　……

针对黑方中路空虚，进中兵是典型的直攻着法。

7. ……　　　　卒 7 进 1

在盘河马将要受到攻击的时候要马上冲卒欺车，这是必然的理论！

8. 车二平四　卒 7 进 1

9. 兵五进一　……（图5-3-1）

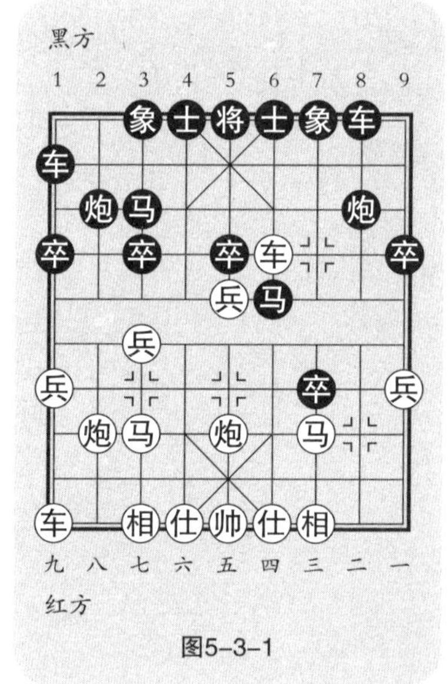

图5-3-1

冲中兵降低盘河马的效率。

9. ……　卒 7 进 1

10. 兵五进一　士 4 进 5

11. 车四退一　车 1 平 4

出肋车为后续整体进攻做准备。

12. 兵五平四　象 7 进 5

如改走将 5 平 4，则炮仕六进五，以后炮五平六打将，红方先手。

13. 炮八平九　……

准备出车捉炮发动进攻。

13. ……　车 4 进 5（图5-3-2）

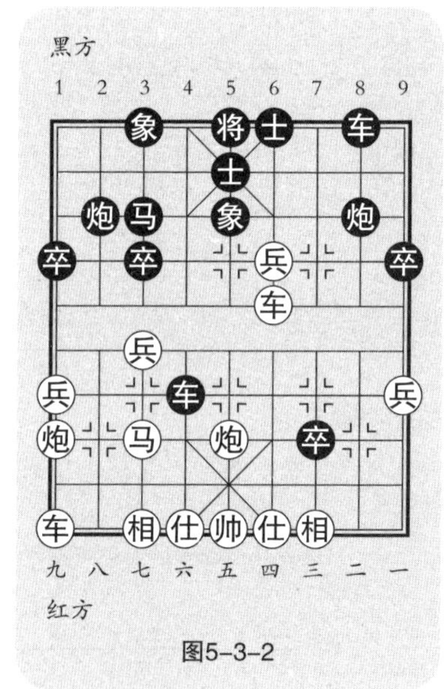

图5-3-2

车进兵林线，以后掩护 2 路炮对红方进行封锁。

14. 车九平八　炮 2 进 4

15. 车四平二　……

平车牵制黑方 8 路线上无根车炮。

15. ……　卒 7 平 6

16. 炮五进六　……

炮打中士，简明。

16. ……　士 6 进 5

17. 炮九平四　……

红方用一炮换掉对方一士和一个过河卒。黑方失去过河卒以后，8 路车炮又被牵制，红方得大于失。

17. ……　炮 2 平 9　　18. 仕六进五　卒 3 进 1

双方大体均势。

练一练

根据参考图提示，写出布局演变的过程及主要变着。

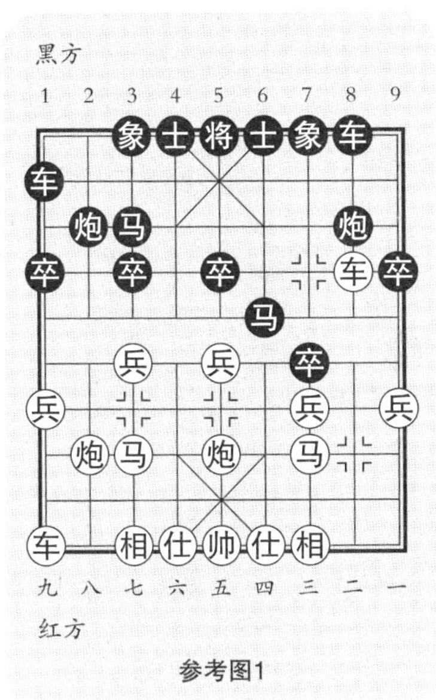

参考图1

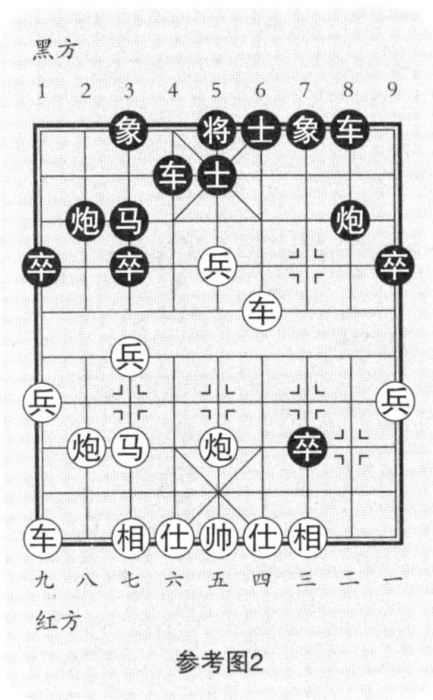

参考图2

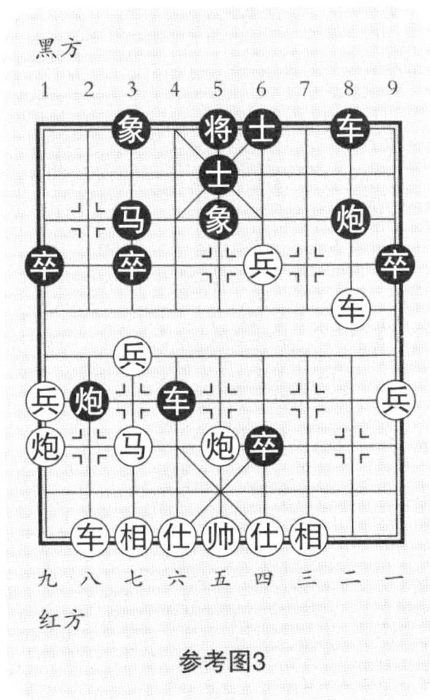

参考图3

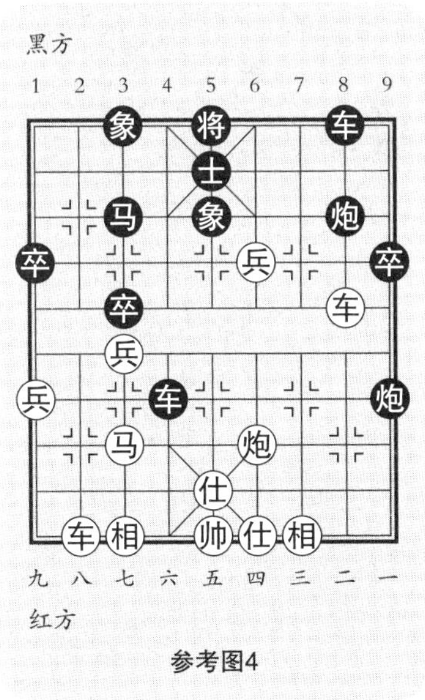

参考图4

想一想

根据基本图和对比图两图之中子力位置的不同之处，分析并写出产生棋形差异的原因。（布局提示：双方以中炮过河车对屏风马左马盘河，黑进右横车红进中兵变例布局，第 12 回合的结果图。）

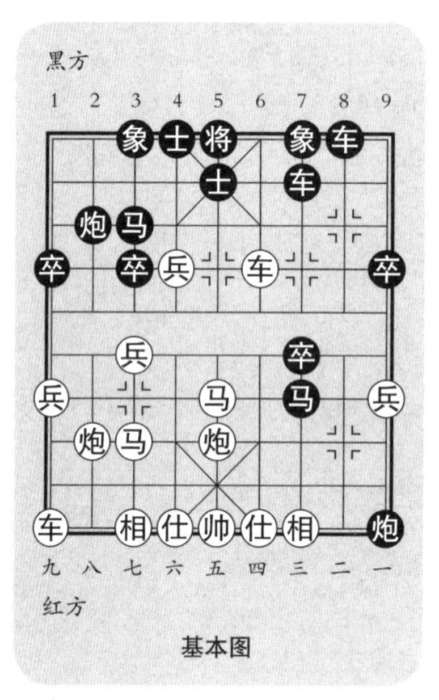

基本图

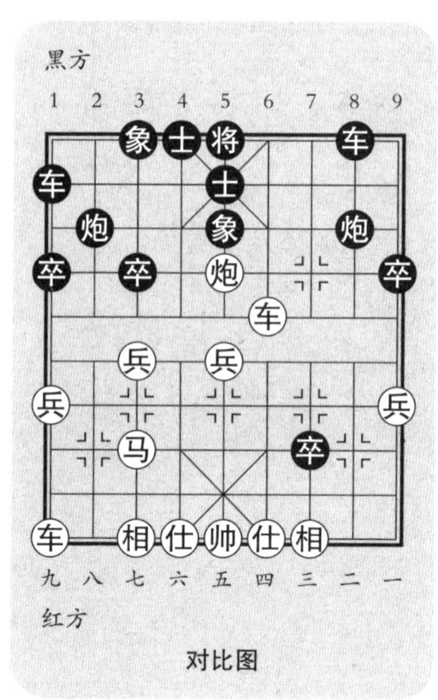

对比图

基本图的布局演变过程：

1. 炮二平五	马 8 进 7	2. 马二进三	车 9 平 8
3. 车一平二	卒 7 进 1	4. 车二进六	马 2 进 3
5. 马八进七	马 7 进 6	6. 兵七进一	车 1 进 1
7. 兵五进一	卒 7 进 1	8. 车二平四	马 6 进 7
9. 兵五进一	车 1 平 7	10. 兵五进一	士 6 进 5
11. 马三进五	炮 8 进 7	12. 兵五平六	炮 8 平 9

产生差异的原因：

第 9 回合红方没有走兵五进一，而是直接选择车四退一，经过以下几个回合演变，形成对比图结果。

9. 车四退一	卒 7 进 1	10. 炮八进四	象 7 进 5
11. 炮八平五	马 3 进 5	12. 炮五进四	士 6 进 5

打打谱

请同学们把下面两则实战对局的棋谱用棋盘摆出来，在打谱的过程中找一找与定式里讲的棋谱有哪些不同，不同之处在棋谱上标记出来。（注：“！”表示好棋，“？”表示疑问手。）

第1局　河北 申鹏　负　杭州 王天一

2021年“即墨杯”全国象棋团体赛

1. 炮二平五	马8进7	2. 马二进三	车9平8
3. 车一平二	卒7进1	4. 车二进六	马2进3
5. 兵七进一	马7进6	6. 马八进七	车1进1
7. 兵五进一	卒7进1	8. 车二平四	卒7进1
9. 兵五进一	卒7进1	10. 兵五进一	士4进5
11. 车四退一	车1平4	12. 兵五平四	象7进5
13. 炮八平九	车4进5	14. 车九平八	炮2进4

双方均势。

第2局　北京 金波　和　河南 曹岩磊

2020年“万科·拾光杯”全国象棋团体赛

1. 炮二平五	马8进7	2. 马二进三	车9平8
3. 车一平二	马2进3	4. 兵七进一	卒7进1
5. 车二进六	马7进6	6. 马八进七	车1进1
7. 兵五进一	卒7进1	8. 车二平四	卒7进1
9. 兵五进一	卒7进1	10. 兵五进一	士4进5
11. 车四退一	车1平4	12. 兵五平四	象7进5
13. 车四平二	车4进5	14. 炮五进二	卒7进1

黑方稍好。

试一试

第1题　下图轮到红方行棋，红方最佳应法是什么？

红方先行

1. 马三退五　……

退窝心马，保留右翼的防守子力，正着。

1. ……	马6进8	2. 兵五进一	马3进5

3. 炮五进五　　……

主动换炮是正确的选择。如车四平五，则炮5退1,黑方保留中炮以后,对红中路有牵制。

3. ……　　　炮2进1

4. 炮五平六　　车1平5

这是黑方反击的要点，给中马生根以后，再卒3进1把红方四路车赶走,以后再马5进7,黑方有攻势。

5. 炮六退四　　……

退兵林炮，位置恰到好处，准备炮六平五平炮中攻。

第1题

5. ……　　　卒3进1

6. 车四退四　　卒3进1

7. 炮六平五　　象7进5

8. 车九进一

红方主动。

第2题　下图局面中轮到黑方行棋，黑方最佳应法是什么?

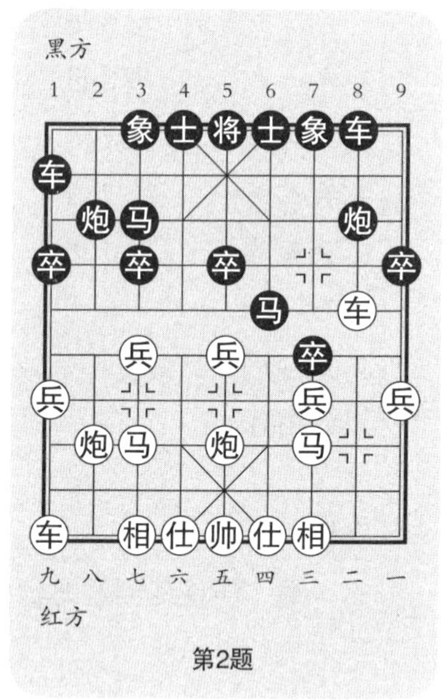

第2题

黑方先行

1. ……　　　马6进7

黑方准备把7路线作为自己的主攻线路。

2. 兵五进一　　车1平7

3. 兵五进一　　士6进5

4. 马七进六　　卒7平6

平卒闪车更深层意义是以后再平中卒削弱红方中路攻击的力量。

5. 车二进一　　炮2进1

进炮牵制中兵，延缓红方进攻势头。

6. 车九进一　　车7进3

高车攻守兼备。

7. 兵七进一　　卒3进1　　　8. 兵五进一　　象7进5

弃掉攻防作用不大的2路炮，换取双卒过河，正确。

9. 车二平八　卒3进1　　10. 马六进七　炮8平6

黑方主动。

第2局　红平车捉马式

记一记

定式基础：

1. 炮二平五　马8进7
2. 马二进三　车9平8
3. 车一平二　卒7进1
4. 车二进六　马2进3
5. 兵七进一　马7进6
6. 马八进七　车1进1
7. 车二平四　马6进7
8. 马七进六　车8进1

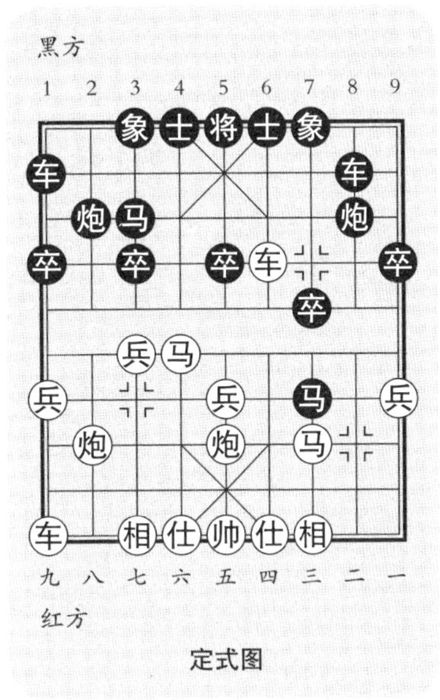

定式图

讲一讲

1. 炮二平五　马8进7
2. 马二进三　车9平8
3. 车一平二　卒7进1
4. 车二进六　马2进3
5. 兵七进一　马7进6
6. 马八进七　车1进1
7. 车二平四　……（图5-3-3）

红方平车捉马是一路相对稳健的走法。

7. ……　马6进7

8. 马七进六　……

红方左马盘河配合红过河车，积极主动。

8. ……　车8进1

黑方升车待机而动。

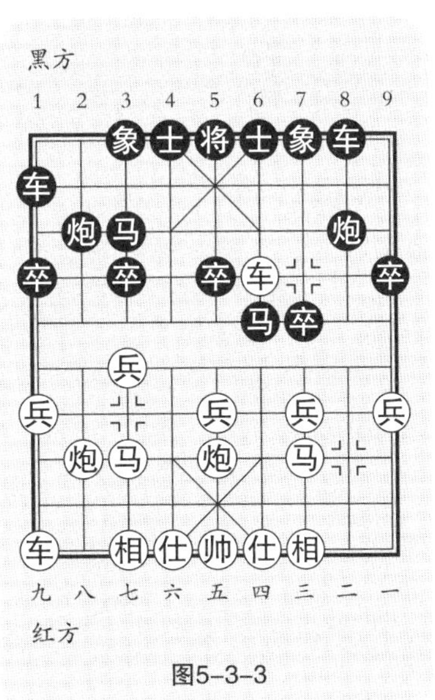

图5-3-3

9. 炮五平四　……

平炮封锁肋线，不给黑方兑车调形的机会。

9. ……　　　炮8平7

平炮亮车，正确。

10. 仕四进五　……

如改走炮八平七，则车1平4，马六进七，车8进7，仕六进五，车8平7，车四平三，车4进3，双方对峙。

10. ……　　　象3进5（图5-3-4）

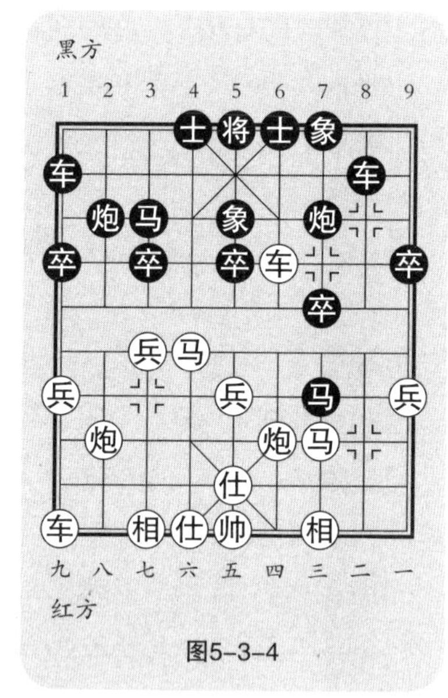

图5-3-4

黑方也不好急于车1平4，马六进七，车4进3，炮八平六，红方各子俱活，黑方无趣。

11. 炮八平六　车8进4

12. 车九平八　车8平4

13. 车八进七　士4进5

先补士，用1路车盯住边线，老练。如车1平8，则炮六平九，红方有边路突破的机会。

14. 相三进五　车1退1　　　15. 车八退一　卒5进1

红方略优。

练一练

根据参考图提示，写出布局演变的过程及主要变着。

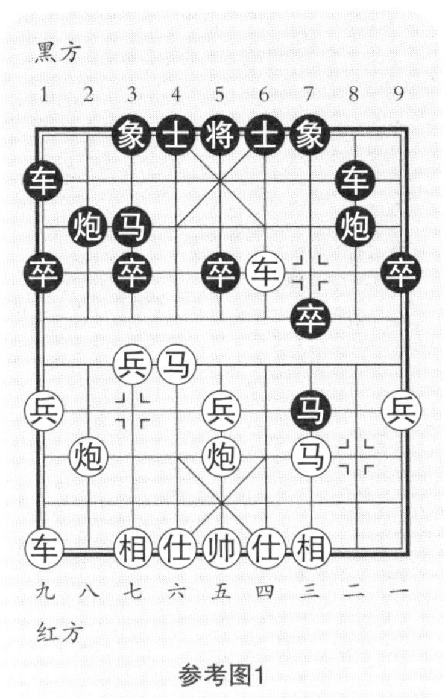

参考图1

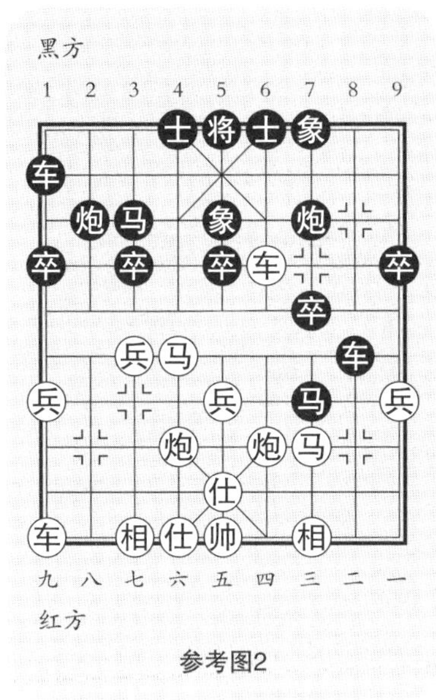

参考图2

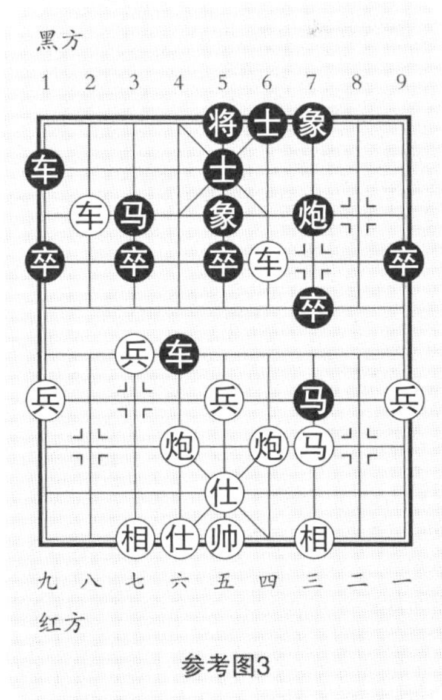

参考图3

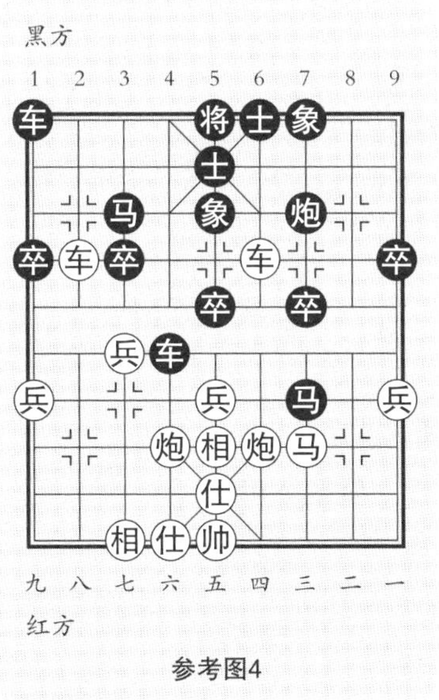

参考图4

想一想

根据基本图和对比图两图之中子力位置的不同之处，分析并写出产生棋形差异的原因。（布局提示：双方以中炮过河车对屏风马左马盘河，黑进右横车红平车捉马变例布局，第 12 回合的结果图。）

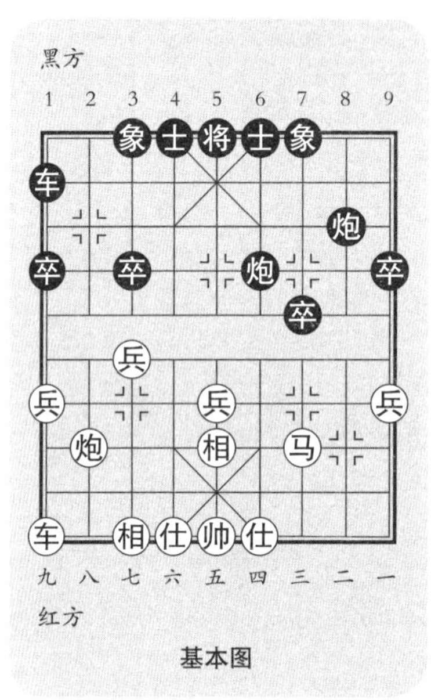

基本图

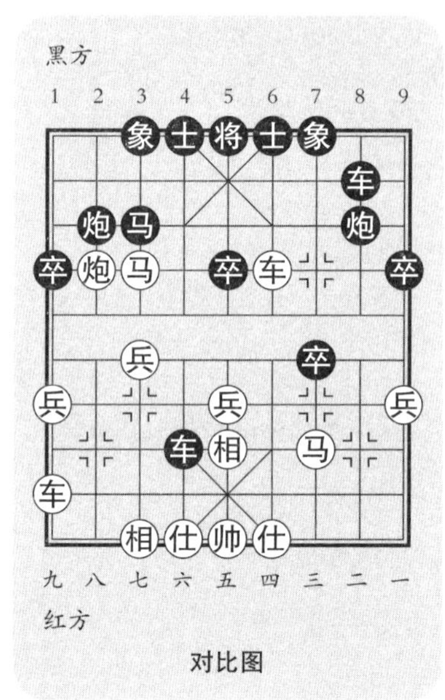

对比图

基本图的布局演变过程：

1. 炮二平五　马 8 进 7　　2. 马二进三　卒 7 进 1
3. 车一平二　车 9 平 8　　4. 车二进六　马 2 进 3
5. 兵七进一　马 7 进 6　　6. 马八进七　车 1 进 1
7. 车二平四　马 6 进 7　　8. 马七进六　车 8 进 1
9. 马六进五　马 7 进 5　　10. 相三进五　炮 2 进 1
11. 马五进七　炮 2 平 6　　12. 马七进九　车 8 平 1

产生差异的原因：

第 9 回合红方没有走马六进五，而是选择车九进一，经过以下几个回合演变，形成对比图结果。

9. 车九进一　马 7 进 5　　10. 相三进五　车 1 平 4
11. 马六进七　车 4 进 6　　12. 炮八进四　卒 7 进 1

打打谱

请同学们把下面两则实战对局的棋谱用棋盘摆出来，在打谱的过程中找一找与定式里讲的棋谱有哪些不同，不同之处在棋谱上标记出来。（注：“！”表示好棋，“？”表示疑问手。）

第1局　上海 孙勇征　胜　厦门 陈泓盛

2021年全国象棋甲级联赛

1. 炮二平五　马8进7　2. 马二进三　车9平8
3. 车一平二　卒7进1　4. 车二进六　马2进3
5. 兵七进一　马7进6　6. 马八进七　车1进1
7. 车二平四　马6进7　8. 马七进六　车8进1
9. 炮五平六　车1平6　10. 车四进二　车8平6
11. 相七进五　象3进5　12. 炮八平七　炮2进3
13. 马六进七　车6平4　14. 仕六进五　炮2退5？

大体均势。

第2局　广东 许银川　和　上海 孙勇征

2020年第9届“碧桂园杯”全国象棋冠军邀请赛

1. 炮二平五　马8进7　2. 马二进三　车9平8
3. 车一平二　马2进3　4. 兵七进一　卒7进1
5. 车二进六　马7进6　6. 马八进七　车1进1
7. 车二平四　马6进7　8. 马七进六　马7进5
9. 相七进五　车1平4　10. 马六进七　车4进6
11. 炮八退二　炮8平7　12. 车四平三　车8进2
13. 马三进四　炮7平5！　14. 仕六进五　炮5进4

大体均势。

试一试

第1题　下图轮到红方行棋，红方最佳应法是什么？

红方先行

1. 炮五平六　……

平炮封锁肋线为保留复杂变化做准备。

1. ……　车8进1　2. 相七进五　……

先飞相稳健，以黑方车1平6兑车时，红方可以车四平一避兑，黑方没有车6进4捉马的先手。如先走炮八平七，则车1平6，车四进二（车四平一，车6进4！），车8平6，相七进五，车6进4，马六进七，炮2退1，以后黑炮2平8，双方形成各攻一翼的局面，红方不利。

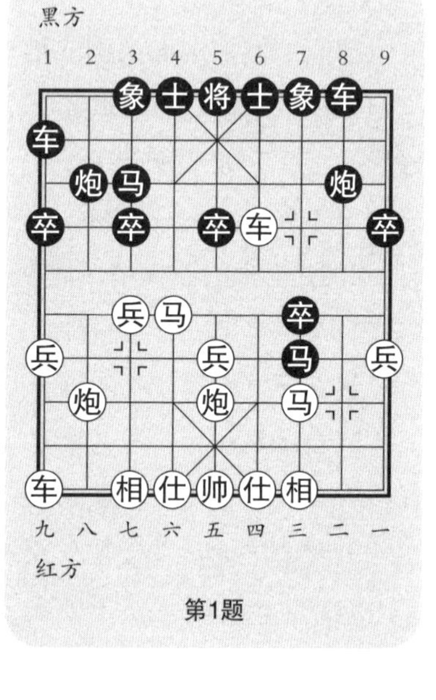

第1题

2. ……　　　　车1平6

3. 车四平一　　卒7平6

4. 仕六进五　　卒6进1

进卒对红方更有威胁，如卒6平5交换，则兵五进一，马7退5，车九平六，红方满意。

5. 炮八平七　　车6进4

6. 马六退四　　……

红方同样不能走马六进七，黑方车8平4以后，双车位置俱佳，黑方满意。

6. ……　　　　车6进1　　　7. 兵七进一　　……

冲七兵是红方获得优势的关键。如炮六进一，则车6进2，炮七退一，车6退6，炮六平三，炮2进5，马三退一，炮8进6，炮七进二，炮2退1，双方互缠，黑方有对攻的机会。

7. ……　　　　卒3进1

8. 炮七进五

红方主动。

第2题　下图局面中轮到黑方行棋，黑方最佳应法是什么？

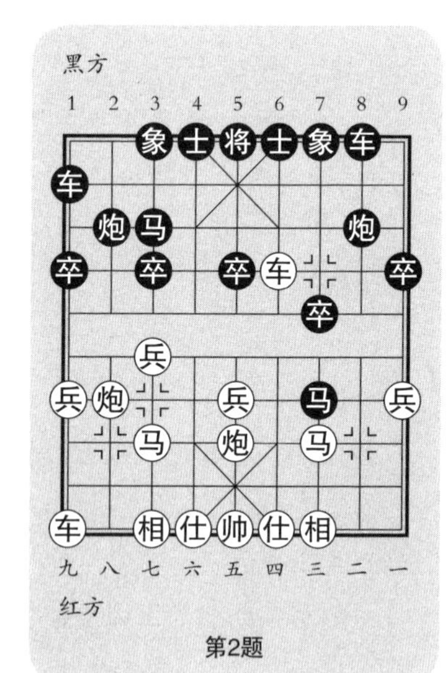

第2题

黑方先行

1. ……　　　　马7进5

2. 相七进五　　车8进1

高车以后形成霸王车，虽然在步数上有损失，但是红方同样失去车四平二牵制的机会，同时黑方可以利用霸王车抢占肋线。

3. 炮八平七　　车1平6

4. 车四平三 ……

如车四进二，则车8平6，车九平八，炮2平1，炮七进三，象3进5，车八进七，炮1退1，以后黑方1路炮可以炮1平7或炮1平5，徐图反击。

4. …… 象3进5 5. 车九平八 ……

如车四进三，黑方有车6进6的反击手段，红方亏损。

5. …… 炮2退1

顺势退炮，是黑方的要点。

6. 马三进二 车8平7 7. 车三平二 炮8进3

8. 车二退二 车7平8 9. 车二进四 ……

红方如车二平六继续避兑，黑方可以车6进7，仕六进五，炮2平7，相三进一，车8进6，黑方有攻势。

9. …… 炮2平8

黑方满意。

第6章　五九炮过河车对屏风马平炮兑车

第1节　黑跳外马型

第1局　红炮打中兵式

记一记

定式基础：

1. 炮二平五　马8进7
2. 马二进三　车9平8
3. 车一平二　卒7进1
4. 车二进六　马2进3
5. 兵七进一　炮8平9
6. 车二平三　炮9退1
7. 马八进七　士4进5
8. 炮八平九　车1平2
9. 车九平八　炮9平7
10. 车三平四　马7进8
11. 炮五进四

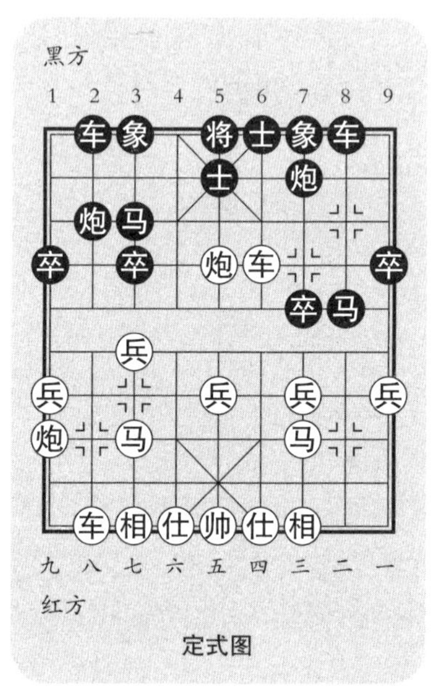

定式图

讲一讲

1. 炮二平五　马8进7　　2. 马二进三　车9平8
3. 车一平二　卒7进1　　4. 车二进六　马2进3
5. 兵七进一　炮8平9　　6. 车二平三　炮9退1
7. 马八进七　士4进5　　8. 炮八平九　……

红方开边炮瞄黑方边兵兼通车路准备牵制黑方右翼，使两翼子力平衡发展。屏风马方面一般采取右马护守中路，马7进8，借7路炮的威力意图反扑。

8. ……　车1平2　　9. 车九平八　……（图6-1-1）

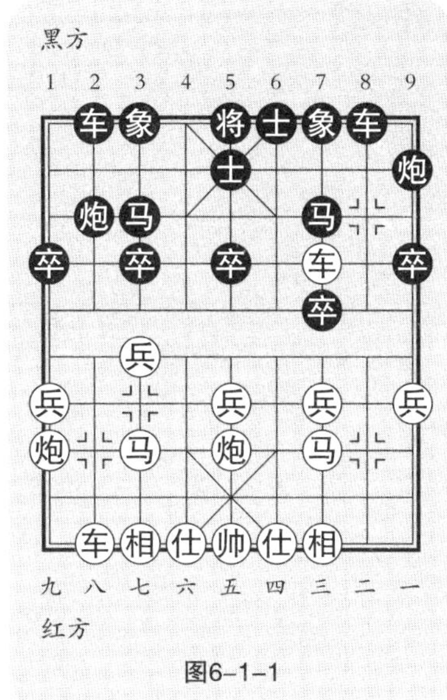

图6–1–1

双方演成五九炮对屏风马局，红方尽快亮出左车，以当头炮从中线牵制，边炮伺机取卒偷袭，双车左右配合，构成钳形攻势。

9. ……　　　　炮 9 平 7

10. 车三平四　马 7 进 8

黑方跳外马，威胁红方右翼。

11. 炮五进四　……

通过兑子，红车离开肋线，避免黑冲 7 卒反击，同时造成黑右车炮失根，便于牵制。

11. ……　　　　马 3 进 5

12. 车四平五　炮 7 进 5（图6–1–2）

13. 马三退五　……

退窝心马是最新流行的着法。如果相三进五，黑接走卒 7 进 1，以后马 8 进 6 是先手，所以飞相不能把棋补干净，而这步马三退五，一步就能补干净，同时也为以后马七进六再马五进七连环而出做好了准备。

13. ……　　　　卒 7 进 1

14. 车八进四　……

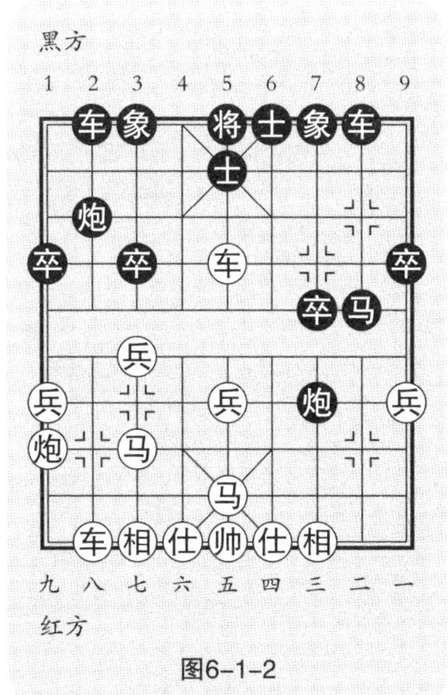

图6–1–2

同样进车，如果进六则成无跟车，将来有可能在黑方有机会平炮闪击时遭到抽兑。

如车八进六，马 8 进 6，车五退二，车 8 进 8，伏有车 8 平 6 再炮 2 平 6 闪击。

14. ……　　　　马 8 进 6

15. 车五退一　车 8 进 8

16. 炮九退一　……

不能让黑车平 6 制住马。如改走炮九平八，车 8 平 6，伏马 6 进 7 和炮 2 平 6 等多种手段。

16. ……　　　　车 8 退 1

双方各有千秋。

练一练

根据参考图提示，写出布局演变的过程及主要变着。

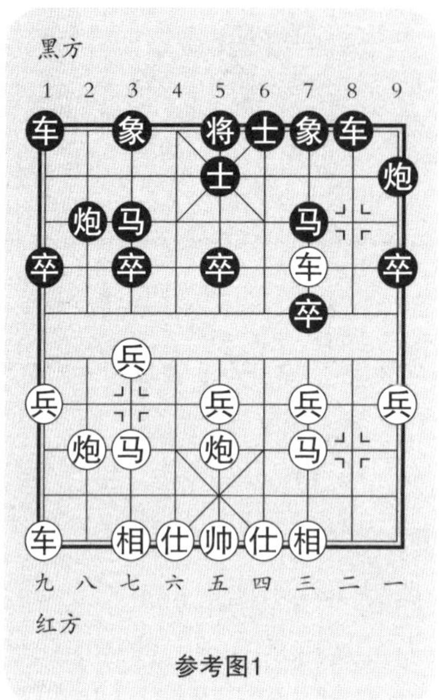

参考图1

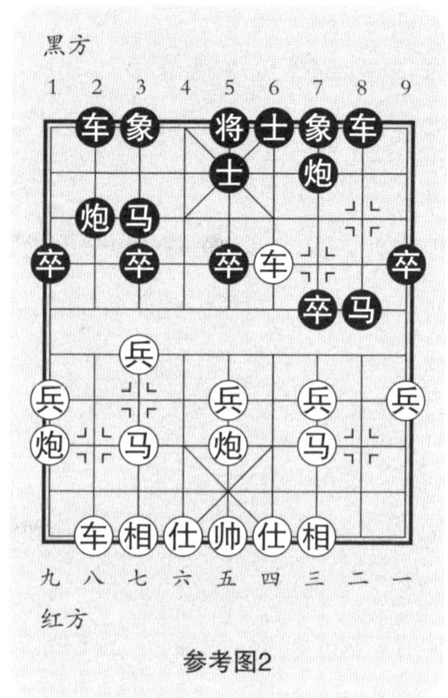

参考图2

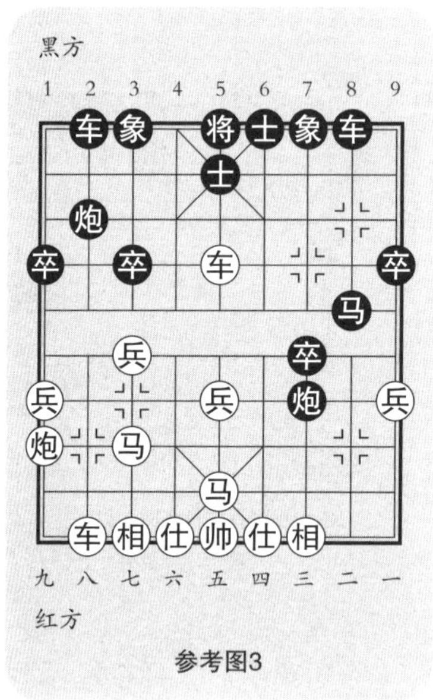

参考图3

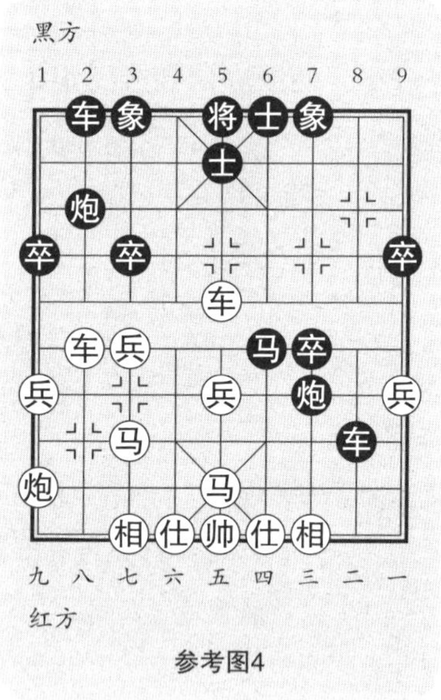

参考图4

想一想

根据基本图和对比图两图之中子力位置的不同之处，分析并写出产生棋形差异的原因。（布局提示：双方以五九炮过河车对屏风马平炮兑车，红炮打中卒变例布局，第16回合的结果图。）

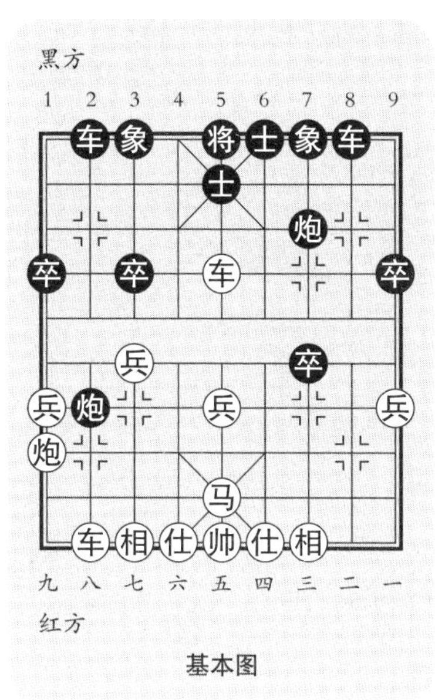

基本图

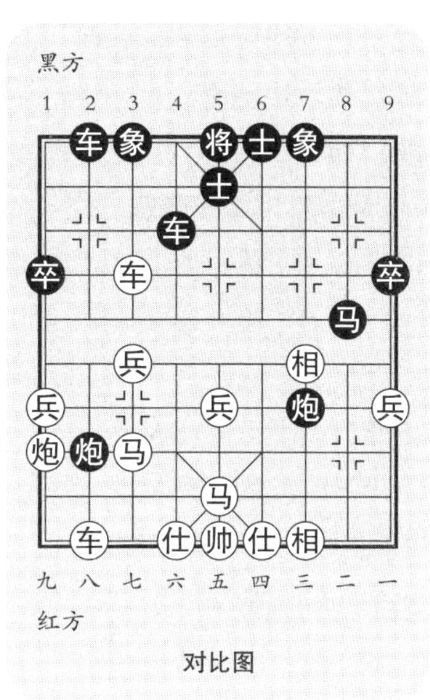

对比图

基本图的布局演变过程：

1. 炮二平五	马8进7	2. 马二进三	车9平8
3. 车一平二	马2进3	4. 兵七进一	卒7进1
5. 车二进六	炮8平9	6. 车二平三	炮9退1
7. 马八进七	士4进5	8. 炮八平九	车1平2
9. 车九平八	炮9平7	10. 车三平四	马7进8
11. 炮五进四	马3进5	12. 车四平五	炮7进5
13. 马三退五	炮2进4	14. 马七进六	卒7进1
15. 马六进四	马8退7	16. 马四进三	炮7退4

产生差异的原因：

第13回合黑方没有走炮2进4，而是选择炮2进5，经过以下几个回合演变，形成对比图结果。

13. …… 炮 2 进 5　14. 相七进五 车 8 进 2
15. 车五平七 卒 7 进 1　16. 相五进三 车 8 平 4

打打谱

请同学们把下面两则实战对局的棋谱用棋盘摆出来，在打谱的过程中找一找与定式里讲的棋谱有哪些不同，不同之处在棋谱上标记出来。（注：“！”表示好棋，“？”表示疑问手。）

第 1 局　杭州 申鹏　负　浙江 黄竹风

2021 年全国象棋甲级联赛

1. 炮二平五 马 8 进 7　2. 马二进三 车 9 平 8
3. 车一平二 马 2 进 3　4. 兵七进一 卒 7 进 1
5. 车二进六 炮 8 平 9　6. 车二平三 炮 9 退 1
7. 马八进七 士 4 进 5　8. 炮八平九 车 1 平 2
9. 车九平八 炮 9 平 7　10. 车三平四 马 7 进 8
11. 炮五进四 马 3 进 5　12. 车四平五 炮 7 进 5
13. 相三进五 卒 7 进 1　14. 车八进四 马 8 进 6
15. 车五退二 马 6 进 7　16. 车五平三 车 8 进 6

大体均势。

第 2 局　北京 蒋川　胜　四川 郑惟桐

2018 年“中国辉南龙湾杯”全国象棋电视快棋赛

1. 炮二平五 马 8 进 7　2. 马二进三 车 9 平 8
3. 车一平二 马 2 进 3　4. 兵七进一 卒 7 进 1
5. 车二进六 炮 8 平 9　6. 车二平三 炮 9 退 1
7. 马八进七 士 4 进 5　8. 炮八平九 车 1 平 2
9. 车九平八 炮 9 平 7　10. 车三平四 马 7 进 8
11. 炮五进四 马 3 进 5　12. 车四平五 炮 7 进 5
13. 马三退五 卒 7 进 1　14. 车八进五 马 8 进 6
15. 车五退二 车 8 进 8　16. 炮九退一 车 8 退 1

红方主动。

试一试

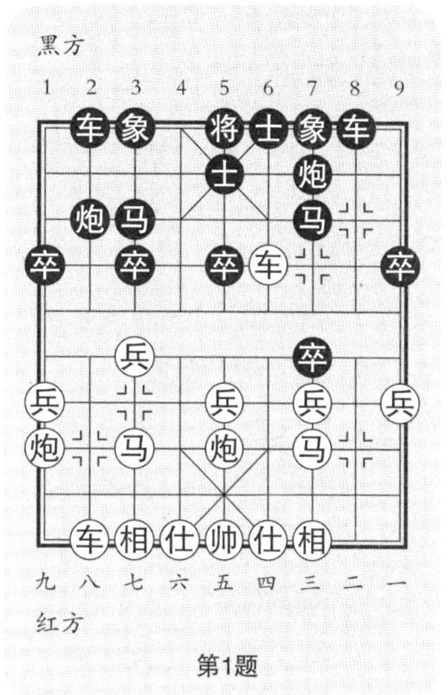

第1题

第 1 题　下图轮到红方行棋，红方最佳应法是什么?

红方先行

1. 兵三进一　……

冲兵是正确的走法。

1. ……　马 7 进 8

2. 炮五进四　……

炮打中卒简明有力。

2. ……　马 3 进 5

如象 3 进 5，则兵三进一，马 3 进 5，车四平五，炮 2 进 5，马七进六，马 8 进 9，车五平三，炮 7 进 3，马三进一，车 8 进 6，车三平一，红优。

3. 车四平五　马 8 进 6

准备弃马抢攻。

4. 马三进四　炮 7 进 8　　5. 仕四进五　炮 2 进 6

伺机左炮右移。

6. 车五平四　……

防守要点。

6. ……　炮 7 平 9

7. 马四退三　……

红方通过多子力联防稳固后防阵地。

7. ……　车 8 进 9

8. 车四退六　车 8 平 6

9. 帅五平四

红优。

第 2 题　下图局面中轮到黑方行棋，黑方最佳应法是什么?

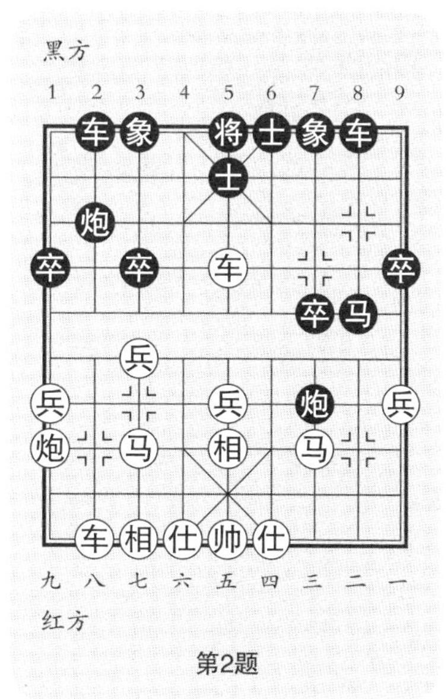

第2题

黑方先行

1. ……　卒 7 进 1

先通马路，局面较为平稳。

2. 相五进三　　……

如改走车五平七，则马 8 进 6，马七进六，炮 2 进 5！红方受制。

2. ……　　　　炮 2 进 6

进炮压车，待机摆脱红车的牵制。

3. 车五退二　　马 8 进 9

先弃后取的走法。

4. 马三进一　　炮 7 进 3

直接进炮叫将，正确的次序。如车 8 进 6，则相三退五，炮 7 进 1，马七进八，炮 7 平 1，马八退九，车 8 平 9，马九进七，炮 2 退 1，车八进一，随着红方子力渐次活跃出来，稳持先手。

5. 仕四进五　　炮 7 平 9　　　6. 相三退五　　车 8 进 9

7. 仕五退四　　车 8 退 2　　　8. 相五退三　　……

如仍走仕四进五，则车 2 进 2，黑方可以弃炮抢攻。

8. ……　　　　车 8 平 3　　　9. 炮九进四　　象 3 进 5

黑方满意。

第 2 局　红肋车捉炮式

记一记

定式基础：

1. 炮二平五　　马 8 进 7
2. 马二进三　　车 9 平 8
3. 车一平二　　卒 7 进 1
4. 车二进六　　马 2 进 3
5. 兵七进一　　炮 8 平 9
6. 车二平三　　炮 9 退 1
7. 马八进七　　士 4 进 5
8. 炮八平九　　炮 9 平 7
9. 车三平四　　马 7 进 8
10. 车九平八　　车 1 平 2

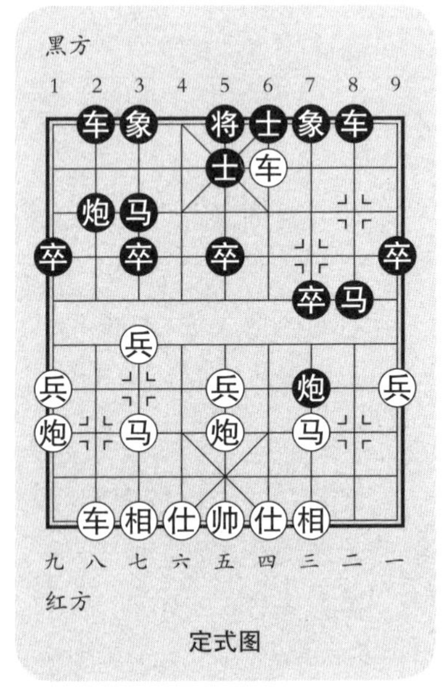

定式图

11. 车四进二　炮 7 进 5

讲一讲

1. 炮二平五　马 8 进 7　　2. 马二进三　车 9 平 8
3. 车一平二　卒 7 进 1　　4. 车二进六　马 2 进 3
5. 兵七进一　炮 8 平 9　　6. 车二平三　炮 9 退 1
7. 马八进七　士 4 进 5　　8. 炮八平九　车 1 平 2
9. 车九平八　炮 9 平 7　　10. 车三平四　马 7 进 8
11. 车四进二　……

肋车捉炮，避开黑冲 7 卒的攻势，是红方争先的一种走法。

11. ……　　炮 7 进 5

炮打三兵，谋求对攻是比较积极的应法。

12. 相三进一　炮 2 进 4

黑方双炮封锁兵线，是有力的反击战术。

13. 兵五进一　……（图6–1–3）

冲中兵正确，意在拆散黑方双炮的联络。红如改走马七进六，则黑马 8 退 7，仕四进五，车 8 进 6，兵五进一，炮 2 进 1，车四退五，卒 7 进 1，兵五进一，卒 5 进 1，马六进七，卒 5 进 1，马七退五，马 3 进 5，马五退三，马 5 进 7，炮九进四，象 7 进 5，黑优。

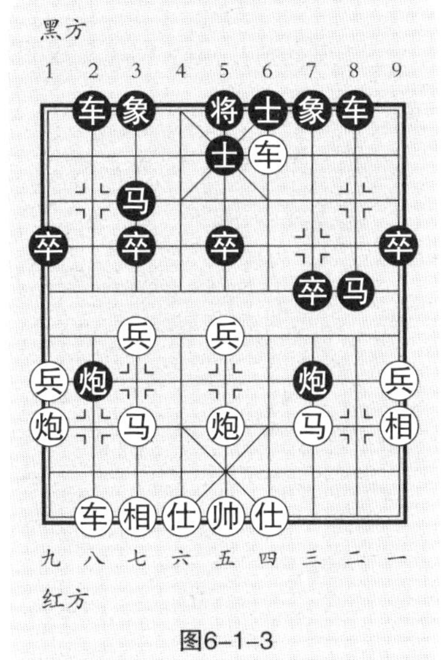

图6–1–3

13. ……　　炮 7 平 3

继续贯彻封锁计划。如改走卒 7 进 1，车四退五，炮 2 进 2，相一进三，红方略先。

14. 马三进四　……

红方跃马，威胁中卒，准备直攻中路。

14. ……　　炮 2 退 5

15. 车四退三　卒 7 进 1

用炮打车再渡 7 卒，次序正确。

16. 马四退三　……

红方退马正确，如改走相一进三，炮 3 平 6，车四平三，象 3 进 5，红方要失子。

16. ……　　　　象3进5

17. 兵五进一　……

冲中兵意在打通中路，展开攻击。

17. ……　　　　卒5进1（图6-1-4）

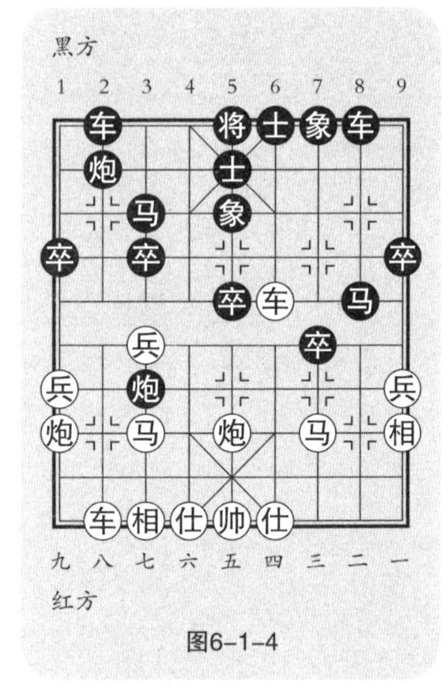

图6-1-4

如改走炮2进5，则兵五进一，马3进5，车四退二，炮2平6，车八进九，士5退4，炮九进四，红方满意。

18. 马七进五　卒5进1

19. 炮五进二　卒7平6

平卒延缓红方攻势。如卒7进1，车八进七，卒7进1，马五进三，红方弃子占优。

20. 炮五进一　……

进炮捉马，不吃黑方过河卒，保持变化的选择。

20. ……　　　　马8进7　　21. 相一进三　……

如改走车四退一，车8进4，炮九平五，炮2进5，黑方不难走。

21. ……　　　　炮2进3　　22. 车四退一　车8进4

双方对攻，大体均势。

练一练

根据参考图提示，写出布局演变的过程及主要变着。

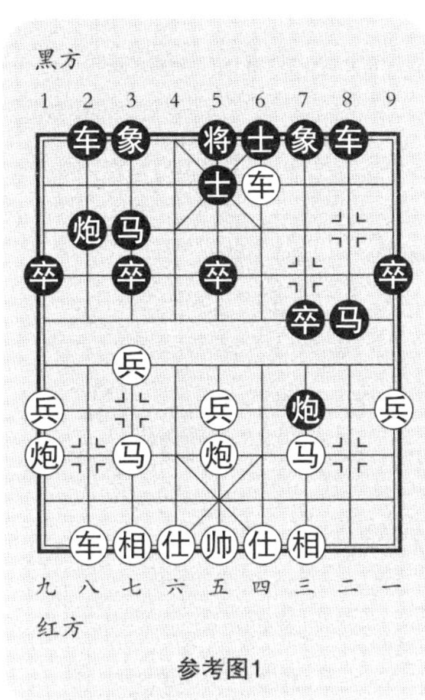

参考图1

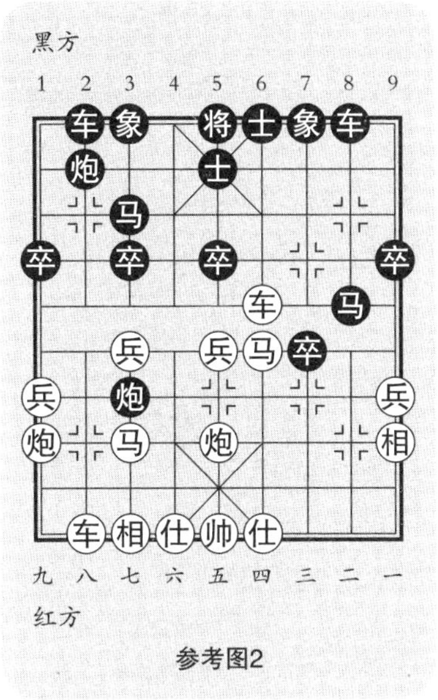

参考图2

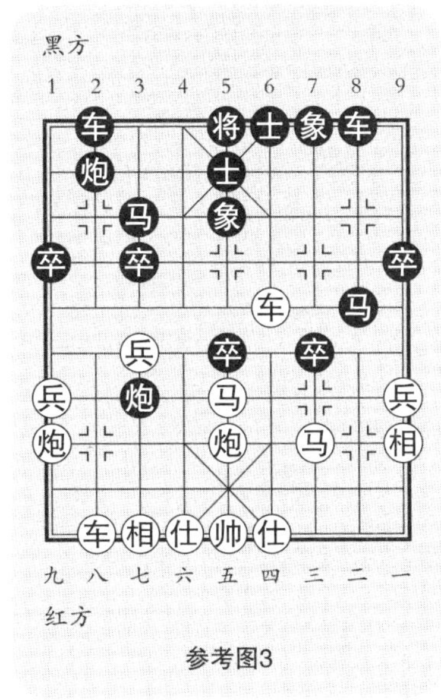

参考图3

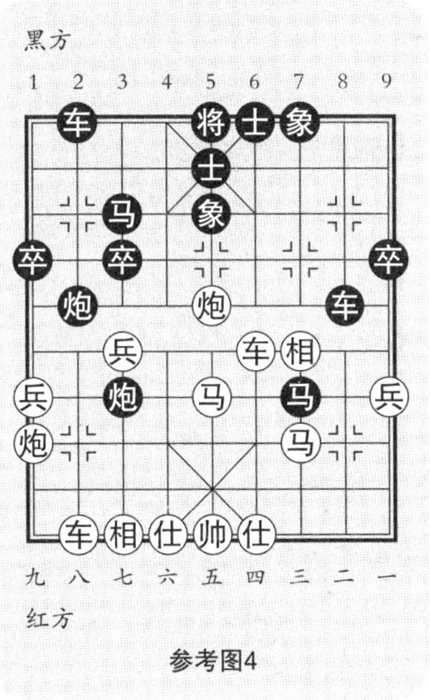

参考图4

想一想

根据基本图和对比图两图之中子力位置的不同之处，分析并写出产生棋形差异的原因。（布局提示：双方以五九炮过河车对屏风马平炮兑车，红肋车捉炮变例布局，第16回合的结果图。）

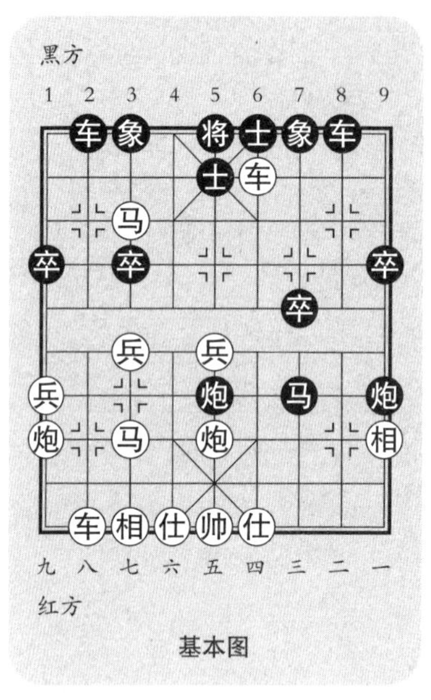

基本图

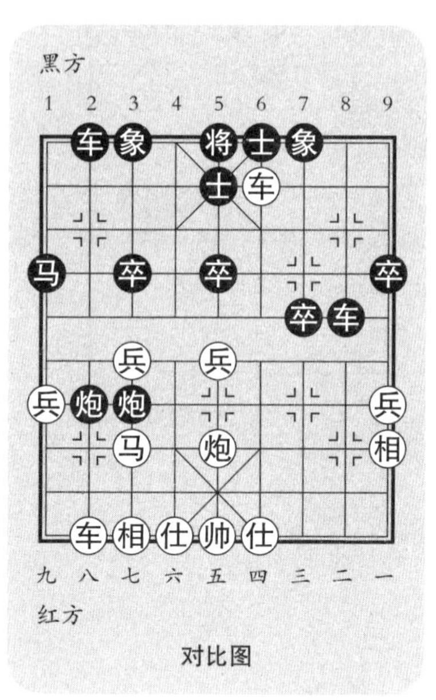

对比图

基本图的布局演变过程：

1. 炮二平五	马8进7	2. 马二进三	卒7进1
3. 车一平二	车9平8	4. 车二进六	马2进3
5. 兵七进一	炮8平9	6. 车二平三	炮9退1
7. 马八进七	士4进5	8. 炮八平九	车1平2
9. 车九平八	炮9平7	10. 车三平四	马7进8
11. 车四进二	炮7进5	12. 相三进一	炮2进4
13. 兵五进一	炮7平3	14. 马三进四	马8进7
15. 马四进五	炮3平9	16. 马五进七	炮2平5

产生差异的原因：

第14回合黑方没有走马8进7，而是选择车8进3，经过以下几个回合演变，形成对比图结果。

14. ……　　车8进3　　15. 马四进二　车8进1
16. 炮九进四　马3进1

打打谱

请同学们把下面两则实战对局的棋谱用棋盘摆出来，在打谱的过程中找一找与定式里讲的棋谱有哪些不同，不同之处在棋谱上标记出来。（注：“！”表示好棋，“？”表示疑问手。）

第1局　湖北 洪智　和　四川 郑惟桐

2013年第3届“周庄杯”海峡两岸象棋大师赛

1. 炮二平五　马8进7　　2. 马二进三　车9平8
3. 车一平二　马2进3　　4. 兵七进一　卒7进1
5. 车二进六　炮8平9　　6. 车二平三　炮9退1
7. 马八进七　士4进5　　8. 炮八平九　车1平2
9. 车九平八　炮9平7　　10. 车三平四　马7进8
11. 车四进二　炮7进5　　12. 相三进一　炮2进4
13. 兵五进一　炮7平3　　14. 马三进四　马8进7
15. 马四进五！炮3平9　　16. 马五进七　炮2平5！
17. 仕六进五？车2进9　　18. 后马退八　车8进2
19. 车四退六　车8平3　　20. 马八进七　炮5平3

双方均势。

第2局　北京 蒋川　胜　湖北 汪洋

2016第4届“财神杯”视频象棋快棋赛

1. 炮二平五　马8进7　　2. 马二进三　卒7进1
3. 车一平二　车9平8　　4. 车二进六　马2进3
5. 兵七进一　炮8平9　　6. 车二平三　炮9退1
7. 马八进七　士4进5　　8. 炮八平九　车1平2
9. 车九平八　炮9平7　　10. 车三平四　马7进8
11. 车四进二　炮7进5　　12. 相三进一　炮2进4
13. 兵五进一　炮7平3　　14. 马三进四　炮2退5
15. 车四退三　卒7进1　　16. 马四退三　象7进5

黑方易走。

试一试

第 1 题　下图轮到红方行棋，红方最佳应法是什么？

红方先行

11. 马七进六　……

利用黑方 8 路马不能防守中卒的弱点，进马直奔中卒，目标明确。

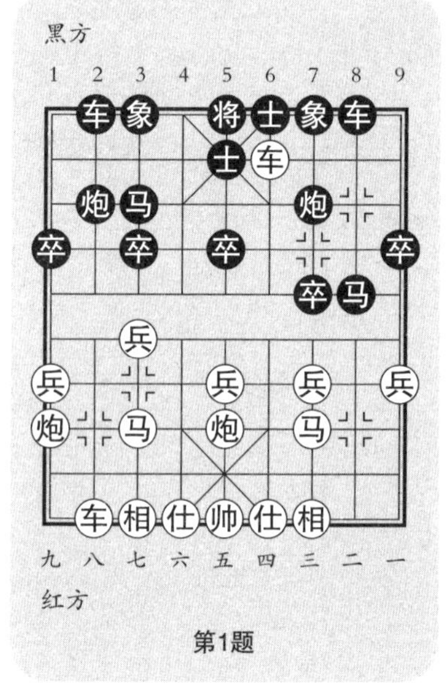

第1题

11. ……　　　马 8 进 7

12. 炮五进四　马 3 进 5

13. 马六进五　炮 7 平 6

平炮拦车是黑方最强的应着。

14. 车八进五　象 3 进 5

15. 仕四进五　……

补仕正确。如改走炮九平八，则车 8 进 3，马五进三，卒 3 进 1，炮八进一，车 8 进 4，炮八平三，卒 7 进 1，炮三平四，车 8 平 7，相七进五，车 2 平 4，黑方主动。

15. ……　　　车 8 进 3　　　16. 炮九进四　车 2 平 1

17. 马五退三　卒 3 进 1

黑方如车 1 进 3 吃炮，则马三进四，炮 2 平 6，车八进四，士 5 退 4，车四退一，红方先弃后取，以后形成多兵易走的局面。

18. 前马进四　炮 2 平 6

19. 车四平三　车 1 进 3

20. 车三退五

红方易走。

第 2 题　下图局面中轮到黑方行棋，黑方最佳应法是什么？

黑方先行

1. ……　　　炮 2 退 5

2. 车四退三　卒 7 进 1

3. 马四退三　象 7 进 5

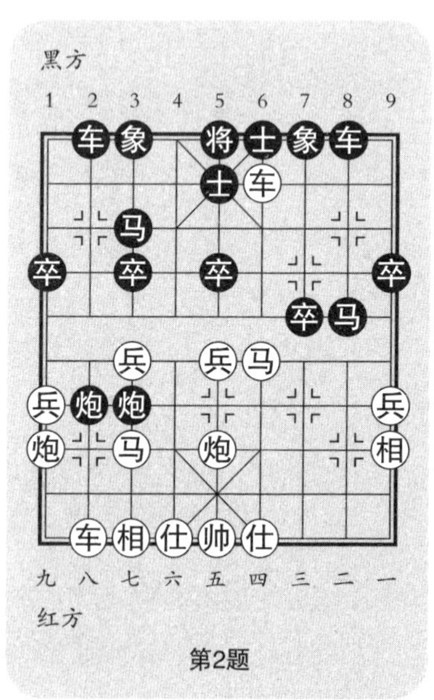

第2题

飞象正着。防止红方兵七进一再车四平七的手段。

4. 马三进五　……

黑方此时不宜相一进三吃卒，否则炮2进5，相三退一（兵一进一，马8进9，马三退一，炮2平9，炮五平一，车2进9，马七退八，炮3平8，红方右防守空虚，黑方满意），马8进7，车四退一，车8进4，车四平三，卒3进1，兵七进一，车8平3，黑方阵形开扬，取得反先之势。

4. ……　　卒7平6　　5. 兵五进一　炮2进3

进炮准备进行子力交换，延缓对方攻势。

6. 兵五进一　卒3进1　　7. 马五进六　……

如改走车四进三，则炮2进2，仕六进五，马3进5，炮九进四，卒3进1，马五进七，马5进3，黑方先手。

7. ……　　马3进4　　8. 车四平六　炮2平4

9. 车八进九　炮4退4

退炮打车兼有守护底线的作用。

10. 车八退九　马8进7

对攻中黑方易走。

第3局　红双炮过河式

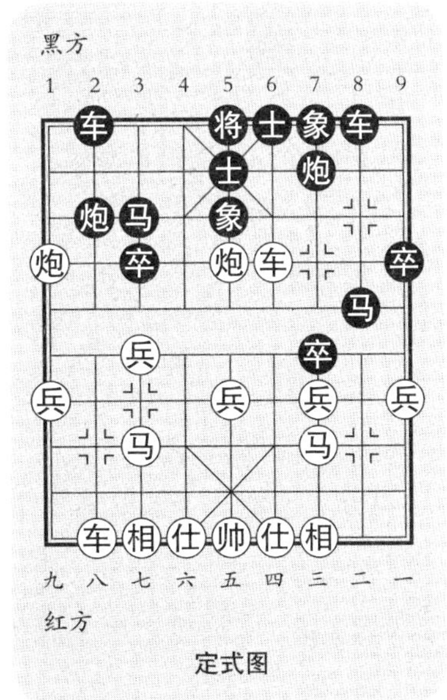

定式图

记一记

定式基础：

1. 炮二平五　马8进7
2. 马二进三　车9平8
3. 车一平二　卒7进1
4. 车二进六　马2进3
5. 兵七进一　炮8平9
6. 车二平三　炮9退1
7. 马八进七　士4进5
8. 炮八平九　车1平2
9. 车九平八　炮9平7
10. 车三平四　马7进8

11. 炮九进四　卒7进1　　12. 炮五进四　象3进5

讲一讲

1. 炮二平五　马8进7　　2. 马二进三　车9平8
3. 车一平二　卒7进1　　4. 车二进六　马2进3
5. 兵七进一　炮8平9　　6. 车二平三　炮9退1
7. 马八进七　士4进5　　8. 炮八平九　车1平2
9. 车九平八　炮9平7　　10. 车三平四　马7进8
11. 炮九进四　卒7进1　　12. 炮五进四　……（图6-1-5）

形成典型的五九炮炮轰卒的战术，红方战术构思以后凭借多兵之利持小先手进入中局的争夺。

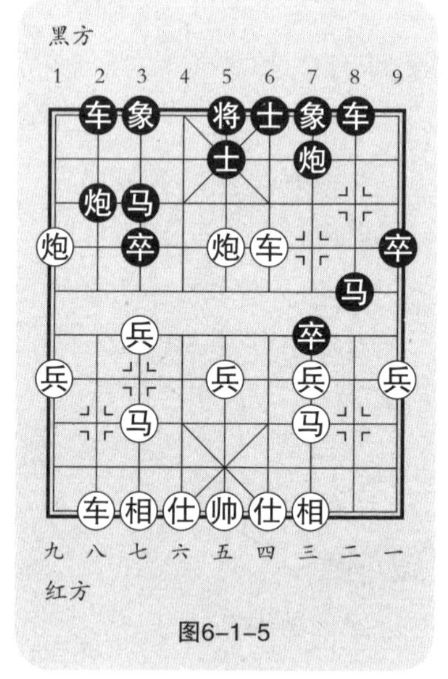

图6-1-5

12. ……　　象3进5

飞右象正确，如果象7进5，黑方右底象可能会被红方利用。

13. 车四平三　马8退9
14. 车三退二　炮2进5
15. 马三退五　……

退窝心马是一步算度深远的好棋，否则红方有丢子之险。

15. ……　　卒3进1

折开红方双炮的联络。

16. 马五进六　……

进马逼黑方表态，正确。

16. ……　　马3进5

马踏中炮是黑方正确的选择。如果炮2退1逃炮，马六进七！马3进5，马七进五，红方多兵占优。

17. 车八进二　车2进7（图6-1-6）

如改走车2平1避兑，则车八进四，马5进7，车三平四，马7进8，相七进五，马8进7，车四退三，车8进7，马六进五，车8平5，仕四进五，车5平4，帅五平四，红方胜势。

18. 马六退八　马 5 进 7

19. 车三平六　……

平左肋好棋。如车三平四，车 8 进 3，炮九退二，马 7 进 8，兵七进一，炮 7 进 8，帅五进一，炮 7 平 9，黑方三子归边，红方有顾忌。

19. ……　　　车 8 进 3

20. 炮九平六

平肋炮正着。如随手炮九进三，则马 7 进 6，相七进五，马 6 进 7，帅五进一，车 8 平 1，黑方胜势。至此，红方保持小先手，易走。

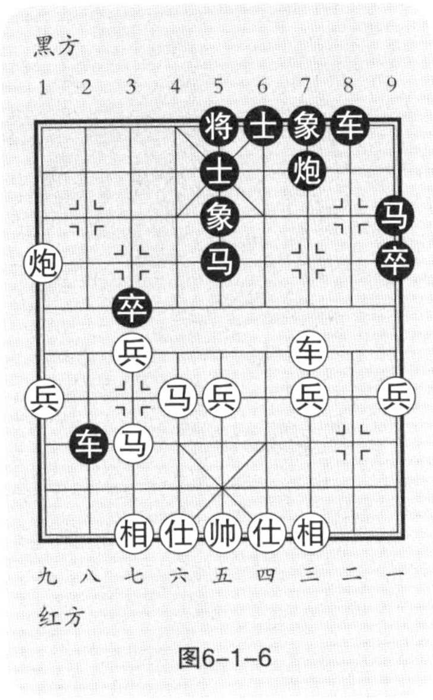

图6-1-6

练一练

根据参考图提示，写出布局演变的过程及主要变着。

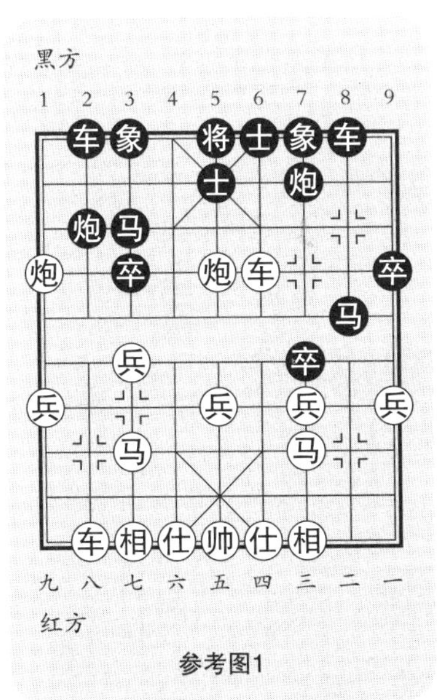

参考图1

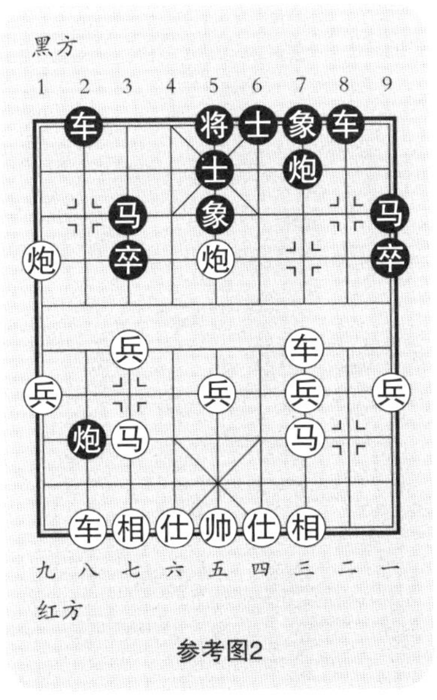

参考图2

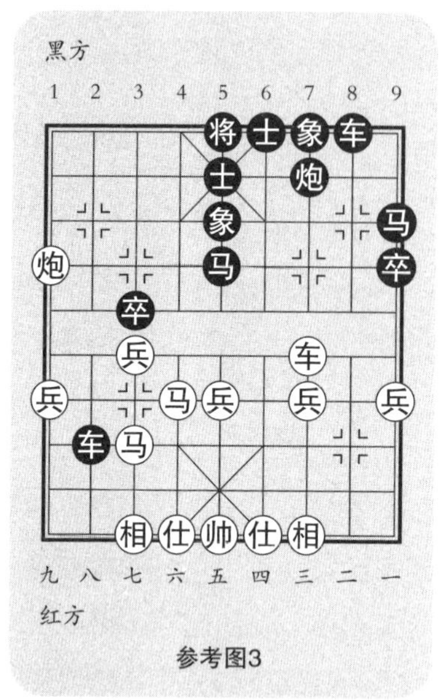

参考图3

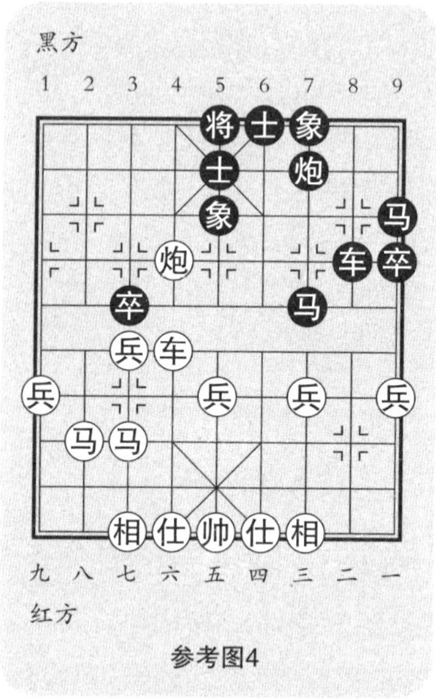

参考图4

想一想

根据基本图和对比图两图之中子力位置的不同之处，分析并写出产生棋形差异的原因。（布局提示：双方以五九炮过河车对屏风马平炮兑车，红双炮过河变例布局，第14回合的结果图。）

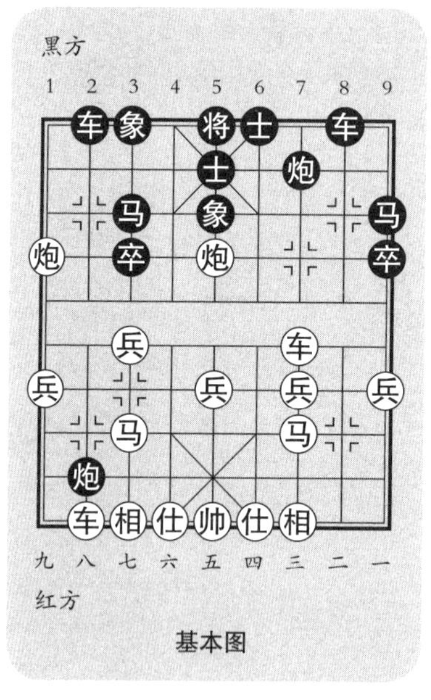

基本图

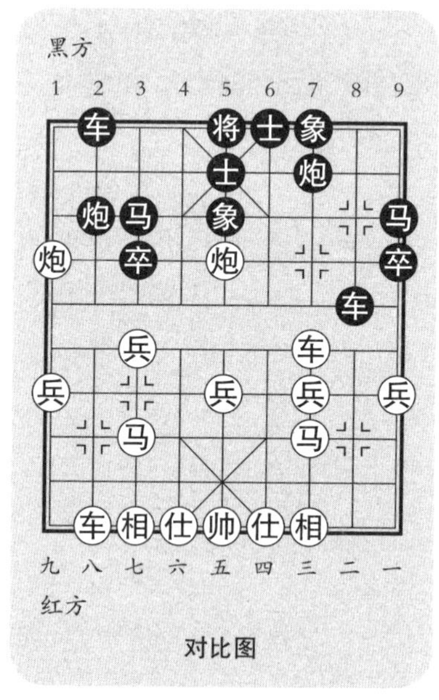

对比图

基本图的布局演变过程：

1. 炮二平五	马8进7	2. 马二进三	车9平8
3. 车一平二	马2进3	4. 兵七进一	卒7进1
5. 车二进六	炮8平9	6. 车二平三	炮9退1
7. 马八进七	士4进5	8. 炮八平九	车1平2
9. 车九平八	炮9平7	10. 车三平四	马7进8
11. 炮九进四	卒7进1	12. 炮五进四	象7进5
13. 车四平三	马8退9	14. 车三退二	炮2进6

产生差异的原因：

第12回合黑方没有走象7进5，而是选择象3进5，经过以下几个回合演变，形成对比图结果。

12. ……	象3进5	13. 车四平三	马8退9
14. 车三退二	车8进4		

打打谱

请同学们把下面两则实战对局的棋谱用棋盘摆出来，在打谱的过程中找一找与定式里讲的棋谱有哪些不同，不同之处在棋谱上标记出来。（注：“！”表示好棋，“？”表示疑问手。）

第1局 广东 许银川 负 上海 孙勇征

2009年“花木广洋杯”第4届全国象棋大棋圣战

1. 炮二平五	马8进7	2. 马二进三	车9平8
3. 车一平二	卒7进1	4. 车二进六	马2进3
5. 兵七进一	炮8平9	6. 车二平三	炮9退1
7. 马八进七	士4进5	8. 炮八平九	车1平2
9. 车九平八	炮9平7	10. 车三平四	马7进8
11. 炮九进四	卒7进1	12. 炮五进四	象3进5
13. 车四平三	炮2退1	14. 车三退二	车2平1
15. 车八进七	马3进5	16. 炮九平五	车8进3
17. 炮五退一	车8平6	18. 车三平二	马8进6！
19. 马三退五	车1平4	20. 兵五进一？	车4进7！

双方均势。

第 2 局　上海 华辰昊　胜　上海财大 刘欢

2018 年上海“临港 · 南汇新城杯”象棋国际公开赛

1. 炮二平五	马 8 进 7	2. 马二进三	车 9 平 8
3. 车一平二	马 2 进 3	4. 兵七进一	卒 7 进 1
5. 车二进六	炮 8 平 9	6. 车二平三	炮 9 退 1
7. 马八进七	士 4 进 5	8. 炮八平九	车 1 平 2
9. 车九平八	炮 9 平 7	10. 车三平四	马 7 进 8
11. 炮九进四	卒 7 进 1	12. 炮五进四	象 3 进 5
13. 车四平三	马 8 退 9	14. 车三退二	马 3 进 5？
15. 炮九平五	车 8 进 3	16. 马七进六	炮 2 进 3
17. 车三进三	车 2 平 4	18. 车八进四！	车 4 进 5
19. 炮五退二	将 5 平 4	20. 仕四进五	车 8 平 7

红优。

试一试

第 1 题　下图轮到红方行棋，红方最佳应法是什么？

红方先行

1. 炮九平五　　象 3 进 5

2. 车四平三　　马 8 退 9

如改走马 8 进 6，则车三进二，马 6 退 5，兵三进一，红方净多双兵且黑方 2 路线车炮被牵，红优。

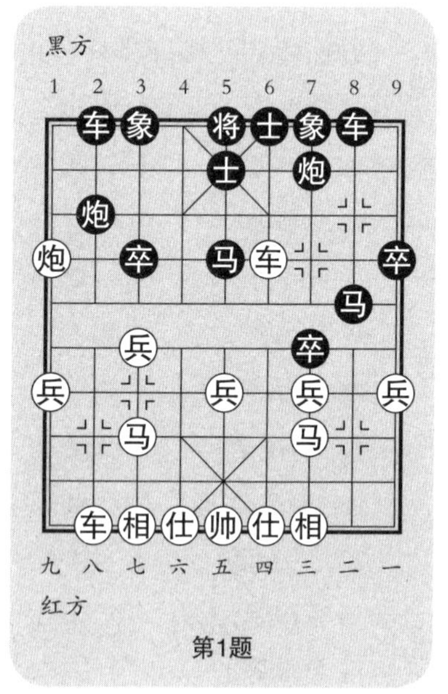

第1题

3. 车三退二　　车 8 进 3

先进车牵制红方中炮，缓和中路压力。如直接走炮 2 进 5，则兵五进一，车 8 进 3，兵五进一，车 8 平 7，车三平五，车 7 进 3，马三退五，黑方仍然无法缓解紧张的局势。

4. 马七进六　　车 8 平 6

守肋车以后马 9 进 7 盘活黑方子力。如炮 2 进 3 牵制，车三进三，炮 2 退 4，马三退五以后马五进七，黑方阵形被压缩，红方可以利用空间优势稳步推进。

5. 车八进五　马9进7　6. 车三平五　马7进6

7. 马三退一　……

退边马控制黑马6进8的攻击。

7. ……　车2进1　8. 兵三进一

红方主动。

第2题　下图局面中轮到黑方行棋，黑方最佳应法是什么？

黑方先行

1. ……　马9进7

2. 炮五进二　……

只能进炮交换，如车三平一避车，则炮2进6，红方双车太委屈，黑方满意。

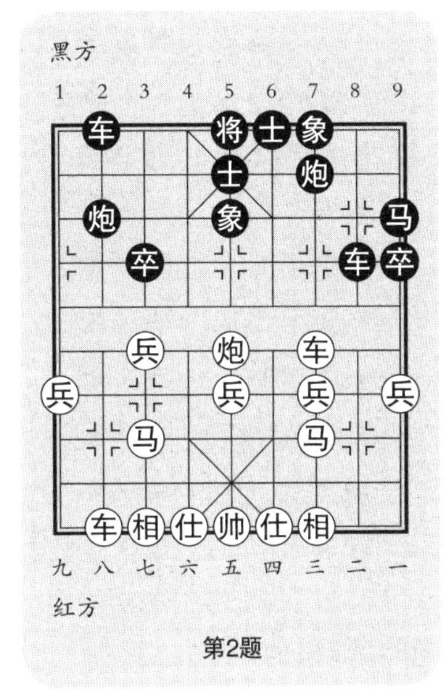

第2题

2. ……　炮7进4

3. 炮五平二　炮7进2

4. 车八进五　炮7平6

准备炮6退5给2路炮生根。

5. 兵三进一　炮6退5

6. 兵三进一　马7退6

保持多子之利。

7. 兵三进一　炮6平9

8. 兵三进一　马6进5

形成红方多兵、黑方多子的势均之势，由于红方没有明显的攻击点，黑方满意。

第2节 黑右炮过河型

第1局 红肋车捉炮式

记一记

定式基础：

1. 炮二平五　马8进7
2. 马二进三　车9平8
3. 车一平二　卒7进1
4. 车二进六　马2进3
5. 兵七进一　炮8平9
6. 车二平三　炮9退1
7. 马八进七　士4进5
8. 炮八平九　车1平2
9. 车九平八　炮9平7
10. 车三平四　炮2进4
11. 车四进二　炮7平8

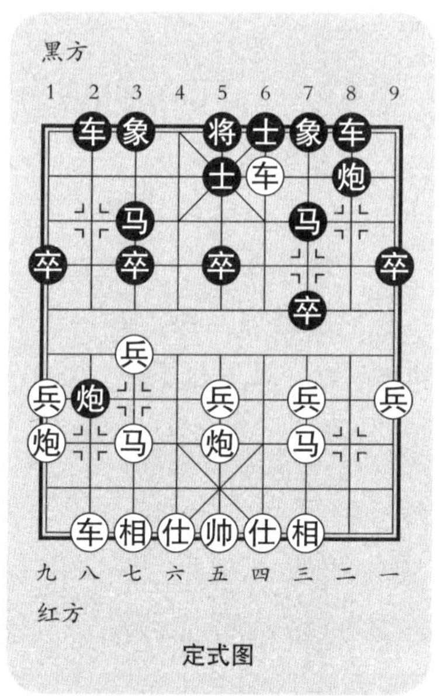

定式图

讲一讲

1. 炮二平五　马8进7
2. 马二进三　车9平8
3. 车一平二　卒7进1
4. 车二进六　马2进3
5. 兵七进一　炮8平9
6. 车二平三　炮9退1
7. 马八进七　士4进5
8. 炮八平九　车1平2
9. 车九平八　炮9平7
10. 车三平四　炮2进4

黑方右炮过河，谋取对攻的走法。

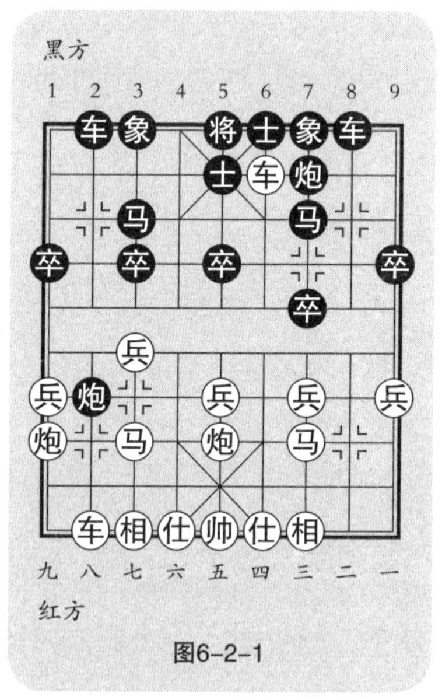

图6-2-1

11. 车四进二　……（图6-2-1）

进车捉炮，诱黑方退炮打车。

11. ……　　　炮7平8

12. 兵五进一　……

冲中兵，准备在中路发动攻势。

12. ……　　　炮8进5

黑方双炮过河，目的是封锁红方兵行线，控制红马盘头连环。

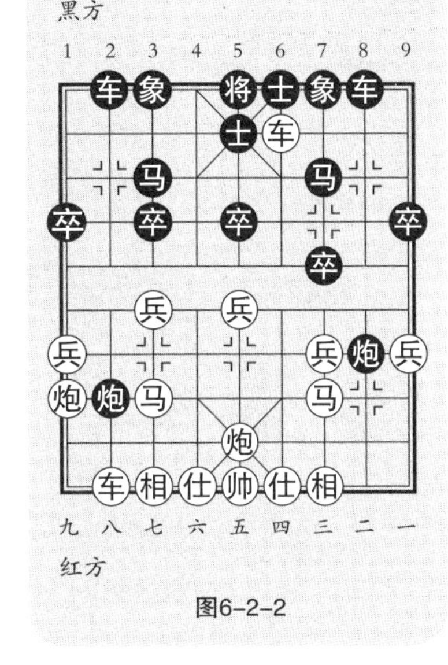

图6-2-2

13. 炮五退一　……（图6-2-2）

准备炮五平二打车后，再冲三兵扩大先手。如仕六进五，则车8进2，车四退四，象7进5，车八进二，车2进4，马三进五，炮8平5，马七进五，车8进4，黑方主动。

13. ……　　　炮2进1

如改走炮2平3，则炮五平二，车2进9，马七退八，车8平9，相七进五，红方主动。

14. 兵九进一　……

防止黑方左炮右移。

14. ……　　　炮8进1　　　15. 相七进五　车8进2

16. 兵五进一　……

兑中兵简明，如马七进五，则炮8退3，车四退四，象7进5，双方对峙。

16. ……　　　卒5进1　　　17. 炮五进四　象3进5

18. 车四退二　马7进5

以后黑方可以通过炮8退3兑中兵，遏制红方先手。

练一练

根据参考图提示，写出布局演变的过程及主要变着。

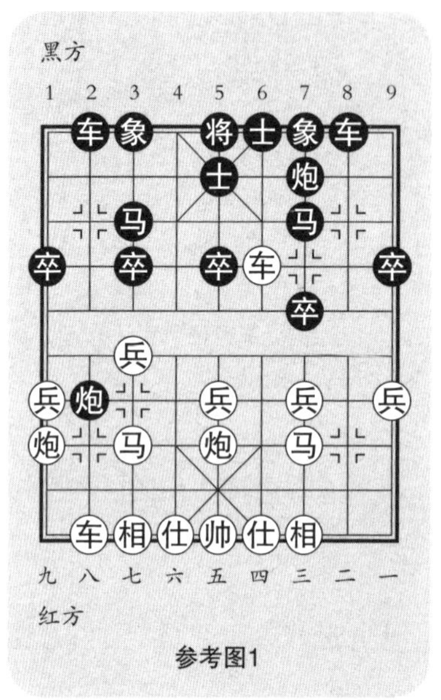
参考图1

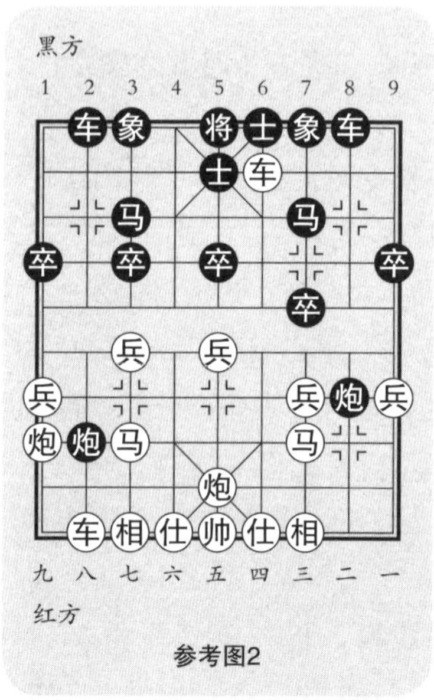
参考图2

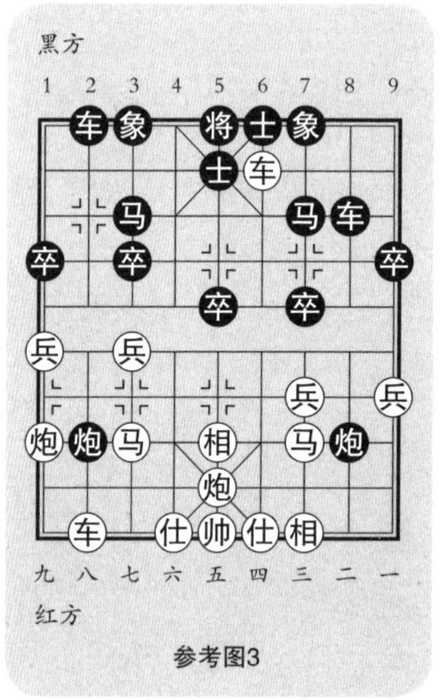
参考图3

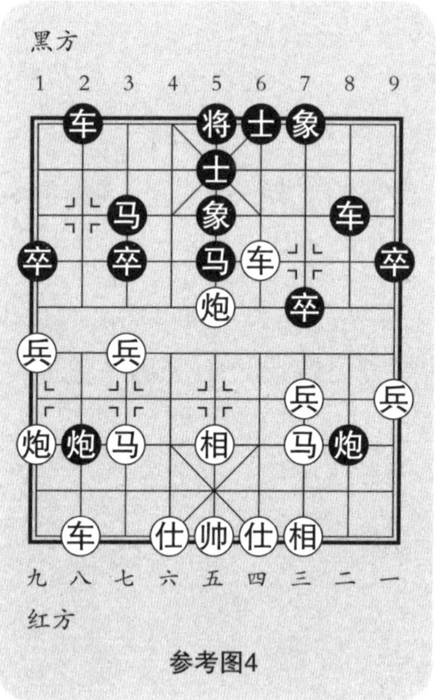
参考图4

想一想

根据基本图和对比图两图之中子力位置的不同之处，分析并写出产生棋形差异的原因。（布局提示：双方以五九炮过河车对屏风马平炮兑车，黑右炮过河红肋车捉炮变例布局，第 14 回合的结果图。）

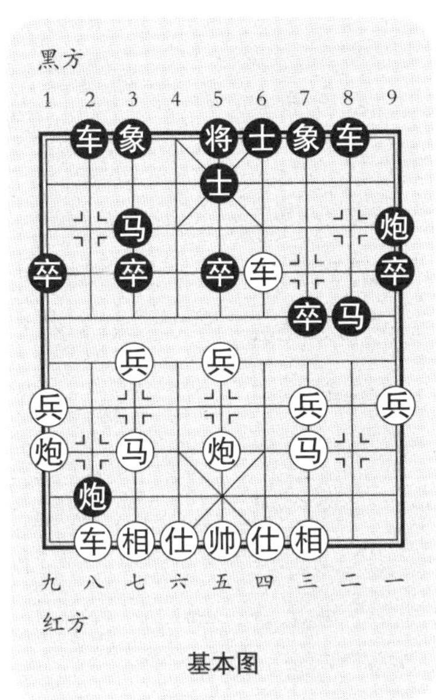

基本图

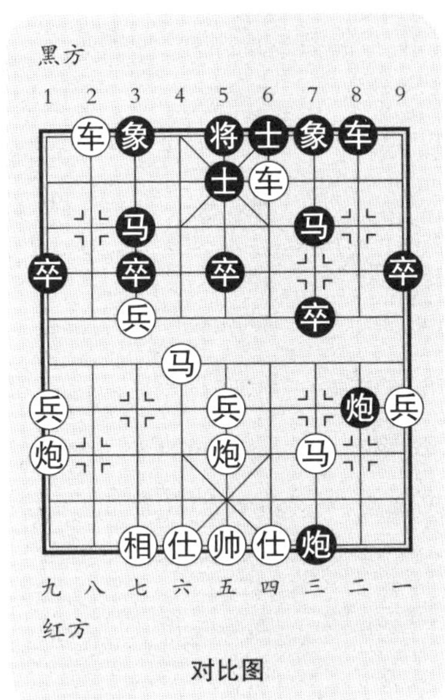

对比图

基本图的布局演变过程：

1. 炮二平五	马 8 进 7	2. 马二进三	卒 7 进 1
3. 车一平二	车 9 平 8	4. 兵七进一	马 2 进 3
5. 车二进六	炮 8 平 9	6. 车二平三	炮 9 退 1
7. 马八进七	士 4 进 5	8. 炮八平九	车 1 平 2
9. 车九平八	炮 9 平 7	10. 车三平四	炮 2 进 4
11. 车四进二	炮 7 平 9	12. 兵五进一	炮 9 进 1
13. 车四退五	炮 2 进 2	14. 车四进三	马 7 进 8

产生差异的原因：

第 11 回合时，黑方没有走炮 7 平 9，而是选择炮 7 平 8，经过以下几个回合演变，形成对比图的结果。

11. ……	炮 7 平 8	12. 马七进六	炮 8 进 5
13. 兵七进一	炮 2 平 7	14. 车八进九	炮 7 进 3

打打谱

请同学们把下面两则实战对局的棋谱用棋盘摆出来，在打谱的过程中找一找与定式里讲的棋谱有哪些不同，不同之处在棋谱上标记出来。（注：“！”表示好棋，“？”表示疑问手。）

第1局　北京 张申宏　胜　四川 才溢

2005年“蒲县煤运杯”全国象棋个人赛

1. 炮二平五　马8进7　　2. 马二进三　车9平8
3. 车一平二　马2进3　　4. 兵七进一　卒7进1
5. 车二进六　炮8平9　　6. 车二平三　炮9退1
7. 马八进七　士4进5　　8. 炮八平九　车1平2
9. 车九平八　炮9平7　　10. 车三平四　炮2进4
11. 车四进二　炮7平8　　12. 兵五进一　炮8进5
13. 炮五退一　炮2进1？　　14. 兵九进一？　炮8进2
15. 兵五进一　车8进7？　　16. 马三进五　车8平4
17. 马五进六！　车2进6　　18. 马六进七！　卒5进1
19. 车四退四　炮8退6　　20. 兵七进一　车4退5

红方大优。

第2局　湖北 党斐　胜　湖北 刘宗泽

2007年“獒王杯”湖北象棋大奖赛

1. 炮二平五　马8进7　　2. 马二进三　车9平8
3. 车一平二　马2进3　　4. 兵七进一　卒7进1
5. 车二进六　炮8平9　　6. 车二平三　炮9退1
7. 马八进七　士4进5　　8. 炮八平九　车1平2
9. 车九平八　炮9平7　　10. 车三平四　炮2进4
11. 车四进二　炮2退5　　12. 车四退二　象3进5
13. 车八进七　车2平3　　14. 马七进八　炮2进4？
15. 车四进二！　炮7平8　　16. 车八退三　马7进8
17. 车八进三　马8进7　　18. 炮九进四　马7进5
19. 相七进五　卒7进1　　20. 相五进三　炮8进1

红方略优。

试一试

第 1 题　下图轮到红方行棋，红方最佳应法是什么？

红方先行

1. 马六进五　……

中路突破，红方保持先手的要点。

1. ……　马 7 进 5

如改走炮 8 进 8，则马三退二，车 8 进 9，马五退三，马7进8，炮九进四，对攻中红方先手。

2. 炮五进四　将 5 平 4

3. 车四退二　……

准备车四平二牵制黑方车炮。

3. ……　炮 8 进 8

4. 马三退二　车 8 进 9

5. 炮五平一　马 2 进 1

如改走炮 7 平 4，则仕五退四，炮 4 退 7，车四平七，红方主动。

6. 兵五进一　卒 7 进 1　7. 炮九平五

红方主动。

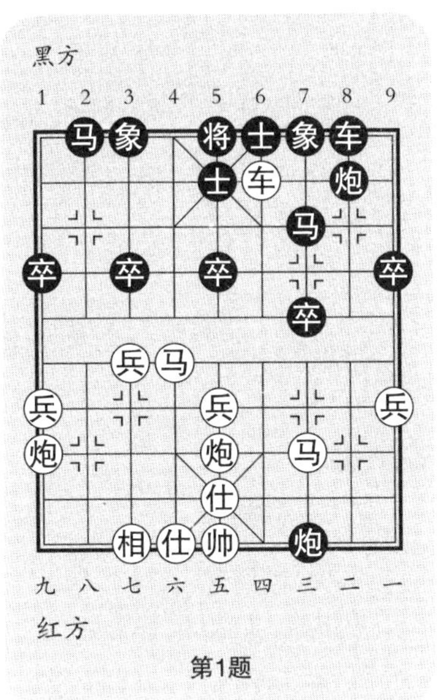

第1题

第 2 题　下图局面中轮到黑方行棋，黑方最佳应法是什么？

黑方先行

1. ……　炮 8 进 5

进炮阻止红方兵三进一兑兵活马的计划。

2. 兵五进一　……

准备从中路盘活弱马。

2. ……　炮 2 平 5

平炮叫将好棋。

3. 马三进五　炮 8 平 5

4. 炮五平三　车 2 进 9

5. 马七退八　车 8 进 6

进车过河紧凑有力。

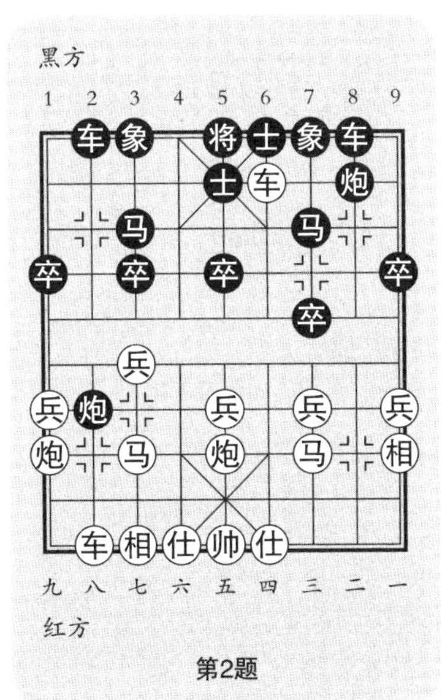

第2题

6. 兵三进一　……

进三兵是关键的一着棋，可以牵制黑方的反击速度。如马八进七，则炮 5 平 3，相七进五，车 8 平 7，黑方满意。

6. ……　车 8 平 7　7. 马八进七　炮 5 平 9

如仍走炮 5 平 3，则兵三进一，红方可以弃掉底相抢攻。

8. 兵三进一　车 7 退 2　9. 车四平三　象 7 进 5

黑方易走。

第 2 局　红冲中兵式

记一记

定式基础：

1. 炮二平五　马 8 进 7
2. 马二进三　车 9 平 8
3. 车一平二　卒 7 进 1
4. 车二进六　马 2 进 3
5. 兵七进一　炮 8 平 9
6. 车二平三　炮 9 退 1
7. 马八进七　士 4 进 5
8. 炮八平九　车 1 平 2
9. 车九平八　炮 9 平 7
10. 车三平四　炮 2 进 4
11. 兵五进一　卒 7 进 1

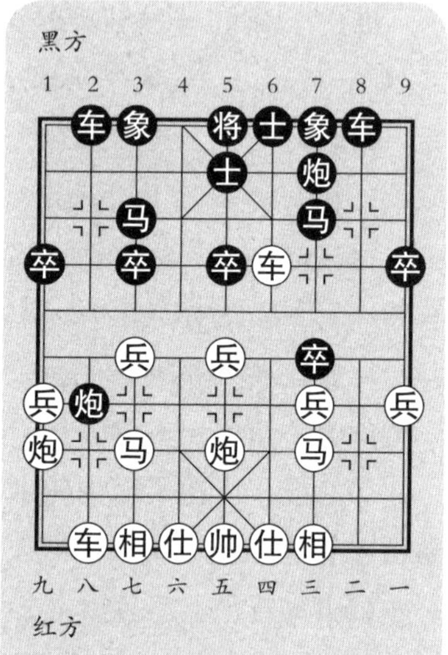

黑方

红方

定式图

讲一讲

1. 炮二平五　马 8 进 7　2. 马二进三　车 9 平 8

3. 车一平二　卒 7 进 1　4. 车二进六　马 2 进 3

5. 兵七进一　炮 8 平 9　6. 车二平三　炮 9 退 1

7. 马八进七　士 4 进 5　8. 炮八平九　炮 9 平 7

9. 车三平四　车 1 平 2　10. 车九平八　炮 2 进 4

11. 兵五进一　……

红方冲中兵，准备从中路突破。

11. ……　　　　卒 7 进 1（图6-2-3）

冲 7 卒立即展开反击，是对传统象 7 进 5 缓步推进下法的一种改进。此时黑方不可走象 3 进 5，则车四进二捉炮后有兵五进一的先手，黑方不好应付。

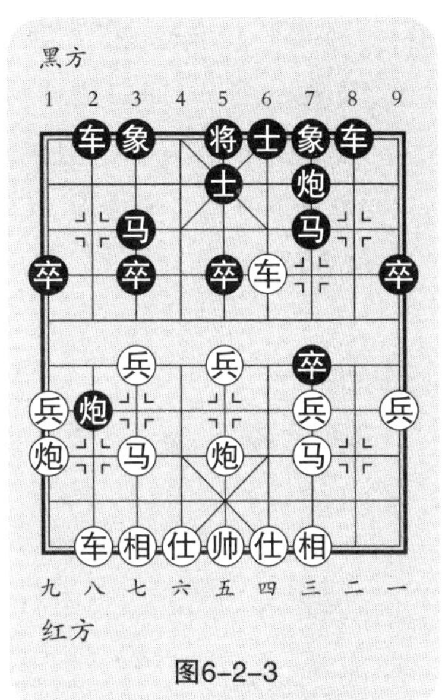

图6-2-3

12. 兵三进一　车 8 进 6

进车控制兵林线，黑方当前最佳的选择。如改走马 7 进 8，则车四退三，炮 2 进 2，马七进五，象 7 进 5，兵五进一，卒 5 进 1，马五进六，以后红方有车四平二的先手，红方满意。

13. 马七进五　……

左马盘头是正确的选择，如马三进五，则马 7 进 8，由于红方三路底相有弱点，所以红方还要车四平三，马 8 退 9 以后，红方三路车不能离线，只好委屈地选择车三进一，黑象 3 进 5 后已经获得优势。

13. ……　　　　马 7 进 8　　　　14. 兵三进一　炮 7 进 6

15. 马五退三　炮 2 平 5

如直接走马 8 进 9，马三进一，车 8 平 9，炮五进四，马 3 进 5，车四平五，车 9 平 7，兵三平四，红方先手。

16. 炮五平八　马 8 进 9

17. 炮八进四　……（图6-2-4）

待机摆脱黑方的牵制。如马三进一，车 8 平 9，炮八平三，车 9 平 7，车八进九，马 3 退 2，车四退三，车 7 进 1，车四平五，交换以后局面过于平稳，和棋的概率较大。

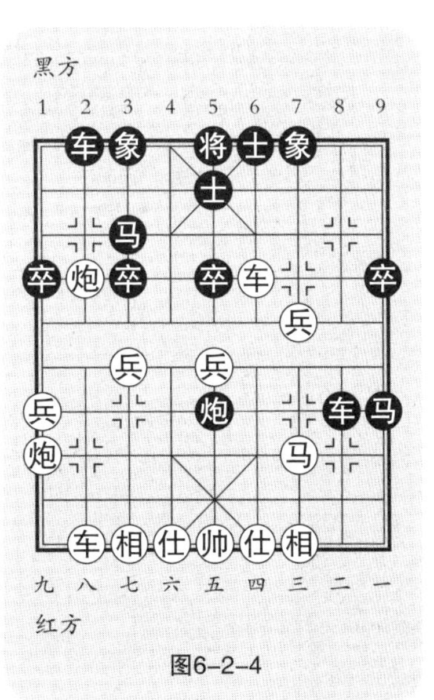

图6-2-4

17. ……　　　　炮 5 平 2

不给红方摆脱的机会。如改走卒 5 进 1 欲设陷阱，则兵七进一（如兵五进一，炮 5 退 1 黑方车炮成势，反夺先手）！卒 3 进 1，炮九平八，车 2 平 1，前炮退三，炮 5 平 1，前炮平一，炮 1 平 9，车四平一，红方大优。

18. 炮八平五　马 3 进 5　　19. 车四平五　马 9 进 8

进马牵制红方中车，好棋。

20. 车五平四　车 2 进 4

红方稍好。

练一练

根据参考图提示，写出布局演变的过程及主要变着。

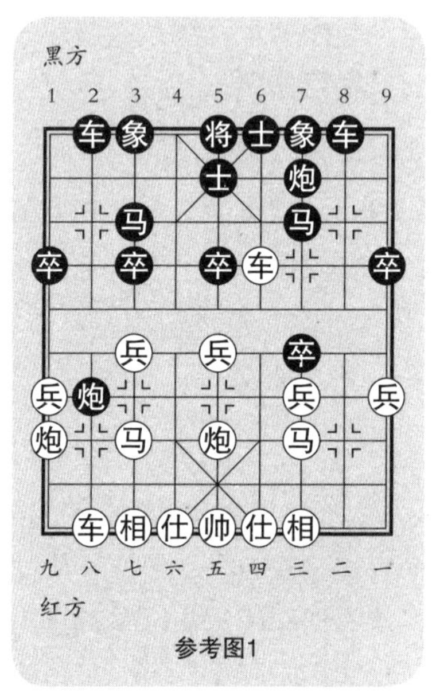

参考图1

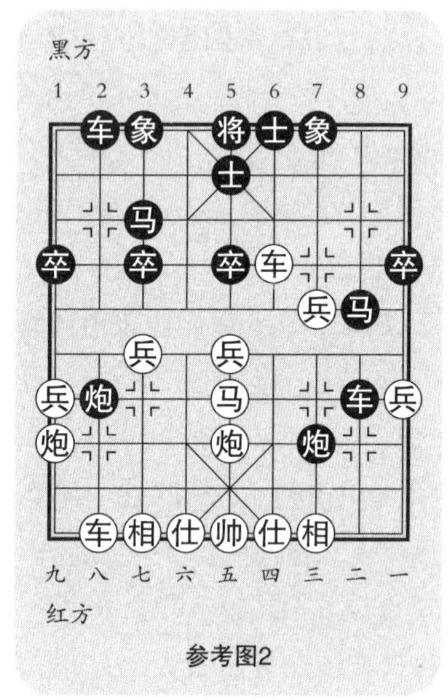

参考图2

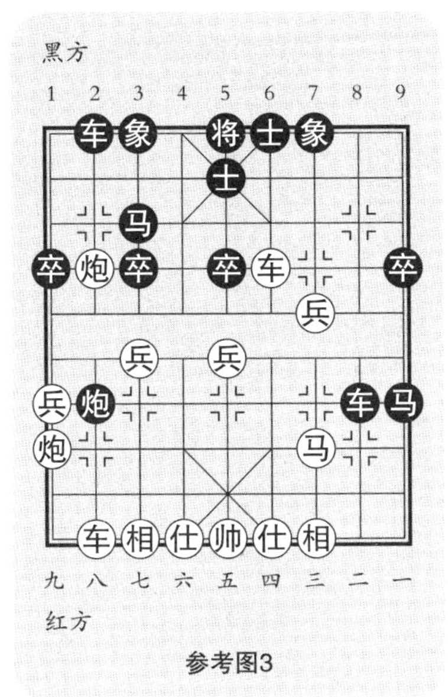

参考图3

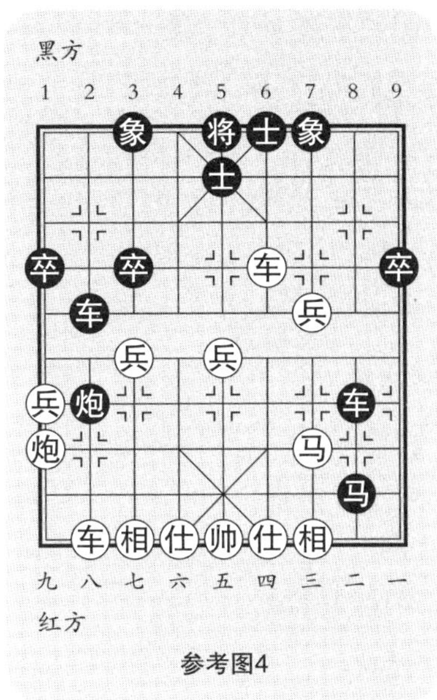

参考图4

想一想

根据基本图和对比图两图之中子力位置的不同之处，分析并写出产生棋形差异的原因。（布局提示：双方以五九炮过河车对屏风马平炮兑车，黑右炮过河红进中兵变例布局，第 14 回合的结果图。）

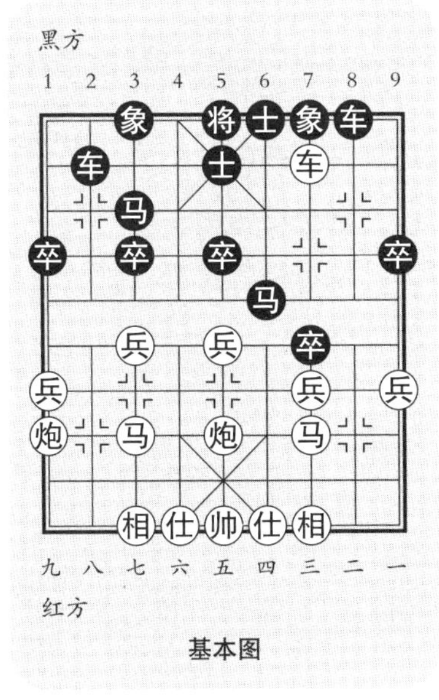

基本图

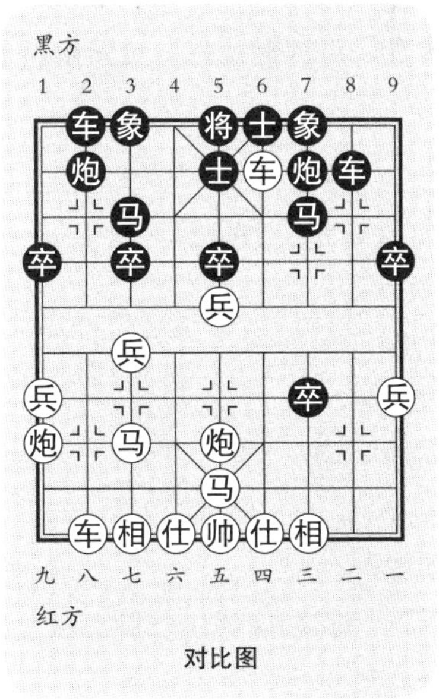

对比图

基本图的布局演变过程：

1. 炮二平五　马8进7　　2. 马二进三　车9平8
3. 车一平二　卒7进1　　4. 车二进六　马2进3
5. 兵七进一　炮8平9　　6. 车二平三　炮9退1
7. 马八进七　士4进5　　8. 炮八平九　车1平2
9. 车九平八　炮9平7　　10. 车三平四　炮2进4
11. 兵五进一　卒7进1　　12. 车四进二　炮2退5
13. 车八进八　车2进1　　14. 车四平三　马7进6

产生差异的原因：

第12回合红方没有走车四进二，而是选择兵五进一，经过以下几个回合演变，形成对比图结果。

12. 兵五进一　卒7进1　　13. 车四进二　车8进1
14. 马三退五　炮2退5

打打谱

请同学们把下面两则实战对局的棋谱用棋盘摆出来，在打谱的过程中找一找与定式里讲的棋谱有哪些不同，不同之处在棋谱上标记出来。（注：“！”表示好棋，“？”表示疑问手。）

第1局　湖南 王清　和　杭州 赵金成

2019年“棋王酒业杯”全国象棋个人赛

1. 炮二平五　马8进7　　2. 马二进三　卒7进1
3. 车一平二　车9平8　　4. 车二进六　马2进3
5. 兵七进一　炮8平9　　6. 车二平三　炮9退1
7. 马八进七　士4进5　　8. 炮八平九　车1平2
9. 车九平八　炮9平7　　10. 车三平四　炮2进4
11. 兵五进一　卒7进1　　12. 兵三进一　车8进6
13. 马七进五　象3进5　　14. 仕四进五　马7进8
15. 兵三进一　马8进9！　　16. 相三进一　车8平7

双方均势。

第2局　煤炭 蒋凤山　胜　黑龙江 聂铁文

2002年第2届全国体育大会

1. 炮二平五　马8进7　　2. 马二进三　车9平8
3. 车一平二　马2进3　　4. 兵七进一　卒7进1
5. 车二进六　炮8平9　　6. 车二平三　炮9退1
7. 马八进七　士4进5　　8. 炮八平九　车1平2
9. 车九平八　炮9平7　　10. 车三平四　炮2进4
11. 兵五进一　象7进5　　12. 马三进五　车8进8？
13. 兵五进一　卒5进1　　14. 马五进六　马3退4
15. 车四进二　炮7平8　　16. 仕六进五　车8退5？

红方优势。

试一试

第1题　下图轮到红方行棋，红方最佳应法是什么?

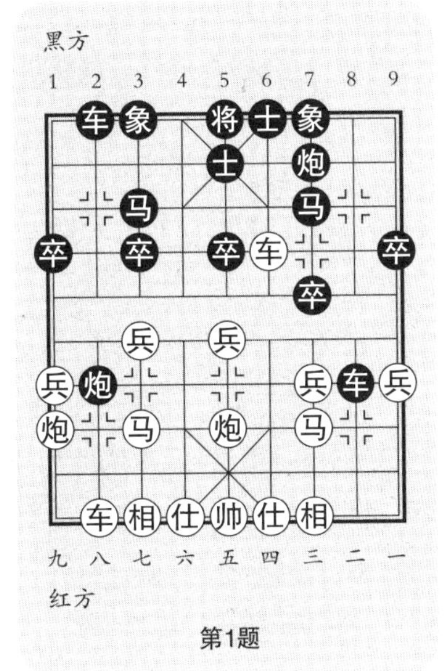

第1题

红方先行

1. 马三进五　……

进马继续贯彻中路进攻的思路。

1. ……　车8平7
2. 兵五进一　象3进5

正确。如象7进5，则车四进二，黑方不能炮7退1，否则车四平三，黑方7路马位置尴尬，只好走炮7平9，红方可续走炮五平二，炮2退5，车四退二，红方子力开扬，占据主动。

3. 兵五进一　马7进5
4. 炮五进四　马3进5
5. 车四平五　……

红方不仅确立起兵种上的优势，而且子力位置灵活，黑方要陷入苦战。

5. ……　士5退4

准备平中炮打车，夺回失子。

6. 车五平一　……

扫卒积累物质优势。

6. ……　炮7平5　　7. 相七进五　炮5进5

8. 马七进五　……

必要的交换。如仕六进五，则炮5退2，炮九进四，车7平3，车一平五，炮5平2，车八平七，前炮平9，黑方反先。

8. ……　车7平5

9. 仕六进五

红方主动。

第2题　下图局面中轮到黑方行棋，黑方最佳应法是什么？

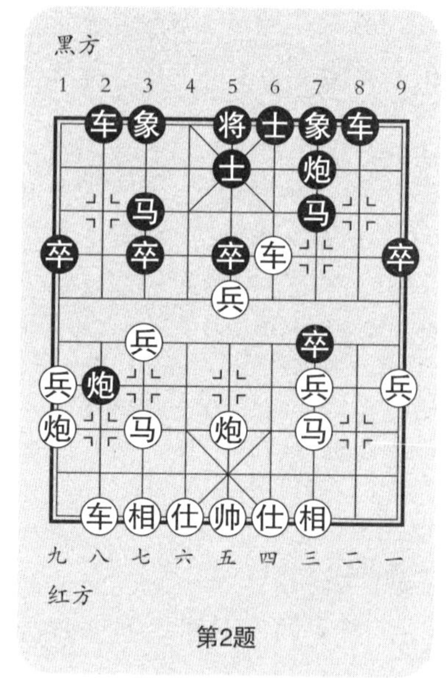

第2题

黑方先行

1. ……　卒7进1

冲红方侧翼，正着。如改走卒5进1，则马三进五，卒7进1，马五进六，马3退4，车四进二，炮7平9，炮九退一并伏有炮九平三的手段，红方满意。

2. 马三退五　……

如马三进五，则卒7平6，红方三路线弱点不好处理，有崩盘的危险。

2. ……　卒5进1　3. 车四平七　马3退4

4. 车七平四　……

如兵七进一，则卒5进1，黑方优势明显。

4. ……　马4进5　5. 相三进一　卒5进1

红方左翼子力被封，黑方双卒过河后，已经取得很大的优势。

6. 车四平九　车2进1

高车生根，好棋。

7. 车九进三　马7进6

红方伏有单车可动，对黑方构成太多的威胁，黑方进马积极有力。

8. 车九平七　士5退4　9. 兵七进一　车8进3

黑优。